读史有学问

三千年来跌宕人心的英雄史与悲剧史

升级版

博 文 编著

中国华侨出版社

图书在版编目(CIP)数据

三千年来跌宕人心的英雄史与悲剧史 / 博文编著.
—北京:中国华侨出版社,2011.5
  ISBN 978-7-5113-1052-1

  Ⅰ.①三… Ⅱ.①博… Ⅲ.①英雄–生平事迹–中国
Ⅳ.①K82

  中国版本图书馆 CIP 数据核字(2011)第 058036 号

三千年来跌宕人心的英雄史与悲剧史

编 著 / 博 文
责任编辑 / 尹 影
责任校对 / 李向荣
经 销 / 新华书店
开 本 / 787×1092 毫米 1/16 开 印张/17 字数/240 千字
印 刷 / 北京军迪印刷有限责任公司
版 次 / 2011 年 6 月第 1 版 2020 年 5 月第 2 次印刷
书 号 / ISBN 978-7-5113-1052-1
定 价 / 51.00 元

中国华侨出版社 北京市朝阳区静安里 26 号通成达大厦 3 层 邮编:100028
法律顾问:陈鹰律师事务所
编辑部:(010)64443056   64443979
发行部:(010)64443051   传真:(010)64439708
网址:www.oveaschin.com
E-mail:oveaschin@sina.com

前言
QIANYAN

　　中华民族,满载五千年的文明。这片古老的土地,孕育了志士先贤、英雄豪杰,历史因他们多了几分辉煌、添了几分悲凉。这些英雄贤士,是历史大河中的波浪,永远为千秋万世所铭记。

　　"英雄"这个词,充满了感动的力量。无论任何朝代、任何民族,英雄都应当受到顶礼膜拜,因为他们的铮铮铁骨和凛然正气,演绎出了惊天地、泣鬼神的豪迈壮举;他们文能安邦、武能定国的才华,用血肉之躯铸就了中华民族屹立不倒的钢铁长城。

　　令人遗憾的是,这些支撑民族大厦的盖世精英和中流砥柱,虽有指点江山、激扬文字的英雄豪迈;有斡旋乾坤、力挽狂澜的通天本事;有舌战群儒、力排众议的滔滔雄辩;有运筹帷幄、决胜千里的高超韬略;有赴汤蹈火、义无反顾的侠肝义胆……但却走不出昏君设置的怪圈,逃不过奸佞布下的陷阱,甚至识不破小人挖掘的坟墓,乃至于无力保护自己的尊严和生命,无可奈何,甚至稀里糊涂地成为刀俎手下的鱼肉,任其宰割。

　　与挥戈上阵、捐躯疆场的勇士们相比,虽然他们也不乏一些英雄的悲壮,但却多了一些英雄的凄美与哀鸣,这不能不让人扼腕长叹、感慨不已。

　　为了更直观地感悟这些悲情英雄的人格魅力,我们穿越了三千年的历史长河,遴选了光照千秋、可歌可泣的英雄群像,力图通过这些不同类型的悲情英雄,揭开那一段段尘封的历史,然后再以普通人的心态,去看待英雄光芒背后所支付的高昂代价，旨在弘扬壮怀激烈、忍辱负重的民族精神。

这些悲情英雄之中，既有开疆裂土的赵武灵王，也有精忠报国的岳飞；既有足智多谋的伍子胥，也有国门柱石的袁崇焕；既有万金散尽的盛宣怀，也有才高忍辱的司马迁；既有孤胆英雄荆轲，也有千古一帝武则天……

尽管他们之中有些人物不被那个时代所接受，被作为叛逆而打入另册，甚至有些人物至今还难以盖棺论定，依旧在被评头论足，但也正是因为历史的苛刻挑剔和反复检索，才将他们的形象植入人们的内心，成为不可置换的精神财富。

本书没有受困于历史的羁绊，来刻意拔高或者贬损其中的某一个历史人物，而是以崭新的视角，深刻揭示了英雄从人生巅峰到坠入低谷的演变过程。尽管因篇幅所限，选择的都是吉光片羽，但却折射出了英雄跌宕起伏、惊心动魄的人生悲壮，巨大的命运落差几乎挑战了人们的心理极限。

有关英雄人物的书籍，可谓汗牛充栋，但用大喜大悲的表现手法来集中展示悲情英雄的书籍还是比较少见。

本书独辟蹊径，虽然书中人物依然是耳熟能详的英雄，但过去大家的了解多停留在欣赏英雄的精神快餐层面，而本书则是如酣畅淋漓的"麻辣烫"，除了保留原有的色香口感外，还添加了一些原汁原味，从而形成了余味悠长、酸楚麻辣的刺激效应。

本书带给读者的是一种身临其境的感受，既有气吞山河的荡气豪迈，又有扼腕长叹的幽怨凄美，还有对人物再度品味的盘点斟酌。当然，本书不会误导读者的评判，更不会束缚读者的思维，因为涉及本书的所有历史人物，都是在参阅了大量史料的基础上而被客观还原的，可谓非常翔实的历史人物读本。

愿读者能够追随本书，再次回味几段金戈铁马、几段恩怨情仇、几许淋漓痛快、几许若有所感，时过境迁，体会青史彪炳的曲折。

目录
MULU

第一卷

❖ 九五之尊气短,山河破碎心寒 ❖

—— 帝王篇

　　帝王虽早已绝尘远去,但其留下的光环却永远成为我们茶余饭后的话题。大多数人只是在欣赏帝王们所拥有的至高无上的威权,却不曾发现在其荣光的背后那些鲜为人知的故事。

　　一个高明的治国者,不但需要治国理政的高超技能,还需要化险为夷的博弈功夫。处在权力金字塔顶端的帝王,永远是个高风险的职业,一不留神就会成为权力的祭品。即便贵为一国之君,有时也要如履薄冰。事不遂人愿,悲剧就会上演。

第二卷

❖赤胆忠心扶社稷,肝脑涂地报君恩❖

——重臣篇

"狡兔死,走狗烹",封建君主时代,一旦江山稳固,帝王往往会清除那些最有能力的功臣,尤其是掌握兵权的武将、控制政权的贤达,更是被帝王视为眼中钉。

封建社会要想保持高效运作,必须选拔最有能力者出将入相,并赋予他们更多的权力。可这同时意味着,有能力的人,抢占君主权力的比率随之增加。所谓"伴君如伴虎"。如果帝王感觉不安全,就可能动用手中的权力,拿功臣开刀,轻者削职为民,重者断送性命。

历代王朝总是不断上演着惊人相似的一幕幕。

第三卷

❖ 神机妙算高手，难卜己祸临头 ❖

——神谋篇

在历代政治博弈中，足智多谋的人物，往往成为江山缔造者或者稳固者的得力推手，他们在历史的紧要关头，总能用高超的谋略化险为夷、柳暗花明，从而成为社会推崇和敬仰的公众人物，甚至成为中华民族智慧的象征。

可是，他们的磨难也常常因智慧而生。一旦他们的智慧被更高的权力统治者视为安全隐患时，他们的悲剧也便正式拉开了序幕。如果能够做到功成身退，倒也可以躲过不应有的政治劫难；但这些曾经料事如神的智慧英雄，却往往会对政治情势误判，因而不可避免地成为悲剧人物。

第四卷

❖风萧萧兮易水寒，壮士一去兮不复还❖

——侠客篇

中国是崇尚英雄的国度，国人对那些侠肝义胆、除暴安良的侠士更是推崇备至，因为那些英雄人物不但有赴汤蹈火、在所不辞的豪情，也有百折不挠、视死如归的壮举，往往让人感慨不已。

为了人间正义，他们总是用血肉之躯冲锋陷阵，为了国家，甚至为了报答某一个人的恩情，就能置生死于不顾。无论他们的最终结局成功与否，人们依然愿意把最热烈的掌声奉送给他们，因为他们更接近普通百姓的喜好，更能代表普通百姓的一腔热血。

第五卷

❖ 财富英雄，千金散尽亡命天涯 ❖

——商贾篇

尽管人们欣赏挥金如土的仗义疏财之举，但却对商人并没有足够的认识，因为在他们的骨子里，早就灌输了"无商不奸"的偏激认识，"重农抑商"的封建思维早已根深蒂固。其实，有好多商人，不但促进了社会的繁荣与进步，而且还从事了大量的公益事业，甚至还把毕生积累的财富重新还给社会。

可是，他们往往得不到社会应有的保护和评价，甚至成为官僚不断敲诈的对象，使得古代的商业运作一直在屈辱中蹒跚前行。因而，当这些商业巨子实在无法支撑下去的时候，只有以破财免灾的方法求得自保。可是，当他们将万贯财富散尽的时候，有时还搭上了生命……

第六卷

❖ 辞章传千古，悲壮志难酬 ❖

—— 文豪篇

历史上的知识分子，大多都想以仕途为依归，以此来施展自己的政治抱负，但因为他们身上都洋溢着清高与自负，即使遇到甚至拥有了施展政治抱负的空间，也往往终无建树；有的虽然满腹经纶，但却因和拥有权力者的政治主张产生分歧而和权力擦肩而过，逐渐成为政治边缘的落魄群伍。

在没有机会的情况下，有的知识分子就拿起手中的笔作为利器，得以风云际会，成为政治集团中的重要智士或颇有建树的政治家。但是，知识分子的命运大多途殊同归，缺乏判断时事的深刻洞见与处理人际关系的练达胸襟，等等，往往使他们以梦碎的结局而收场。

第七卷

❖ 巾帼不让须眉，却被历史打入另册 ❖

——巾帼篇

中国古代君主时代，大多推崇奴性教育，尤其对女性群体存在很大的歧视，甚至叫嚣"女子无才便是德"，尽管她们在某一领域取得了惊人成就，也很难被社会认同。至于女人参政，则更被视为大逆不道，似乎政治游戏就是男人的专利，使得女性的政治光芒被严重扭曲。甚至，掌握政治的男人把女人的漂亮也当做洪水猛兽，用"红颜祸水"来形容。

其实，古代政治女性的悲哀，不是缺少谋略和智慧，而是因为传统"性别文化"的偏见致使其被视作异端，男权时代，游戏规则都是由男人制定的。古代女人的悲哀，就是因为她们生在了不被接纳的时代。

第一卷

九五之尊气短，山河破碎心寒

——帝王篇

　　帝王虽早已绝尘远去，但其留下的光环却永远成为我们茶余饭后的话题。大多数人只是在欣赏帝王们所拥有的至高无上的威权，却不曾发现在其荣光的背后那些鲜为人知的故事。

　　一个高明的治国者，不但需要治国理政的高超技能，还需要化险为夷的博弈功夫。处在权力金字塔顶端的帝王，永远是个高风险的职业，一不留神就会成为权力的祭品。即便贵为一国之君，有时也要如履薄冰。事不遂人愿，悲剧就会上演。

赵武灵王
——开疆裂土的改革君王

人物志

赵武灵王(约公元前 340 年~公元前 295 年),是赵国杰出的政治家、军事家、改革家。

赵武灵王在位期间,不但先后攻灭中山国,攻破林胡、楼烦,国势大盛,还大力进行军事改革,改穿胡服,学习骑射,并把官吏和大夫的奴隶迁到九原,在边境开垦。

赵武灵王目光远大,思想敏锐,善于学习,取长补短,是我国历史上一位雄才大略的封建君主,是古代屈指可数的军事改革家,为赵国的强盛作出了极大贡献。

风云榜

历史上有不少年少成名的王侯将相,赵武灵王就是其中之一,自幼就显示出超人的禀赋。

公元前 326 年,赵武灵王的父亲赵肃侯去世,魏、楚、秦、燕、齐各派万人精锐部队声称前来参加葬礼。其实,这些国家来使都是他父亲过去征战过的仇人,目的是落井下石,趁机前来报仇的。

对于 15 岁的赵武灵王来说，父亲的葬礼无疑是一场严峻的考验，一招失策，赵国便会被五国联军消灭。在父亲托孤重臣肥义的帮助下，赵武灵王决定采取强硬措施，必须摆开张网以待的架势来迎接这些心怀鬼胎的"吊唁者"。

随即，赵武灵王就命令赵国全境紧急戒严，尤其首都邯郸及周边的重要城市，所有的部队均处在一级戒备状态。

然后，他又联合韩国和宋国这两个夹在秦、魏、楚、齐之间的国家，使赵、韩、宋三国形成品字型结构，将秦、魏、楚、齐 4 个国家置于腹背受敌的被动局面，并用重金赂越王无强，使之攻楚，先把楚国的注意力牵制到它的老对手越国身上。

同时，他还重金贿赂楼烦王攻击相对弱小的燕国。在去掉燕、楚两个对手后，魏、齐、秦集团实力大为削弱，对赵、韩、宋集团已构不成威胁。

与此同时，赵武灵王还命令来参加葬礼的五国军队不得跨入赵国半步，只许使者携带各国国君的吊唁之物入境，由接待大臣将他们直接送往邯郸。魏、秦、齐见赵国严阵以待，且赵、韩、宋联盟已成，特别是看到赵国精锐部队都云集邯郸，五国使者哪还敢有任何举动？只得参加完葬礼后匆匆离去。

赵武灵王的军事智慧，让魏惠王感到了事态的严重性，即开始弥补魏、赵关系裂痕。公元前 325 年，魏惠王带太子嗣到赵国祝贺赵武灵王正式即位。赵武灵王好像什么事情都没发生过一样，与肥义以礼相待。赵国的盟友韩宣惠王也与太子仓前来赵国祝贺。

初登王位的赵武灵王虽然很快找到了君临天下的感觉，但中山国的存在，是赵武灵王的心头之患。

中山国楔在赵国的中央地带，全境只有东北角一小块与燕国接壤，其余皆为赵国所包围，连赵国的代郡、邯郸、上党郡与旧都晋阳的 4 个重镇，都因中山国的阻隔而致交通困难。可以说，中山国是插在赵国腹地的一个钉子，而邻近的齐国、燕国又与中山相勾结对抗赵国。

赵国的几代君主，也都想在中山国的问题上有所突破，但都未能如愿。连英武有为的赵肃侯，虽然一再击败齐、魏、燕等强国，但也在中山国的问题上止步不前。赵武灵王正式即位后，就开始谋划解决中山国问题。

恰在这一年，魏相公孙衍发起五国相王的合纵运动，用来对抗秦相张仪拉齐、楚图魏的连横策略。赵武灵王就以赵国弱小，不具备称王资格而拒绝了魏国的请求，并自降一格为君。结果，"五国相王"运动落空，被楚国击败而割地求和。

公元前 322 年，中原群雄争霸，处在胶着状态。面对天下大乱，各国无暇干涉赵国内政，赵武灵王果断改变了父亲赵肃侯推行的逐鹿中原的南下战略，调整为北上，并在全国实行胡服骑射的法令。同时，他率兵大举进攻中山国。

其实，在全国实行胡服骑射之前，赵武灵王已经在赵国北部搞过试点。胡服骑射的起因在于赵国和中山国的宿怨，赵武灵王和中山国打仗，由于在鄗城几乎战败，所以为了雪耻而开始胡服骑射，但却遭到了许多人的强烈抵制。

但无论多少人的抵制，赵武灵王都坚持强行推进，目的除了能解决以代郡和邯郸为代表的两种文化、两种政治势力造成的南北分裂局面，还能建立一支能被国君牢牢控制的国家骑兵。

赵国经过赵武灵王对人力、物力的重新整合，军事实力得到了空前提高。公元前 305 年，赵国大举进攻中山国，从南、北、西 3 个方向合攻中山国都城灵寿。

然而，就在这时，赵武灵王却收到消息，说秦国的内乱以宣太后的胜利而结束。赵武灵王决定暂停对中山国的进攻，先解决秦国立新王的问题。

于是，赵武灵王向中山王索取四邑后退兵。赵武灵王听说宣太后战胜惠文后，要立次子泾阳君公子芾为新的秦王，便立即派使者通知宣太后，赵武灵王的意思是立宣太后的长子稷为新秦王。宣太后不得已，便接受了赵武灵王的意见，立公子稷为新的秦王。

公元前 300 年，赵武灵王再次发动战争，攻击中山国，并迅速夺取了中山与代郡和燕国交界的土地，把中山完全"裹"在赵国境内。而此时的北方游牧民族林胡与楼烦想与中山夹击赵国的代郡，遭到了赵武灵王的沉重打击，并失去了林胡和楼烦的大片土地,赵武灵王用这片土地建立了雁门郡和云中郡,迫使林胡和楼烦大幅度地向北迁移。为了巩固战果,赵武灵王又派人修建了两道长城,来阻止林胡和楼烦的南下。

在赵武灵王的主导下,赵国又实施了一系列改革措施,国力大增,使赵国很快成为战国七雄之一。赵武灵王为了炫耀国力,便在信都的信宫大会天下诸侯,这些诸侯迫于赵武灵王的威严,纷纷过来定期会晤。可以说,赵武灵王大会诸侯的时刻,正是他人生最辉煌的顶峰!

不过,与历史上的其他君王不同,赵武灵王在壮年时期,就把政权交给了太子何来打理,但他没有想到,这一标新立异的政治改革,却最终导致了一场噩梦。

悲情史

赵武灵王是一位铁血英雄,可就是这样一位足智多谋的大英雄,却没有处理好储君的废立问题,最终死在骨肉相残的悲剧中。

赵武灵王的长子章是他最信任的儿子,无论是相貌还是性格,都与赵武灵王最为接近,即便是这样,没有任何过错的章,还是被赵武灵王废掉了太子的称谓。

原因是赵武灵王有一位名叫吴娃的宠姬,也为赵武灵王生下一个男孩何,这位从来没有求过赵武灵王任何事的宠姬,却在香消玉殒前对赵武灵王提出立何为太子的想法。于是,赵武灵王便废掉了公子章,而改立何为太子。

于是,公元前 299 年,赵武灵王将王位禅让于太子何,并任肥义为相。他自己则号"主父",只掌握一部分兵权,专心赵国的军事建设和对外战争,而国内政治、经济事务则全部交由赵何负责。赵何即位后,称赵惠文王。

赵惠文王在肥义的教导扶助下,很快就进入了君王角色。3 年的听政,赵何已完全懂得了治国之道。但是,赵武灵王看到自己曾经疼爱的公子章在朝见弟弟赵何时表现得萎靡颓废,让他十分痛心。

公子章比赵何年长 10 岁，性格强悍，体魄健壮。赵武灵王攻伐中山国时，不到 15 岁的公子章就被委以统率中军的重任，在父亲的亲自指挥下，取得了攻打中山国的大胜。此后，公子章多次跟随赵武灵王出征，屡立战功，为国人称颂。

赵武灵王封公子章为安阳君，并派田不礼任相，辅助公子章，他对公子章的不幸遭遇深表同情。田不礼本是齐国的失势贵族，总想东山再起。在出任废太子章的相后，田不礼认为机会来临，便经常用立长乃天经地义的说辞影响公子章。就这样，原本对王位已心如死灰的公子章，禁不住田不礼的煽风点火，再次萌生了继承王位的想法。

与此同时，赵武灵王也经常与公子章居住在一起，衣食住行均命人准备两份，公子章的仪仗用度与赵何的几乎一样。

赵武灵王对公子章的厚爱，让赵何虽感到不痛快，但他又不便明言。肥义也认为此事不妥，但他了解赵武灵王的心情，便也不做计较。朝中许多大臣见公子章又受到了赵武灵王的厚爱，以为赵武灵王又有新的打算，便暗中与公子章来往。公子章见朝中大臣都向自己示好，因而夺回王位的想法逐渐升腾。

公元前 295 年，赵武灵王打算把代郡分给公子章，让公子章也称王。其实，这个想法的背后是赵武灵王要收回赵何的实权，重新亲掌朝政。

而此时的赵武灵王毕竟是正值 46 岁的壮年，尤其是在攻灭中山、赶走林胡、消灭楼烦后，他又有了新的打算。因当时的赵国没有参与中原逐鹿，而齐、秦、韩、魏、楚由于连年混战，已不是赵国对手。赵武灵王在成为北方草原的霸主后，又萌发了做中原霸主的雄心。

赵武灵王要想实现这个伟大的理想，必须夺回王位。在自己主动将王位禅让给赵何后，赵武灵王就逐渐失去了往日的中心地位，权力与名位的失落让他十分痛苦。潜意识中，赵武灵王重新扶植公子章的根源越来越明晰，其目的就是要夺回曾经放手的权力。

一日，赵武灵王同肥义说了欲立公子章为代王的想法，肥义坚决反对。起初，肥义认为立公子章为代王是赵武灵王的过分溺爱，但很快他就洞察了赵武灵王的真实意图。肥义认为自己既然是国相，就要为国家负责。平心而论，肥义的治国能力的确很优秀，在过去的4年里，他精心辅佐赵王何，已经为赵何建立了一个稳定的势力范围，因此他不愿看到权力纷争导致国力下降。

同时，赵何也是个与他父亲一样渴望荣耀的人，如果赵国再出现一个王的话，他绝对不能容忍，那时赵国必将有一场血战。而王权不稳，国家必乱，这已经不再是个人的荣辱问题。

因此，肥义对赵武灵王虽很有感情，但国家大义却不允许他支持赵武灵王——那样就等于将赵国分成了三块。所以肥义断然拒绝了赵武灵王，并暗示赵武灵王重新执政想法的危险性。

肥义在送走赵武灵王后，就立即把整个事情向赵何作了汇报。赵何明白了事情的严重性，便与肥义商议对策，迅速联络了公子成与大臣李兑、赵豹等亲信人马，以防不测。

赵武灵王本以为自己替公子章讨封必成，不想却被肥义拒绝。无奈之下，他将这件事告诉了公子章和田不礼，意在激公子章与赵何争斗，自己再以调解人的身份重新执掌朝政。公子章与田不礼果然怨恨赵何与肥义，决定采取报复行动。

由于赵豹对邯郸防卫严密，公子章与田不礼无法对赵何下手。与此同时，赵何对赵武灵王的兵权也开始严格控制，这激起了赵武灵王的无限反感。面对如此对待自己的儿子，赵武灵王已经感觉不到亲情，而是把他当做最大的对手。

为了重新夺回权力，赵武灵王以在沙丘选看墓地为名，让公子章与赵何随行。赵何无奈，只得在肥义、信期等人的陪同下随行。到沙丘后，赵何居一宫，赵武灵王与公子章居一宫。田不礼劝公子章先杀赵何，然后再控制赵武灵王，继而以奉赵武灵王之命的名义称王。

于是公子章便借用赵武灵王的令符请赵何到主父宫议事。肥义感觉蹊跷，要替赵何前往，并让其加强防卫，说自己不归即为事变，必须立即通知公子成与李兑前来增援。

肥义到主父宫后,果然没有见到赵武灵王,只见到公子章和田不礼,便意识到预料的事情即将发生。而公子章与田不礼见赵何不来,便知道赵何已有所准备,即刻怒杀肥义,并再遣使者调赵何。赵何见使者又至,而肥义未归,便知事态严重,经过逼问使者,才得知肥义早已被杀。信期怒斩使者,并率军前往主父宫,与公子章和田不礼及其党徒展开激战。

李兑与公子成也很快率军赶到参与平叛,并控制了局面,公子章与田不礼战败,田不礼逃亡宋国,公子章则退到了主父宫。信期、李兑、公子成将主父宫团团围住。李兑想向赵何请示处置之法,被公子成制止。公子成分析认为,若此时请示赵何,其很难下达赶尽杀绝的命令。那样围主父宫,赶杀公子章就会成为他们的罪过。若不请示,自己处置,赵何必定会接受这个事实。

公子成的决定,得到了所有人的赞同,于是公子成派兵攻入主父宫,诛杀了公子章及其党羽,并不许赵武灵王出宫。赵武灵王欲拼死一战,但公子成等人只围不战,因无人敢担刺杀主父的罪名。

就这样,赵武灵王被围在内宫里,一时间竟被软禁。接着,公子成又对赵武灵王断粮断水,前后达 3 个月之久,叱咤风云的一代霸主赵武灵王竟被活活饿死。

评说台

作为先秦重要的改革家,赵武灵王对赵国走向功不可没。可是,这位英明一世的赵武灵王却被其改革的成就冲昏了头脑,违背了权力运行的规律,做出壮年禅让、再立再废的重大失误。

不可否认的是,赵武灵王的初衷没有错,他原想既可以实现王权的顺利交接,又可以让他集中精力统率部队扩展疆域,同时还可以规避因他征战万一遭遇不测而使权力陷入真空状态,这对于频繁征战的国家来说,不失为一种英明的选择。

可是正值壮年的他，却最终耐不住权力旁落的心理失衡，尽管接替权力的还是他亲手选定的儿子，尤其是在他选定的接班人羽翼丰满并代替他成为赵国一号人物，且对他的权力有所约束的时候，他又萌生了重回权力中心的强烈愿望。

而他所能做的，就是废掉已展君威的何，再重立长子章为王。这样就可以让两个儿子产生对抗，他就可以坐山观虎斗、坐收渔翁之利，这样作为裁判的他自然就重新回到了权力中心。这对他个人来说，不失为一着妙棋。可遗憾的是，如此重大的决策，赵武灵王竟将其告知何的死党，这无异于打草惊蛇，最终让自己困死于宫廷之内。

公正地讲，赵武灵王是一位有作为的国王。在其 15 岁刚即位的时候，就能在肥义的帮助下，镇定地逼退五国联军，足见其非同寻常的智慧与胆略。同时，他从赵国的实际出发，通过以胡服骑射为标志的一系列措施，对赵国的政治、军事、经济、文化领域进行了一场声势浩大的改革，使赵国彻底消除了分裂的内在隐患，并在人力、物力上得以优化配置。

尤其值得大书特书的是，赵武灵王在位期间不但消灭了心腹大患中山国，还消除了赵国分裂的外在威胁，使赵国从经济结构到精神状态都达到了空前的盛况。

除此之外，赵武灵王还赶走了林胡，消灭了楼烦，夺得了大片好牧场，修筑了长城，成为北方草原的一代霸主。

遗憾的是，赵武灵王作为雄踞一方的霸主，被围困的 3 个月期间，竟然没有一个忠于他的亲信前来搭救，也没有任何大臣挺身而出，更没有任何援助势力前来干预，这固然说明了公子成军力的强大，也反映出当时多数人对赵武灵王持否定态度。

但不管怎样，经过赵武灵王对赵国的整体改造，赵国有了全新的形象，这让赵国一跃成为当时的超级强国，具备了与秦国等争霸的资本。这份功绩，是无法抹杀的。

项羽

——西楚霸王，乌江自刎成遗憾

人物志

项羽(公元前232年~公元前202年)，名籍，字羽，下相(今江苏宿迁)人。

他身高6尺，力大如牛，能轻松举起几百斤重的铜鼎。秦末随项梁发动会稽起义，在公元前207年的决定性战役巨鹿之战中大破秦军主力。

秦亡后，项羽自立为西楚霸王，统治黄河及长江下游的梁、楚九郡。后在楚汉战争中为汉王刘邦所败，在乌江(今安徽和县)自刎而死。

风云榜

"力拔山兮气盖世"。在历史上，项羽是一个因失败而被称之为英雄的异类。

项羽由叔叔项梁养大，从小便立志为国家报仇雪耻。于是，他的叔叔项梁教他书法，他不用功；让他去学习剑术，他也不肯努力。项梁很生气，就骂他没有出息。

项羽说："书足以记名姓而已。剑一人敌，不足学，学万人敌。"意思是说，学写字只够记个姓名罢了，学剑术也只能对付一个人，不值得学，我要学能对抗上万人的本事！"

在叔父的教育下,项羽不断学习兵法,这时候,他的抱负更大了。当他在吴城看到始皇帝的英姿,潜伏于体内的功名欲立刻极大地震动了他,于是脱口而出:"彼可取而代也。"项梁连忙掩住他的嘴,说:"毋妄言,族矣!"

项羽那时不过是个青年,却敢说出自己的想法,这代表了所有楚国人的心声。从那时起,项羽正式走上了自己的"霸王"之路。在秦末大革命中,他顺应形势,很快成为一名杰出的领袖,让项羽这星星之火很快烧成了燎原之势。

在救援赵国的巨鹿之战中,项羽利用"破釜沉舟"之计,彻底打响了自己的名声。公元前208年9月,当项梁引兵进至定陶西北时,遭到秦军章邯优势兵力的袭击。项梁战死,起义军失利。这时楚怀王已迁都彭城,怀王任命宋义为上将军,项羽为次将,领兵北上救赵。

当宋义率领大军行至巨鹿时,将士们个个摩拳擦掌,斗志旺盛。但是宋义却是个极端自私卑劣的人。他一面用甜言蜜语获得了楚怀王的信任,骗取了兵权;一面又和齐国勾搭,寻求自己的外援。

当他带领的大军到了安阳(今河南安阳东南),听说秦军声势浩大,就命令楚军停了下来,想等秦军和赵军打上一仗,让秦军消耗掉一部分兵力,再进攻过去。

这一停就停了46天,宋义每天只是在大帐中饮酒作乐,从不提出兵援赵之事。项羽耐不住性子,就去跟宋义说:"秦军包围了巨鹿,形势这样紧急,咱们赶快渡河过去,跟赵军里外夹击,一定能够打败秦军。"

然而,自大且自私的宋义却拒绝了项羽的请战,还把他羞辱了一番。随后,齐王田荣见宋义手握重兵,正想拉拢他,就请他的儿子宋襄到齐国去做相国。宋义得知这个消息,高兴万分,亲自把儿子送到无盐(今山东东平东),并在那里举行了盛大的告别宴会。

此时,项羽为救赵的事心急如焚,他气愤地对将士们说道:"我们本应齐心协力,攻秦救赵,可是宋将军却不引兵渡河,整日饮酒,还说什么让秦赵相拼,然后坐收渔翁之利。一个小小的赵国,怎能抵挡得住虎狼之秦呢?秦赵之战,胜败昭然，有什么渔利可收?宋将军手握重兵，身负重任，却心怀不轨，我看他是个不效忠国家的臣子!"

第二天，项羽趁升帐的时候，拔出剑来把宋义给杀了。他提着宋义的头，对将士们说:"宋义背叛大王，我奉大王的命令，已经把他处死了。"将士们大多是项梁的老部下，所以自然都很赞成项羽的做法。

接下来，项羽表现出了十足的霸气，决定与兵力数倍于自己的秦军决一死战。他深知秦军筑道至巨鹿城下，布阵严密，无懈可击，可他却把手一挥，对赵国的使者说:"你回报赵王，项羽一定不负贵国厚望!"

随后，项羽命令将士每人带3天的干粮，把军队里做饭的锅全砸了，把渡河的船只全凿沉了，他对将士们说道:"咱们这次打仗，有进无退，3天之内，一定要把秦兵打退。"项羽破釜沉舟的决心和勇气，极大地鼓舞了将士们的士气。楚军个个士气振奋，以一当十，奋勇死战，九战九捷，结果大败秦军。

在项羽的勇猛之下，秦军接连败退，两天之内就吃了9次败仗。项羽见秦军已经溃不成军，就派英布、蒲将军夺取秦军甬道，杀秦将苏角，活捉王离，涉间葬身火海。章邯见大势已去，被迫率领20万秦军投降项羽。

这次战役，项羽利用过人的勇气消灭了秦军主力，对于推翻残暴的秦王朝统治起了关键作用，而项羽本人也赢得了威名，这为他以后当上"西楚霸王"打下了基础。此战过后，项羽被一致推举为"诸侯上将军"，一下子成为了反秦阵营中叱咤风云的英雄和领袖。

不过，随后在与刘邦争天下时，项羽的直率个性却愈发强烈，不断地支配着他的行为，给人的感觉是一眼就能看透，把自己陷于极度危险之中。因此，在楚汉相争之中，他虽然占尽优势，却不断丧失机会，最终在乌江兵败自刎。

悲情史

综观项羽一生，既可被称之为"霸王"，又可被称作为"没有心机的人"。

项羽打下自己的"霸王"名号后，能与之抗衡的对手少之又少，而他的大军到了函谷关，却受到刘邦手下的阻拦，自然怒气冲天。于是，他命令将士猛攻函谷关，在攻下城池后，刘邦手下有个将官曹无伤，偷偷地派人到项羽那儿去密告，说道："这次沛公进入咸阳，是想在关中做王。"

项羽听闻，大骂刘邦，命令英布攻破函谷关，准备讨伐刘邦。此时项羽拥兵40万，号称百万，驻扎新丰鸿门（今陕西临潼东的项王营）。刘邦有兵10万，号称20万，安营霸上，可以说主动权完全掌控在项羽手里。

刘邦得知此事后惊慌失措，于是请张良陪同，想亲自到项羽那边去赔礼。第二天一清早，刘邦带着张良、樊哙和100多个随从，到了鸿门拜见项羽。刘邦说："我和将军合力攻秦，将军在黄河北作战，我在黄河南作战，却没有料到先入关破秦，能在这里再次见到您。现在由于小人的谗言，使您我之间产生了隔阂……"

项羽见刘邦如此"窝囊"，心中的怒火自然消除了大半。当天，项羽就留刘邦在军营喝酒，还请范增、项伯作陪。不过在酒席上，项羽的手下范增一再使眼色，并且举起玉佩，要项羽下决心趁机把刘邦杀掉，可是项羽只当没看见。

范增见项羽心慈手软，只好决定自己下手。他走出营门，召来项庄行刺。项庄于是进去祝酒，祝过酒，说："大王跟沛公一块喝酒，军中没有什么娱乐的，让我来舞剑吧。"项伯见此情况，也拔剑起舞，准备阻挡对方行刺刘邦。

谋士张良自然明白其中的缘由，于是主动起身向项羽告辞，离开酒席，走到营门外找樊哙。樊哙闻知此事，右手提着剑，左手抱着盾牌，直往军门冲去。卫士们想拦住他。樊哙拿盾牌一顶，就把卫士撞倒在地。他拉开帐幕，闯了进去，气呼呼地望着项羽，头发像要直竖起来，眼睛瞪圆，连眼角都要裂开了。

这时候，项羽没有大怒，反而有些吃惊，问道："这是什么人，到这儿干什么?"张良已经跟了进来，说："这是替沛公驾车的樊哙。"项羽听罢，赐酒赐肉。

对于项羽的赐酒，樊哙说："我连死都不畏避，一杯酒哪里用得着推辞?秦王有虎狼一般的心肠，杀人唯恐不能杀光，对人用刑唯恐不能用尽酷刑，普天下的人都起来反抗他。楚怀王曾跟各路将军约定，'首先攻破秦国进入咸阳的就封他做关中王。'如今沛公最先攻破秦国进入咸阳，东西分毫都不敢去碰，把皇宫封闭起来，将部队带回霸上，等待大王到来。所以派遣将官把守关门，为的是防备其他盗贼进出和意外事故。沛公这么辛苦，功劳这么大，您没有给他封侯奖赏，反而听信小人的谗言，要杀掉有功的人，这是在走秦王的老路呀，我倒替将军担心啊。"

樊哙的话，让项羽无言以对，只好说："坐吧。"过了一会，刘邦起来上厕所，张良和樊哙也跟了出来。刘邦留下一些礼物，交给张良，要张良向项羽告别，自己带着樊哙从小道跑回霸上去了。范增知道了，很生气，把玉斗摔在地上，说："唉!将来夺取天下的一定是刘邦，我们等着做俘虏就是了。"

项羽原本可以除去对手的最佳机会，就这么丧失了。如果能听范增所言杀了刘邦，那么以后天下就是他的了。鸿门宴的迟疑，为他的悲情结局埋下了伏笔。乌江自刎，更将他的悲情色彩推至顶峰。

公元前 202 年，项羽被韩信十面埋伏，困于垓下不可动弹。他想带领一支人马冲杀出去，可对方各处严阵以待，根本没有突围的机会。于是，项羽只好仍回到垓下大营，吩咐将士小心防守。

随着包围圈越来越小，项羽的兵士逐渐减少，到了弹尽粮绝的地步。他听到阵阵西风吹得呼呼直响，风声里还夹着唱歌的声音，大惊失色地说："汉军把楚地都占领了吗?不然，为什么汉军中楚人这么多呢?"

这时候的项羽，已经没了霸王的气概。他连夜起来，到军帐中喝酒。回想过去，他慷慨悲歌，自己作诗道："力拔山兮气盖世，时不利兮骓不逝。骓不逝兮可奈何，虞兮虞兮奈若何!"随后泪流数行，身边侍卫也都哭了。

当夜，项羽跨上乌骓马，带了800个子弟兵冲过汉营，马不停蹄地往前跑去。到了天亮，汉军才发现项羽已经突围，连忙派了5000骑兵紧紧追赶。项羽一路奔跑，等到他渡过淮河、赶到东城时，只剩下28个骑兵了，而追击的汉军骑兵有几千人。

项羽深知自己没有逃脱的机会，对手下骑兵说："我起兵到现在已经8年，经历过70多次战斗，从来没打过一次败仗，才当上了天下霸王。今天在这里被围，这是天叫我灭亡，并不是我打不过他们啊! 我今天当然是要决一死战，愿为大家痛快地打一仗，定要打胜3次，为各位突出重围，斩杀汉将，砍倒帅旗，让各位知道这是上天要亡我，不是我用兵打仗的错误。"于是就把他的随从分为四队，朝着4个方向。

然而，虽然他杀了一名大将，却依然无力回天，带着不多的将士，最终逃到了乌江边(今安徽和县东北)。乌江的亭长有一条小船停在岸边，于是劝项羽马上渡江，说："江东虽然小，可还有1000多里土地、几十万人口。大王过了江，还可以在那边称王。"

谁知，项羽苦笑道："上天要亡我，我还渡江干什么? 我在会稽郡起兵后，带了8000子弟渡江。到今天他们没有一个能回去，只有我一个人回到江东。即使江东父老同情我，立我为王，我还有什么脸再见他们呢。"

说完，项羽令将士下马步行，手拿短小轻便的刀剑交战，仅项羽一人就杀死几百人。忽然，他回头看见了汉军骑兵司马马童，说："你不是我的老朋友吗?"马童面向项羽，指着项羽给王翳看，说道："这个人就是项羽。"项羽说道："我听说汉王悬赏千两黄金要买我的脑袋，并封为万户侯，我就送你这点儿好处吧!"说完就自杀了。

项羽个性强烈、爱恨憎明，无愧为一代英雄。但是，他却没有身为枭雄的收敛、心机和心计。

在中国几千年的历史上,如项羽这般的军事统帅少之又少。他能征善战,豪气盖世,叱咤风云,一生大战数十次,巨鹿之战、楚汉之争,都表现出了过人的军事才能。所以,古人称他"有百战百胜之才"。

然而,这些胜利却不能掩饰他的缺点。项羽的悲情,不在于没杀刘邦,而是误在自身不能克服的性格弱点上,就算他于鸿门宴上杀了刘邦,以后也一样会败于自己。

后人在评论项羽时,对他做出了这样的结论:暴躁易怒、有勇无谋、爱慕虚荣。当他听说刘邦已经入居关中时,想的不是如何对付刘邦,让刘邦从中让出,而是大怒,立即下令犒劳士卒,要去破刘邦的军队。这充分表现了其暴躁易怒的性格。

而当他听说刘邦所占据的关中有许多金银财宝时,更是愤怒之极,也充分说明了他是一个爱慕虚荣、贪图享乐之人。

与此同时,目光短浅也是项羽不可回避的性格弊端。他不听范增的忠告,就已经注定了他悲剧英雄的下场,充分表明了他的自满自得,缺乏从谏如流、足勇少智的领导性格,反而衬托出刘邦的圆滑柔韧,张良的沉着冷静,樊哙的忠诚勇敢。

就是因为项羽的这些性格缺限,让他在与刘邦"争天下"时,一步步错失机遇,从主动变为被动。刘邦以"先君子后小人"的手段取得了胜利,突出表现了项羽的憨直、妇人之仁和粗疏寡谋。

当然,虽项羽在乌江自刎,却不能抹杀他的英雄气质。他有情有义,面对虞姬的自刎,心中痛苦万分;有尊严、有志气,不失男儿本色,即使大难临头,也不会委曲求全,而是选择最有尊严地死去,以保自己宁死不屈的形象。所以,古往今来有无数的文学家、戏曲家在不断歌颂项羽,歌颂那份震撼人心的英雄形象。

项羽的形象,几千年来在中国人的心中都未曾磨灭,无怪乎著名诗人李清照曾发出这样的感慨:"生当作人杰,死亦为鬼雄。至今思项羽,不肯过江东!"

朱由检
——勤政君王,魂断煤山

人物志

朱由检(公元1610年~公元1644年),明光宗朱常洛第五子、明熹宗朱由校弟,为明朝末代皇帝。

明熹宗于公元1627年8月病故后,由于没有子嗣,朱由检受遗命于同月丁巳日继承皇位,次年改年号"崇祯"。公元1627年~公元1644在位,他是中国历史上著名的"悲情皇帝"。

朱由检在位17年,一生颇多抱负,然无力回天,不能阻止明朝灭亡之势。李自成大顺军攻破北京后自缢,终年34岁,葬于思陵。卒后,南明弘光年间谥思宗烈皇帝,庙号思宗,后改为毅宗。清改为庄烈愍皇帝,庙号怀宗。

风云榜

朱由检为了重振明朝声威,改善父兄传给他的"烂摊子",可谓费尽心机。

1627年,明熹宗天启皇帝朱由校病故。因为朱由校无子,所以这个喜欢做木匠活的天子将皇位传于五弟朱由检。那时,朱由检不过 17 岁,还只是一个孩子。尤其是面对明末危机四伏的政治局面,很多人都悲观地以为,明朝马上就要完了。

然而,令所有人意想不到的是,这个尚未成年的皇帝,却表现出了过人的抱负,他从哥哥手上接过的是一个千疮百孔的大明朝。但他并非昏聩无能之辈,亲政之初就采取韬光养晦、以守为攻,怀柔和麻痹权臣的策略。待政权根基稳固之后,稳扎稳打,步步为营,漂亮地解决了客氏和魏忠贤集团,展现出了成熟而高明的政治智慧。

魏忠贤(公元 1568 年~公元 1627 年),原名李进忠。由于擅做木器,颇受有着同样兴趣爱好的明熹宗朱由校的喜爱。就是皇帝的纵容,让他拉开了历史上最昏暗的宦官专权的序幕,一时厂卫之毒流满天下,一大批不满魏忠贤的官员士子惨死狱中;一大批无耻之徒都先后阿附于他,更有某些阿谀之臣到处为他修建生祠,耗费民财数千万。

他自称九千岁,排除异己,专断国政,迫害东林党、陷害皇后,以致人们"只知有忠贤,而不知有皇上"。

面对这样一位把持权势、恐怖统治朝野的宦官,一心振兴明朝的崇祯皇帝,自然想要把他处之而后快。魏忠贤也明白新皇帝对自己无比憎恨,于是在朱由检即位后,就上书辞职。

不过,朱由检没有批准,只是把明熹宗的乳母、所谓的"奉圣夫人"客氏轰出了紫禁城,然后把她安排到宫外的一处住宅监视起来。紧接着,朱由检接到了许多弹劾魏忠贤和魏党的奏疏。

魏忠贤自知难逃一劫,于是不停地请罪辞职,但是,年少的朱由检却表现出了过人的智慧,他没有立即降罪,每次都明确地表示他是先皇帝的"顾命元臣",自己对他的罪行可以不加追究。朱由检的这套心理战术,让魏忠贤的心里越来越没底,不知道自己究竟会得到什么结果。

终于，魏忠贤被这种压抑折磨得崩溃了。一天，早朝时他放声痛哭，希望新皇帝看在他多年服侍天启皇帝的情分上，允许他去安徽凤阳看守朱家的祖陵。朱由检微微一笑，答应了他的请求。

得到朱由检的应允，魏忠贤大松了一口气，以为自己已经安全，忙着收拾行装去凤阳守灵。然而，就在这个时候，朱由检对他发起了"总攻"。当魏忠贤刚到河北阜城，朱由检一道催他回京的圣旨就送到了他的手里。

当夜，他听到外边有人唱道："随行的是寒月影，呛喝的是马声嘶。似这般荒凉也，真个不如死。"十一月六日魏忠贤接到让他自杀的圣旨，于是他在一家客栈上吊了。

魏忠贤一死，朱由检就正式开始整治阉党。天启七年（公元1627年）十一月，朱由检抓获阉党260余人，他们或被处死，或被遣戍，或被禁锢终身，这一系列的举措使气焰嚣张的阉党受到致命打击，魏忠贤和客氏的势力被清除一空。

朱由检以17岁的小小年纪，却在谈笑之间将阉党彻底整治，肃清了朝风，表现出了超高的机智，使群臣和百姓们仿佛看到了明朝的希望。因此，他也被冠以"少年英才皇帝"的称号。当时明朝的老百姓，都把他当作唐太宗李世民转世。

的确，朱由检也是以历史上的成功皇帝来要求自己的。"这是一个对自己天子事业有着无限追求（甚至有点偏执狂）的敬业者"，大多数明史专家对崇祯这样客观评价。当时，明王朝外有后金连连攻逼，内有农民起义军的烽火愈燃愈炽，而朝臣中门户之争不绝，疆场上则将骄兵惰。面对危机四伏的政局，朱由检殷殷求治，励精图治，每逢经筵，恭听阐释经典，毫无倦意，召对廷臣，探求治国方策。勤于政务，事必躬亲。朱由检经常对大臣说："朕自御极以来，夙夜焦劳。"因为他面对的是一个烂摊子，纵观明朝277年历史，除了太祖朱元璋、成祖朱棣以及仁宣时代外，明朝的皇帝就像黄鼠狼下崽，一窝不如一窝：有好大喜功，被瓦剌俘虏差点亡国的明英宗朱祁镇；有经常溜出宫门调戏良家妇女，近乎变态的武宗朱厚照；有替父母争名分，与大臣打了好几年口水仗的世宗朱厚□;有几十年不任免官吏,不理朝政的神宗朱翊钧;有吞食红丸暴毙的光宗朱常洛;有沉迷于木匠活中不能自拔,还迷恋自己乳母的朱由校……

接着,他平反冤狱,起复天启年间被罢黜官员。全面考核官员,禁朋党,力戒廷臣交结宦官。一时间,明朝的风气大为改善。就是对待自己,他也非常严格,朱由检带头穿洗过的旧衣服,因此身边的大臣常常看见崇祯帝已经磨破袖口的线头都已经露出来了,不仅如此,朱由检将自己的妃嫔限制在最少的数量,这和历代帝王奢侈的作风形成了鲜明的对比。朱由检还非常勤奋,常常不分白天黑夜批阅奏章,晚上工作累了就给太监几个零钱去买些夜宵充饥。完全称得上是勤俭自律,生活俭朴、清心寡欲,不耽犬马,不好女色,就连陈圆圆都不能令他动心,这样的皇帝,在中国历史上的确少见。

对于被清军和大顺军夺取的土地,朱由检也表现出了十足的魄力,决心一举收回。他先后任用袁崇焕、杨嗣昌、孙传庭、卢象升、洪承畴、熊文灿、陈新甲等人率兵分别同后金与农民起义军作战。在很多人看来,明朝的中兴指日可待。因此,他在民间也多了一个新的称号——神明君王。

最让百官与民众感到振奋的是,与之前的皇帝相比,朱由检敢于面对危机,敢于自省。他的一生,一共颁布了六次"罪己诏"。崇祯八年(公元1635年)正月,中原数省范围内流窜奔袭经年的陕西农民军突然挥师南下,出其不意地一举攻克明朝中都凤阳——大明开国皇帝朱元璋的龙兴之地,掘朱元璋祖辈之明皇陵并焚毁之,熊熊大火和漫天烟雾持续了数日之久。

这时候,朱由检站了出来,第一次向全天下颁布"罪己诏",向天下臣民首次承认朝廷的政策失误及天下局势的险恶。接着,在崇祯十年、崇祯十五年、崇祯十六年、崇祯十七年,他五次颁布"罪己诏",对饥荒、失德、领土失守都进行了恳切的自责。

朱由检的身上,表现出了强烈的进取心,也有改变局面的毅力和勤政爱民的行动。倘若活在和平年代,也许他会成为第二个"李世民",成就一番令人刮目相看的业绩。誓死不迁都、遇难不逃避、以身殉国,这都体现了大明皇帝自成祖以来天子守国门的治国方略。然而,朱由检接受明朝时,朝廷内部的问题积重难返,外部又有清军、大顺军的夹击,加之连年的天灾,大厦将倾,独木难支,他真的已经回天乏术了。

尽管在位17年间,朱由检完全是一个勤政爱民的皇帝,但"生不逢时",让他所有的努力与希望都化为了泡影。

悲情史

为什么朱由检理想远大,又甘心为此而奋斗,甚至是废寝忘食地打理朝政,却依旧难以阻挡明朝的灭亡?

不可否认,历史上的所有皇帝,几乎都有"疑心病",但像朱由检却是各个皇帝中"疑心病"最大的一个。在崇祯朝的17年里,朱由检一共任用过50位内阁大学士,这在历朝历代都是前无古人后无来者的最高纪录。

六部和都察院的大臣更换也同样频繁:朱由检共用过吏部尚书13人,户部尚书8人,兵部尚书17人,刑部尚书16人,工部尚书13人,都察院左都御史132人,结果换来换去,仍然没有换出一个让朱由检满意的官员来。

朱由检在位期间,死于他手下的高级官员共计有:辅臣(相当于总理)1人、尚书4人、总督和督师7人、巡抚11人,侍郎以下的官员更是难以计数。如此频繁的官员更替,朝野自然难于稳定。

对领兵在外的将领,朱由检同样表现出了怀疑。朱由检先后用过很多有才干的将领分别同后金军以及农民起义军作战,但这些将领却几乎没有一个得到善终。

尤其是错杀袁崇焕,更是他一生最大的败笔。朱由检初登皇位之时,深知当时明朝最大的敌人是清军。双方多次爆发战争,而战争的结果多是以明军的溃败告终,诺大的一个朝堂上竟找不出一个像样的元帅,崇祯皇帝对此当然不能甘心，于是他想到了袁崇焕，这个被百姓称为"袁长城"的人物。

袁崇焕之前被阉党迫害，一直赋闲在家，英雄无用武之地。这次被崇祯皇帝重新起用，自然踌躇满志，希望通过努力，光复大明江山。一经上任，他就把东北的防务布置得井井有条，一时间清军不敢轻举妄动。

然而，清军自然不会就此放弃。足智多谋的皇太极深知朱由检心急、多疑，于是决定采用反间计。他率领清军绕过山海关，从京畿的北面越过长城，威胁北京。恰巧此时，袁崇焕率部回京面圣，正赶到北京城下的时候，清军突然鬼使神差地出现了。出于怀疑，朱由检下令，不准城外千里奔袭而来的袁军进城。袁军此刻已是筋疲力尽，既不能进城休整，又要面对强大的八旗军，但是他们还是成功打退了清军的进攻。当天夜里，皇太极派手下心腹将领在明军俘虏面前大肆宣扬如何与袁崇焕约定献城投降，然后故意放俘虏逃跑。俘虏回城后，向朱由检作了汇报。

朱由检原本就怀疑袁崇焕，听俘虏如此一说，认定袁崇焕必是汉奸无疑，于是将袁崇焕诓进城内，打入大牢，并于数月后凌迟处死。从此，明朝失去了唯一的东北屏障，八旗军得以驰骋东北大地如入无人之境。名将袁崇焕的冤死，等于朱由检自毁长城，"自崇焕死，边事益无人，明亡征决矣"。

朱由检的猜忌错杀了名将，加速了明朝的灭亡。这一切，都是朱由检咎由自取。不仅如此，在统治后期，朱由检竟然也走上了"依赖阉党"的路。因对外廷大臣不满，朱由检又重用了另一批宦官，给予宦官行使监军和提督京营大权。大批宦官被派往地方重镇，凌驾于地方督抚之上。

甚至，他还派宦官总理户、工二部，而将户、工部尚书搁置一旁，致使宦官权力日益膨胀，统治集团矛盾日益加剧。就这样，原本逐渐明朗的明朝廷，又一次陷入了黑暗。

除了自己决策上的失误，连年的灾情，也让明朝的局势更加动荡。朱由检当政期间，出现了严重的旱灾。旱灾一旦形成，即赤地千里，寸草不生。旱灾又引起蝗灾，灾难于是扩张到旱灾以外的地区，使千里之外的青青麦禾，数天之内就被吃个精光。

给事中马懋才给朱由检上的奏章当中，就说明了旱灾的可怕景象："我是陕西省安塞县人，由于灾情，当地已经出现了父亲遗弃儿子，丈夫卖妻子，或挖掘草根吞食，或挖掘白石充饥的情形。我的家乡延安府，自去年到今年，一年没有落雨，草木枯焦。

八、九月间，乡民争着采食山中的蓬草，虽然勉强也算作谷物，实际上跟糠皮一样，味道苦涩，吃了仅能免死。到了十月，蓬草食尽，只有剥树皮来吃，所有树皮中唯榆树皮最为上等，但仍要混杂其他树皮同吃，也不过稍稍延缓死亡。"

民不聊生，势必导致矛盾的激化。因此，李自成的农民运动才会越掀越大，这更加促进了明朝的灭亡。

大明崇祯十七年(公元 1644 年)，明王朝面临灭顶之灾。明军在与农民起义军和清军的两线战斗中屡战屡败，已完全丧失战斗力。三月十七日，农民起义军围攻京城。十八日晚，朱由检与贴身太监王承恩登上煤山(也称万寿山，今北京市景山)，远望着城外和彰义门一带的连天烽火，只能哀声长叹，徘徊无语。

1644 年四月二十五日凌晨，在李自成大军隆隆的攻城炮声中，朱由检在煤山上吊自杀。而那份写满了遗书的衣带，最后一次表达出了他的怜悯之心："朕自登基十七年，逆贼直逼京师。虽朕凉德藐躬，上干天咎，然皆诸臣之误朕。朕死无面目见祖宗，去朕冠冕，以发覆面，任贼分裂朕尸，勿伤百姓一人。"

就这样，一个满怀抱负、勤政爱民的皇帝，在凄凉的夜色中，结束了自己短暂的 34 年人生。

不可否认的是，朱由检是一个积极勤政的皇帝，期盼着用自己的能力，让明朝迎来"中兴"，恢复对华夏大地的统治权。

但是，他登上皇位之时，正值国家内忧外患之际，前几朝积重难返，给他留下了棘手的烂摊子。而在民间，天下饥馑、疫疾肆虐，内有黄土高原上百万农民造反大军，外有满洲铁骑虎视眈眈，山河冷落，烽烟四起。面对这样的形势，纵使诸葛亮再世,恐怕也难于扭转时局。

同时,朱由检自己也有不可规避的毛病。他生性多疑、刚愎自用,因此在朝政中屡铸大错:前期铲除专权宦官,后期又重用宦官;在兵临城下的危难关头,中了清军并不高明的反间计,冤枉了袁崇焕,误杀了领兵统帅,自毁长城,使明王朝面临灭顶之灾,这一切朱由检都有着直接的责任。

总的来说,朱由检是个性格相当复杂的皇帝,在短暂的34年人生里充满了困惑、恐惧、孤独、倔强、矛盾、痛苦、无奈、绝望、嘘唏与眼泪,却较少见到贪婪、吝啬、暴虐、荒淫、无耻、妥协、卖国与投降。当然在他的身上,也有愚蠢、刚愎与昏暗的一面。但是,崇祯的人格是高尚的,可以说崇祯虽然具有朱元璋一统天下的雄心壮志,却没有其残暴的本性、恃强凌弱的流氓手段和驾驭战争的雄才伟略;崇祯虽然具有秦二世的亡国之命,却也没有其懦弱无能的本性和昏庸无道的行为;崇祯虽然具有隋炀帝的亡国下场,但是却没有其骄奢淫逸的贪婪、横征暴敛的残酷和穷兵黩武和凶残;崇祯虽然具备了李后主和宋徽宗的亡国征兆,却没有他们闲情逸致的兴致、温文尔雅的做派、沉迷书画词赋的嗜好和醉生梦死的太虚境界。崇祯是中国历史上一位非常罕见的勤政忧民的亡国之君。因此,历史学家对他做出了如此评论:"在思宗身上,机智和愚蠢、胆略与刚愎、高招与昏招,兼而有之。"

历史学家孟森就曾经说过:"思宗而在万历以前,非亡国之君;在天启之后,则必亡而已矣!"而他的敌人李自成在《登基诏》也说:"君非甚暗,孤立而炀灶恒多;臣尽行私,比党而公忠绝少。"不是亡国之君的亡国悲剧,这正是对朱由检一生最准确的评价。

🐉 评说台

崇祯的一生,充满了悲剧色彩,他17岁登基,34岁去世,在17年的帝王生涯中,少有欢乐,可以想象眼看着一个历经近300年的王朝毁于自己手中,是何等的痛苦!他拥有极强的政治手腕,心思缜密,果断干练,并且精力充沛,勤政爱民,这正是明君所具有的特征。可是面对已经日渐式微的明朝,他也无力回天。毕竟,明朝已是大厦将倾,岂是独木能支的?正是这一段历史,造就了这样一位让人又怜又恨的悲情皇帝!

李自成
——闯劲十足,大顺政权难永昌

人物志

李自成(公元 1606 年~公元 1645 年),明末农民大起义的杰出领袖。

李自成领导的农民革命是唐宋以来农民战争的一个新发展,它直接触及了封建社会的土地所有制,这在中国农民战争史上是第一次,标志着中国封建社会的农民战争进入了一个新的历史阶段。

1643 年,吴三桂放清军入关,李自成的大顺军被清摄政王多尔衮击败,损兵数万,退师北京,大顺军由盛转衰。此后,大顺军内部矛盾加剧,军事上节节败退,不得不屯守山西,后退至湖广地区。永昌二年(公元 1645 年),李自成在湖北通山九宫山考察地形,神秘消失,从此下落不明。

风云榜

提及中国的农民起义,自然少不了"闯王"李自成的印记。李自成的传说、李自成的下落,化作了历史上永久的谜团。

李自成给人们的第一印象,自然就是"闯"。在李自成的身上,这种霸气为他赢得了一世英名。而这份豪爽的气质,在他青年时期就表露无遗。

李自成是陕西米脂人,从小家境贫寒,被迫为地主放羊。21岁那年,他打伤地主,逃到银川当了一名驿卒。当时正是明朝末期,阶级矛盾日益尖锐,天灾人祸不断发生。连续多年闹灾荒,土地都被皇亲贵族、地主豪绅霸占了,千百万农民身上无衣、口中无食,受着统治阶级残酷的剥削和压迫,全国各地不时有农民起义爆发。

年轻气盛、志向远大的李自成,自然也想加入农民起义军。彼时,他因为还不起举人艾诏的欠债,被艾举人告到米脂县衙。县令晏子宾将他"械而游于市,将置至死",后由亲友救出。年底,李自成杀死债主艾诏,接着,又听说妻子韩金儿与他人通奸,于是又杀了妻子。两条人命在身,官府不能不问,于是就同侄儿李过于崇祯二年(公元1629年)二月到甘肃甘州(今张掖市甘州区)投军。

从连杀两人的事情上我们可以感受到,李自成天生就有一股"狠劲儿",因此敢打敢闯正是他性格上的特点。而当他在甘肃当兵时,这种气质已经被参将王国看在眼里,于是提升他为军中的把总。就在同年,李自成因为欠饷问题杀死王国和当地县令,发动兵变,正式走上了农民起义的道路。

1634年,李自成和他的侄儿等率义军在兴安的车箱峡,用诈降计出奇兵,大败延绥巡抚陈奇瑜,从此李自成声威大震。但李自成深知,自己的队伍较为弱小,因此,他就率队投奔闯王高迎祥,成为八队闯将,转战陕、晋、畿南、豫楚等地。

崇祯三年(公元1630年),高迎祥被俘杀,李自成被推为闯王。这时候,他表现出了过人的军事才能,领众"以走致敌",采取声东击西、避实击虚的战法,连下阶州(今甘肃武都)、陇州(今陕西陇县)、宁羌(今宁强)。

旋兵分三路入川,于昭化(今广元西南)、剑州(今剑阁)、绵州(今绵阳)屡败明军,击杀明总兵侯良柱。一时间,李自成的名号打响了,各起义军都知道了这个

"新闯王"。

随着农民起义的风起云涌，明朝再也坐不住了。1634年底，洪承畴正式上任，持尚方宝剑，总督陕西、山西、河南、湖广、四川五省军务，试图在半年之内剿灭高迎祥、李自成、张献忠等部农民军。为了商讨应对之策，农民军十三家七十二营齐集河南荥阳，召开了著名的"荥阳大会"。

在这次会议上，李自成表现出激昂的斗志，他高呼道："一夫犹奋，况十万众乎！官兵无能为也。宜分兵定所向，利钝听之天。"此言一出，各部首领纷纷鼓掌称善。起义军一股脑焚毁了明太祖朱元璋的皇陵，并打出"古元真龙皇帝"的旗号，以示与明廷彻底决裂。

明末的农民起义军不止李自成一支，但是，李自成能够异军突起，这与他的亲民政策有着直接的关系。李自成本身就是苦出身，因此很懂得体谅老百姓，他们每到一处都是砸官府、开粮仓，对官僚、地主坚决镇压，把粮食和财物分给劳动人民。

李自成常向群众宣传："我们杀掉欺压穷人的贵族地主，就是要解除你们的心头之恨。"因此，李自成很受群众欢迎。中原地区的穷苦百姓编了许多民谣夸赞李自成和他的义军。如："吃他娘，穿他娘，开了城门迎闯王，闯王来了不纳粮"；"朝求开，暮求合，近来贫汉难存活。早早开门迎闯王，管叫大小都欢悦。"

不过，李自成在起义的过程中，也曾遇到过一些波折。1637年，李自成起义军中了敌人埋伏，队伍被打散，李自成、刘宗敏等十几个人被迫隐伏在商雒山中。但他并不灰心，同将士们白天耕田练武，晚上读书思考，吸取历史上各次农民起义成功和失败的经验教训，研究斗争策略，总结自己的斗争经验。

1639年，李自成率众出山，又受挫折，被困于巴西鱼腹山中。后来，他只率50骑突围，闯入河南。这时，河南大旱，粮食非常短缺，饥民数万人争相参加起义军，一个更大的革命高潮出现了。起义军获得迅速发展，不久人数就达到了50万以上。

有了如此规模的起义军,李自成彻底放开了手脚,决定同明朝"大干一场"。1641年,李自成开始攻打中原大城洛阳。

正月十七,东门守将刘见义、罗泰无心抵抗,于次日到七里河投降李自成。几日之后,凭借着凶悍的作风,洛阳城终于被李自成攻下。

正月二十一,李自成在周公庙召集民众,宣布福王朱常洵的罪行,当场对他处以极刑。为了表现出自己的喜悦之情,李自成还从朱常洵的后园弄出几头鹿,与他的肉一起共煮,名为"福禄宴",与将士们共享。

洛阳自古即是军事必争之地,此前李自成也曾追随高迎祥进行攻打,但铩羽而归,此番成功攻克洛阳并斩杀福王,一时间令明王朝大为震动。可以说,洛阳之战是明末农民战争的转折点,大明王朝的丧钟就要敲响了。此一役,更让李自成"闯王"的称号愈发响亮。

攻下洛阳后,李自成将过去的流动作战改为每得一城,分兵据守的军事战略,崇祯十六年(公元1643年)正月克承天(今湖北钟祥),打出"剿兵安民"旗号,散发"三年不征"传单。寻移檄黄州,揭露朱明暴政,宣传自己兴仁义之师、拯民于水火的作战宗旨。

起义军仅用了两年多时间,即席卷了河南五府数十州县,及湖广荆、襄诸府。崇祯十六年(公元1643年)二月,改襄阳(今湖北襄樊)为襄京,成立新顺政府,李自成自号奉天倡义文武大元帅,罗汝才为代天抚民威德大将军。辖区西起潼关,东至归德(今河南商丘)、汝宁(今河南汝南),南至松北滨、枝江、澧州(今湖南澧县),派遣地方官吏者凡70多州县。

这一番战役,使明军主力被消灭,起义军控制河南全省,部众近百万,李自成起义军成为明末农民起义军的主力。

1643年十月,李自成又攻下西北陕、甘、宁地区。第二年春天,革命政权中心迁到西安,"闯王"改称"大顺王",年号"永昌",还颁布了新的历书,铸造"永昌"钱币,平抑物价,招抚流亡,镇压地主豪绅,废除"八股文",选拔官员接管地方政权。

　　大顺国的建立,让李自成的实力激增,已经拥兵百万。这时,他开始向腐朽的明王朝发动了总攻击。起义军节节胜利,消灭了大量的明朝官军,迅速攻下太原、大同、宣化、居庸关、昌平。

　　终于,在 1644 年三月十七日,李自成率领起义军,包围了明朝统治集团的京城——北京。面对李自成的大军,明军不战而乱。3 月 19 日,兵部尚书张缙彦主动打开正阳门,起义军胜利地开进了北京。听闻此,崇祯皇帝在景山自缢。就这样,统治中国 276 年之久的明王朝,被李自成领导的农民革命推翻了。

　　李自成从加入起义军开始,就表现出了敢想敢干的闯劲儿,从不服输,这是其他起义军领袖所不能企及的。尤其是攻克洛阳一役,让他的威名响彻华夏。

　　更重要的是,李自成深知"得民心"的道理,一路上不断宣传"均田免赋"等口号,他规定:战士不准收藏白金;缴获物品归公;行军不住民房,自带帐篷宿营;公平交易,平买平卖;不滥杀人,不奸淫妇女;并对损坏庄稼者严厉处罚。这些规定,使他的威信不断提升,起义军战斗力自然强大。他的前半生,充满了传奇与辉煌,可谓不折不扣的"农民英雄"。

悲情史

　　在李自成身上,有一个明显的缺点,就是思想觉悟不高,容易骄傲自满。"天下无敌"的幻觉,让他一错再错。

　　大顺军初进北京城时,纪律较为严明,但随后军纪日益败坏。从二十七日起,大顺军开始拷掠明官,四处抄家,规定助饷额为"中堂十万,部院京堂锦衣七万或五万三万,道科吏部五万三万,翰林三万两万一万,部属而下则各以千计"。

　　这种行为,无异于赤裸裸的抢劫。而李自成的手下刘宗敏更是心狠手辣,制作了 5000 具夹棍,"木皆生棱,用钉相连,以夹人无不骨碎。"顿时,城中恐怖气氛逐渐凝重,人心惶惶。对于士卒抢掠,李自成也是睁一只眼闭一只眼。

也许在李自成看来，已经占领北京，"普天之下莫非王土"，那么还有什么好忌讳的呢？所以进入北京后，他并不重视政权建设，而是急不可待地"追赃助饷"，并把"追赃"的范围扩大化，尽可能把财富带回西安。

更为严重的是，李自成过于器重刘宗敏。这位打铁出身的粗人，不仅大兴酷刑，甚至还将吴三桂的爱妾陈圆圆纳为己有。吴三桂原本已有降李自成之意，但听闻此消息，不由勃然大怒，于是改投清军，以报夺妾之恨。

同时，吴三桂又得知了大顺军在北京拷打明朝官员追赃之事，不由大失所望。吴三桂为明朝旧臣，看到大顺军对明朝不忠，心里自然悲愤无比。当得知自己父亲也被夹拷的消息，他更是愤怒至极，决定不再入京，并把李自成当做了不共戴天的仇人，大骂道："快让李贼（李自成）自己把脑袋送来！"

一步不慎，满盘皆输。正是走出了这错误的一步，让李自成由盛至衰，丧失了天下。

当李自成听说吴三桂投降清军，于是亲自挂帅，率领10万精兵进行讨伐。四月二十一日，李自成与吴三桂进行一片石战役。战至四月二十二日，吴军渐渐不支。吴三桂乃降于清朝摄政王多尔衮，于是打开山海关，放清军入关，两军联手击溃李自成，主将刘宗敏受伤，急令撤退。

战败后的李自成急忙逃回京城，10万精兵只剩3万余人。二十九日，李自成在北京称帝，怒杀吴三桂家大小34口，次日逃往西安，由山西、河南两路撤退。

占领北京的多尔衮，命吴三桂和英亲王阿济格、豫亲王多铎等部尾追，李自成军人数远远超出追军，但却一败于庆都，二败于定州，三败于真定，真是连战连败，但也暂时摆脱追击，经获鹿、井陉，进山西南往西安去了。

清军的入关，给李自成带来了沉重的打击。由于南明弘光帝朝廷的建立和大顺军的节节败退，很多投降大顺的原明将领复投南明或清朝，李自成于是疑心日盛，终于妄杀李岩等人，致使人心离散。

5个月后，清军经休整后兵分两路：一路是吴三桂、阿济格等西进；一路是多铎南下。吴三桂、阿济格等进入山西，沿途州县大顺军纷纷投降，在陕北赶走李过、高一功军，先后占榆林、延安，即南下进攻西安；多铎军在河南怀庆（沁阳）击溃李自成的反攻部队，又在潼关四战四捷，把李自成、刘宗敏亲率的主力打得大败。

李自成在返回西安后，自知西安难保，在多铎军进潼关时，就主动放弃了西安，急忙东南走蓝田、紫荆关，经河南南走，清军占领西安后，多尔衮命多铎照原计划对南明福王政权展开猛攻，由吴三桂、阿济格继续尾追李自成。李自成军不敢回击，急于南下襄阳，进驻武昌。

在武昌，李自成曾经进行过反击战，但怎奈何清军装备精良，又一次败得一塌糊涂。从山海关惨败到此，不过 10 个月光景，他和追军从没有打过一次好仗，几十万人的大顺军常常被少于它十倍、百倍的追军打垮，真是兵败如山倒。

清军夺得武昌后，继续紧追，在兴国（今湖北阳新）东的富池口再次大败李自成军，几天后又在富池口东几十里全歼李自成军主力，刘宗敏被俘杀，宋献策投降。李自成率残部继续逃窜，五月在江西再败。至此，李自成的大顺军彻底消亡。

1645 年，李自成在通山九宫山考察地形时神秘消失。有人说他自缢，有人说他隐居山林，也有人说他被山民所杀，但都没有确凿的证据。

明末风光一时的"闯王"，深受百姓爱戴的农民起义领导人，就这样成了一个谜，给历史留下了又一宗悬案。

评说台

李自成的一生波澜起伏，既有年少时因为杀人而狼狈逃窜，又有统领万军时的潇洒激昂，还有得政权后的一时贪图享乐，因此对于他的评论，几百年来都是争论不休。

李自成是不折不扣的农民英雄。在起义阶段，他礼贤下士、亲近百姓、平易近

人、艰苦奋斗、不贪恋财宝和女色,在困境中积极乐观,尤其是一系列保护农民利益的条例,使他获得了民众的支持。而在战场上,他敢打硬仗,这就是他能够从众多起义军中脱颖而出的关键。

但是李自成充其量只能算"草莽英雄"。尤其是入京之后的种种行为,更是暴露了他的本性。放眼历史,真正有远见的政治家一般攻城略地后,急于做的就是收买人心,稳定局面,巩固取得的成绩,即使偶有放纵,也会点到为止,严以整之。

但李自成不是政治家,也没有更高的战略眼光,相反,从他入北京的第一天起,其本身流民的局限性就充分体现出来,他陷入了一种胜利者的盲目喜悦和复仇般的快感中,这一点也体现在他的日常生活中,原本是"不好酒色"的人,也开始蓄养美女,沉迷声色,终日以饮酒为乐。

客观地说,李自成应当被称作"枭雄"。规模宏大的明末农民起义前后持续近20年,李自成最终从十三家七十二营中脱颖而出,靠的就是他能征善战的本领。他率领金戈铁马,叱咤中原,气吞万里,所向披靡,终于颠覆腐朽的明王朝,建立千古不朽的功业。

但是,由于骄傲腐化,战略决策失误,仅一个多月便在与满清政权的较量中败下阵来。这正应了近代民主人士黄炎培的那句名言:"其兴也勃焉,其亡也忽焉。"

洪秀全

——传奇领袖的悲喜两重天

人物志

洪秀全(公元 1814 年~公元 1864 年),原名洪仁坤,广东花县官椿人。太平天国创建者及思想指导者,称"天王"。

金田起义后,建号"太平天国",定都南京称天京,一时拥兵数十万,有韦昌辉、石达开等大将,为清政府心腹大患。

1856 年 9 月,太平天国发生内乱,洪秀全重用陈玉成、李秀成诸后起良将,自兼军师,又采取减赋和加强宗教宣传等措施,渡过难关。同治二年(公元 1863 年)冬,天京为清军围困,弹尽粮绝。洪秀全拒绝李秀成突围的建议,固守天京。同治三年四月病卒。

风云榜

洪秀全,一个屡试不第的乡下人,居然掀起了历史上最波澜壮阔的起义,可谓是一种"奇迹"。

洪秀全祖籍广东,生于耕读世家,7 岁起在村中书塾上学,熟读四书五经。村中父老看好洪秀全可考取功名光宗耀祖,可是他 3 次乡试都失败落选,第三次在

广州落选时已经是25岁了，受此打击回家以后重病一场，一度昏迷。

洪秀全病中，幻觉有一老人对他说：奉上天的旨意，命他到人间来斩妖除魔。或许是因为屡试不第，或许是因为幻觉中的老人，从这以后，洪秀全的性情大变，言语沉默，举止怪异。在6年后的1843年春天，洪秀全最后一次参加了广州的乡试，结果还是以落选告终。

最后，洪秀全翻阅以前在广州应试时收到的基督徒梁发的《劝世良言》一书，把书中内容与自己大病时的幻觉对比，认为自己受上帝之命下凡诛妖，一气之下抛开了孔孟之书，不再做一名儒生而改信了基督教教义，索性把家里的孔子牌位换成了上帝的牌位。

随着对基督教的理解加深，洪秀全开始逢人便宣传他所理解的基督教教义，称之为"拜上帝教"。洪秀全说："人心太坏，政治腐败，天下将有大灾大难，唯信仰上帝入教者可以免难。入教之人，无论男女尊贵一律平等，男曰兄弟，女曰姊妹。"

1847年，"拜上帝教"的冯云山在广西桂平紫山区传教获得成功，信徒日增，形成"拜上帝会"。洪秀全闻之，不禁大受鼓舞，在1845年至1846年间，写下《原道醒世训》、《原道觉世训》、《百正歌》等作品，宣传了朴素的平等观念和消灭"阎罗妖"的革命思想，这为他争取到了更多老百姓的信任。

随后，洪秀全到广西会合冯云山，并陆续制订拜上帝会的规条及仪式。由于洪秀全的拜上帝会与地方政府的矛盾日渐加深，洪秀全等人在1850年决定反清。会众在下半年间陆续前来金田团营，决心掀起一场革命。

在这期间，洪秀全与冯云山及广西人杨秀清、萧朝贵、韦昌辉、石达开形成了领导核心，逐渐明确了推翻不信上帝的清朝统治者而另建新朝的目标。为了使信徒们坚定信念，洪秀全自称天父次子、天兄耶稣胞弟，其余5位首领为天父之子。

由于洪秀全所领导的革命军将矛头直指腐败的清政府，同时革命军对待农民阶级也是以安慰为主，可以说与当地人民水乳交融，因此，洪秀全在农民阶级心中的地位越来越高。终于，在1850年夏天，洪秀全正式发动了金田起义。

金田起义的首要目的，就是"反封建"。所以，洪秀全得到了百万农民的大力支持，当时许多农民都愿意追随洪秀全，这让革命军的势力大增，清军不战而乱。同时，洪秀全还颁布了简明军律：一遵条命；二别男行女行；三秋毫无犯；四公心和傩，各遵头目约束；五同心合力，不得临阵退缩。

1850 年 1 月 13 日，太平军全体将士蓄发易服，头裹红巾，从金田东山大湟江口，开始了轰轰烈烈规模空前的太平天国农民战争。因金田起义发生在广西，故有大量壮族人民参加了金田起义，北王韦昌辉、西王萧朝贵，北伐主将林凤祥、李开芳等，皆为壮族人。从此震撼中外的太平天国革命拉开序幕。

由于洪秀全深知农民阶级的重要性，于是太平军所到之处，出现了没收地主、官僚的财产，焚毁田契、债券，限制地主收租的斗争场面。不少地主唉声叹气说："丰收于我无份！"除此之外，太平军把一些庙宇祠堂占有的土地、公田和逃亡地主的土地没收，分给没有土地的农民耕种。这减轻了农民的负担，发挥了他们的生产积极性，更让太平军的革命斗志越来越高。

1851 年一月十一日，随着革命形势越来越好，洪秀全正式建号"太平天国"，自称天王。第二年，他统率所编制的太平军与清军作战，入湖南进湖北，沿长江攻占了南京，并在此建都，改号天京，从而统治了长江中下游广大地区。

定都天京后，洪秀全并未停止自己反封建的步伐，他亲自颁布了《天朝田亩制度》，这一制度勾画出了他理想中的社会蓝图。在这一蓝图中，它实行"凡天下田，天下人同耕"，每个人都应授与土地，并且强调，不论男女，都照人口平均分配，这一制度旨在建立一个平均的、自给自足的、公有的小农社会的理想模式。

随后，他又参与辅政的洪仁玕提出《资政新篇》，这是太平天国后期的重要政纲，它主张兴办交通、银行和矿业等，虽然与《天朝田亩制度》的倾向完全不同，洪秀全也表示完全赞同，说明他在对待资本主义的态度上，比同时代的地主统治阶级思想开明、眼界开阔。

正是因为思想上的先进性，让洪秀全成了当时令清政府不寒而栗的"头号要犯"，多次派兵进行围剿。

太平天国运动是中国近代史上规模最大的反封建反侵略的农民革命战争，而领导人洪秀全更是民族的榜样，被后世景仰。

悲情史

中国有这样一句话："盛极必衰"。太平天国也是如此。

随着定都天京，洪秀全的享乐思想愈发滋生，于是退居幕后不再打理国事，因此，太平天国的前期，大权落在东王杨秀清手上。

杨秀清的权力越来越大，这自然让洪秀全感到了一丝威胁，于是，两人的矛盾开始日渐激化。例如，洪秀全主张把四书五经列为禁书，杨秀清不同意，借"天父下凡"迫洪秀全让步，后者只好同意四书五经在修改后可以刊印流传。可以说，这个时候的洪秀全已经有些难于控制太平天国的局势了。

真正动摇了太平天国基础的，是内部政治斗争的不断加剧。

1856 年九月，太平天国发生内乱。当时，太平军攻破清军向荣的江南大营，解天京三年之围。向荣在八月九日死后，消息不久便传入天京，东王杨秀清见当时太平天国形势大好，另有图谋，假装"天父下凡"迫天王封他为"万岁"。

杨秀清的这个举动，自然招致了其他领导人的反感。北王韦昌辉就曾请求天王诛杀东王。后来，陈承熔向天王告密，谓东王有弑君篡位之企图，天王密诏北王、翼王及燕王秦日纲铲除东王。

韦昌辉九月一日到天京，与秦日纲在夜间入城，二日凌晨突袭东王府，杨秀清及其家人被杀，东王部属、他们的家人及其他军民共两万多人亦被杀，史称"天京事变"。

天京事变，使太平天国内部的凝聚力大大下降，各个领导人心里也都有自己的打算。尤其是当翼王石达开抵达天京后，责备韦昌辉滥杀，二人不欢而散，石达开当夜逃出城外，韦昌辉其后尽杀翼王石达开府中的家属。

石达开闻之大怒，从安庆起兵，声讨韦昌辉，此时在天京以外的太平军大多支持石达开。

看到局面有些失控，洪秀全不得不处死韦昌辉、秦日纲和陈承熔，以缓解紧张局势。随后，翼王石达开开始主政，然而洪秀全对其并不放心，总担心他会兵变篡位，于是封自己的亲兄弟洪仁发、洪仁达为王，以牵制石达开。这一举动，引起了石达开的不满。1857年，石带领大军出走，脱离天王指挥。自"天京事变"及翼王出走后，洪秀全虽然掌握了朝政大权，太平天国却从此走下坡路。

开国将领的死亡或独立，让洪秀全已经产生了些许失望。于是，他的猜忌之心愈发强烈，对任何人都难于信任。

1859年，族弟洪仁玕抵达天京，洪秀全大喜，封仁玕为军师、干王，名义上总理天国朝政，却不肯把军师的权力交给他。由于洪仁玕未有立功而封王，洪秀全怕其他人不服，再次封异姓为王。后来洪秀全为了笼络人心及分散诸王权力，开始滥封王爵，末年封王者竟达两千多人。这种做法，导致了各地将领据地自重，太平天国的凝聚力进一步下降。

太平天国的内乱，加速了军民的失望情绪和离心倾向。因此，洪秀全更进一步沉溺和求助于宗教，以此寻求心灵上的安慰。他反复宣传天父天兄与其父子为"父子公孙"三代，其父受天父天兄安排坐江山，因而是神圣不可动摇的。

随后，洪秀全又改国号为"上帝天国"，随即又改回用"太平天国"，并在"太平天国"之上加"天父天兄天王"6个字。这些宗教宣传和举措，因为缺少社会内容，未能起到鼓舞士气、加强权威的作用。甚至，原本反封建的他，反而采取了一系列封建举动。

太平天国末年，清军节节取胜，面对困境，洪秀全没有采取适当的对策，却向将士宣称将有天兵下凡，他们可以驱走清兵。

第二次鸦片战争后，由于太平天国国力大大下降，清政府加紧了镇压的步伐,甚至勾结外国侵略势力。

1863 年,太平天国统治区相继陷落,天京被清军包围,弹尽粮绝,李秀成知道天京难以久守,向洪秀全建议放弃天京,转战中原,反被洪秀全斥责。

也许在洪秀全心中,此时他已完全陷入宗教之中,以为真的有上帝来拯救自己。1864 年 6 月,洪秀全病逝,清军终于攻破天京,太平天国中央政权灭亡。

评说台

1851 年~1864 年,是属于太平天国的 13 年。这 13 年来,太平天国内部领导人多次变更,也经历了由盛至衰、回光返照的阶段,可谓极具戏剧性。因此,对于洪秀全的评价,史学家也有着激烈的争论。绝大多数史学家认为,太平天国运动和洪秀全是必须肯定的。之所以这么说,首先因为它代表了农民的利益:太平天国运动所颁布的《天朝田亩制度》是农民阶级的伟大创造,给予了农民阶级一定的物质利益,反映了农民阶级渴望自由、平等的强烈愿望,也是中国农民战争史上第一次提出的涉及政治、军事、经济等方面内容的纲领性文件,作为历史上农民起义者第一个有关分配土地的具体方案,体现了平等思想,起到了一定的积极作用。这一点,洪秀全的功劳是不容否定的。

第二,它提倡商业发展:太平天国定都天京后,洪秀全积极地实施对外贸易政策,并开展正常对外贸易,努力做到平等互利、独立自主,这与清政府闭关自守、投降媚外、丧权辱国的形象形成鲜明对比。

洪秀全对外来侵略者态度比较强硬,与孱弱的清政府相比,在对待外交事务上,洪秀全表现出了十足的魄力。比如,当外国船只闯入镇江、南京江面时,他下令予以炮击。

当英美公使询问太平天国对待《南京条约》和 1844 年诸条约的态度时,他不予理睬,实际等于否认了这些不平等的条约。太平军攻克宁波后,英军要求太平军撤走炮台，洪秀全提出"逐出宁波外人"，并称炮台是"自卫所必需，断不能自弃也"。

现在有的学者认为，洪秀全是不折不扣的"邪教总头目"，例如说他倾向暴力政权、过于提倡宗教的力量。然而，鹰有时比鸡飞得低，但鸡永远飞不到鹰那么高。洪秀全虽然犯了这样那样的错误，但功过是非相比，过不掩功，他仍不愧为近代历史上伟大的农民革命家。

孙中山就将他创立的旧三民主义，看作是对洪秀全开创的太平天国事业的继承和发展。在特定的历史条件下，洪秀全动摇了大清帝国的腐朽统治，建立了代表民意基础的太平天国，制定了顺应民心的社会制度，这是一种时代的进步。

因此，对于一个封建社会下的农民起义领袖，能做到如此成绩，这就足够赢得后人的掌声！

第二卷
赤胆忠心扶社稷,肝脑涂地报君恩

——重臣篇

"狡兔死,走狗烹",封建君主时代,一旦江山稳固,帝王往往会清除那些最有能力的功臣,尤其是掌握兵权的武将、控制政权的贤达,更是被帝王视为眼中钉。

封建社会要想保持高效运作,必须选拔最有能力者出将入相,并赋予他们更多的权力。可这同时意味着,有能力的人,抢占君主权力的比率也随之增加。所谓"伴君如伴虎"。如果帝王感觉不安全,就可能动用手中的权力,拿功臣开刀,轻者削职为民,重者断送性命。

历代王朝总是不断上演着惊人相似的一幕幕。

吴 起

——一生颠簸的安邦定国奇才

人物志

吴起(约公元前440年~公元前381年),战国时期政治家、军事家。卫国左氏(今山东定陶西)人。

吴起在鲁国为将军,闻魏文侯贤而去鲁至魏,武侯时为西河郡守。后由于与武侯不和,离魏奔楚。楚悼王以吴起为令尹,颁布了一系列有利于农民的政策,因此得罪了一批旧势力。吴起在位一年而悼王卒,一批旧贵族趁机作乱,将吴起肢解。吴起死于悼王尸体旁,肃王继位后,即以伤害悼王尸体罪,收捕作乱贵族70余家,并处以三族之刑。

吴起一生在军事、治国上颇有建树,后世把他和孙武连称"孙吴",著有《吴子》,《吴子》与《孙子》又合称《孙吴兵法》,在中国古代军事典籍中占有重要地位。

风云榜

吴起出生于卫国一个家庭殷实的人家,年少时便立下宏伟大志,每日闻鸡起舞,又博览群书。

青年时期,他已成为文武双全、胸藏百万甲兵的将才。为了步入仕途,他用家中的钱财到处"公关",结果把家产折腾了个精光,也没有捞到任何职位,反被人耻笑。

一怒之下，吴起将耻笑他的人杀死。为了躲难，他决定到国外发展。临行前，他对母亲说："我此去若不能名扬天下，食邑万户，誓不回家！"说完，就从自己的手臂上咬下一块肉，以表明坚定的决心。

逃亡后的吴起，也是一直如此要求自己。他首先来到鲁国，并拜孔子弟子曾参的孙子曾申为师，刻苦研读，后来又进一步学习兵法，学成之后侍奉于鲁国国君穆公。在这期间，齐国大夫田居因欣赏吴起的才干，便嫁女于他。后来，齐鲁两国因疆域之争开战。

结果，强大的齐国把鲁国打得落花流水。危难时刻，吴起面见鲁国国君，主动请缨，要求统率大军抗击齐国。

鲁国国君穆公素闻吴起的才能谋略，因此便想把大将军的金印给他。然而就在这时，有人上奏："大王，别忘了吴起的妻子可是齐国人，恐怕他不能全力以赴为鲁国效命！"顿时，鲁穆公有些犹豫，任凭吴起怎样解释，只说了句："容寡人再考虑一下吧！"

这样的结局，吴起自然不甘心。他知道，凭借他的能力绝对可以在这场齐鲁大战中扭转局势，反败为胜。而这一仗，将是他名扬天下的一仗。这么多年来，他一直在等待这个机会，可是妻子却成了一块阻挡他名扬天下的拌脚石！

吴起到家后，还是没能从沮丧的情绪走出，便冷冰冰地对妻子说："你作为我的妻子，就该为我的前程作出牺牲！"还没等妻子明白怎么回事，吴起便一剑砍去，可怜的妻子当时便身首异处。

第二天，吴起便提着妻子的头上殿参见鲁国国君。鲁国国君和群臣一看，都哑口无言，当即决定把军权交给他。就这样，吴起用妻子的头换来了一枚大将军的金印，终于打开名利之门。

果然，吴起出色的军事才能在战场上得以充分体现，短短几个战役，吴起便凭借其谋略把齐军打得落荒而逃。吴起也一战成名，如日中天。回到鲁国后，吴起

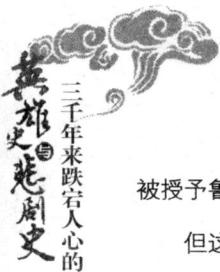

被授予鲁国上将军之衔。

但这之后,暗箭便来了。大臣们因妒忌吴起迅速飚升的人气,便联合向鲁国国君奏本:"大王,吴起为求名利,可以杀死有恩于他的发妻,实乃是虎狼之人。这样的人,只要为了更大的利益,还有什么不敢做的?还有什么人不敢杀的?"紧接着又有人上奏:"吴起在卫国求官无门,散尽家财,被人嘲笑。吴起恼羞成怒,便拔剑杀人,被卫国通缉。可卫国是我们的盟国,如果我们重用吴起,必将会得罪卫国。"后来,又有人说:"齐强鲁弱,我们胜一次不能证明什么。说不定还会导致齐国更大的报复。还不如干脆把吴起交给齐国,向齐王示好。"

群臣的上书,自然让鲁穆公有些疑惑,于是削掉了吴起的兵权。虎落平阳的吴起,又怕被抓到齐国去,无奈连夜出逃。

这个时候的吴起,依旧没有忘记自己的政治抱负。当他听说魏国文侯比较贤明,就前去投奔他。但魏文侯犹豫不决,就征询大臣李克的意见,问:"吴起这个人到底怎么样?"

李克回答说:"吴起是个人才,但也是个既贪恋功名又爱好女色的人,可是若论起带兵打仗,就是司马穰苴也不是他的对手。"

急于想扩张的魏文侯对吴起非常感兴趣,但还想亲自了解一下吴起,于是便接见了他。魏文侯在吴起面前故意说厌恶兴兵打仗。可精明的吴起早就洞察了魏文侯内心真实的想法,便非常坦白地对文侯说:"据敝人观察,大王心里所想与口里所说的根本不一致。魏国一年四季都在宰杀牲畜,以剥制皮革,日夜不停地制造刀剑矛戟;官车造得结实耐用,用它来打猎显然不够轻便。这一切还不足以表明大王究竟想要干什么吗?"

吴起的话,令魏文侯大吃一惊,低下头沉默不语。吴起知道说中了要害,于是便继续说:"如果大王准备这些东西真的用于防御或杀敌,而不寻找一个真正善于使用它们的人来驾驭,那就无异于拿雏鸡与老猫相斗,以小狗与猛虎相搏,勇气再可嘉,最终都免不了失败。往日承桑氏国君只知讲修文德,最后终于亡国;有虒氏一味穷兵黩武，也免不了灭亡。可见善于治国的明主必须文武兼备，政治要修明，武备也要加强，两者都不可偏废。对来犯之敌不予痛击，就是对本国不义；怜悯敌人的死亡，就是对自己不仁。我相信大王必定会成为一代霸主，而吴起是能够帮助您成就梦想的合适人选。"

吴起的这番言语，表现出了他敏感的政治观察力，因此魏文侯对他大为称赏，任用他为主将，攻打秦国。吴起果然表现不俗，一战便夺取了 5 座城池。

更难能可贵的是，吴起还表现出了亲民的一面。他特别关爱士兵，在任主将时，跟最下等的士兵穿一样的衣服，吃一样的伙食，睡觉不铺垫褥，行军之时不乘车骑马，与士卒一样亲自背负捆扎好的粮食徒步行军，完全和士兵们同甘共苦。甚至，有个士兵生了毒疮，吴起亲自替他吸吮脓液。这个士兵的母亲听说后，便放声大哭。

有人不解地问："你儿子只是个无名小卒，吴起将军可是大名鼎鼎，可他却亲自替你儿子吸吮脓液，这是莫大的荣耀啊！您怎么还哭呢？"那位母亲感慨地回答："你们有所不知。当年吴将军替他的父亲吸吮过毒疮，结果他父亲在战场上只顾勇往直前，拼死杀敌，最后死在敌人手里。如今吴将军又给我儿子吸吮毒疮，我真不知道他又会在什么时候死在什么地方，因此我才哭他啊！"

这位老妇人说得没错，吴起之所以这么做，就是为了获得军心。吴起的这些行为，令将士的斗志和热情得到了极大鼓舞，往往每战必胜。不久，吴起又率领魏军夺回被秦国占领的西河之地，并在吞并中山国的战役中立下赫赫战功。

鉴于吴起逐渐上升的名气和业绩，魏文侯对他更加垂青，并委以他头号大将军的重任。吴起也果然不负众望，屡建奇功，在魏文侯时期，他达到了名利的顶峰。在整整 20 年的时间里，吴起一共指挥魏国打了大小战役 72 场，竟然创造了 62 场胜利 10 场平局的军事神话。这绝对是前无古人的辉煌壮举，吴起也因此被人称之为百战百胜的战神，而他的《吴子兵法》也被当时的各国将军广为传诵。

作为威风八面的大将军，这时候可以说是他人生最鼎盛的时期，上有君王的赏识厚爱，下有黎民百姓的无限崇拜，出巡万民伏首，入朝带剑上殿，家中良田万顷，豪宅巍峨，交往的无不是当时名流、各国显贵。一时间，他享尽了名利所带来的种种好处。

不过，正是因为自己的地位过高，也让无数人得了"红眼病"，想尽办法排挤他。但由于魏文侯的倚重，旁人暂时无可趁之机。然而，把命运押在一个人的身上，还是给他最终留下了隐患。

悲情史

树大招风。当吴起威风八面、享受最高待遇的时候，也是别人最嫉妒的时候。

魏武侯继任后，每日只知吃喝玩乐，并不关心国事，因此，政治上颇有头脑的吴起竟无用武之地，逐渐走了下坡路。

于是，早就对吴起有想法的相国公叔便决定给吴起施以颜色。他对武侯煽风点火道："吴起是个干大事的人，而我国与邻近的其他强国比起来，实在弱小。我担心吴起很难长久地留在魏国。"武侯连忙问："这如何是好？"

公叔见武侯果然中招，就笑道："这事好办，可以用嫁公主的话来试探他。如果他想长期留在魏国，必定会答应迎娶公主；若他无意久留，必定设法推辞。这样，就可以验证吴起的真实意图了。"

武侯想了想，认为公叔的话言之有理，便慷慨答应："好主意，就这么办。"

可是，未等武侯和吴起见面，公叔就先将吴起邀请到他的家中作客。公叔的妻子也是公主，按照公叔事先的安排，她故意在吴起面前十分骄横，对公叔更是轻视之至。看到此，吴起不免内心窝火："公叔是国之相国，而公主不过是魏王女儿罢了。竟敢以公主之贵欺相国之尊，实在有些过分！"

两天后，魏武侯便向吴起提起娶公主一事，吴起先是惊讶，可是一想到公叔妻子那飞扬跋扈的公主模样,心里就凉了半截,自然婉言谢绝。

就这样,这位手握百万雄兵尚能游刃有余的大将军,却糊里糊涂地中了小人的暗箭。武侯见吴起推辞,疑心大增,不久便撤了吴起的大将军头衔。那些对吴起心怀不满的人,便伺机报复。为了避免更大迫害,吴起只好跳槽,再次远走他乡。

吴起经过辗转,来到了楚国,凭借辉煌的经历,一眼就被楚悼王看中,并打破干部选拔任用的常规,立刻任命他做了相国。吴起认为,终于迎来了可以实现自己鸿鹄之志的那一天。

既然有了做大事的平台,就要干出一番事业。因而,他开始对政治、经济、军事等领域进行了一系列的改革。他亲自重新制定楚国的官制,削减了数百名政府冗员;大臣的子弟,不得再凭借关系而做官,走后门被彻底杜绝;同时,他还削弱大臣的威权,禁止大臣间结党营私,奖励尽忠职守不越权的官员;废除或抑制贵族的特权,迁徙贵族全家去偏远的地区开垦荒地,以充实那里的人口和促进偏远地区的经济发展;王族成员,凡是与王族的血缘关系超过了五代,一律让他们自力更生,而五代以内的,斟酌考虑他们与现在王族血缘关系的远近,依次裁减俸禄;用所省下来的钱粮遴选国中精锐的兵士,朝夕训练,依据他们的才能,以确定分配给多少食禄,勇敢善战的士兵,待遇最为丰厚。就这样,全国的士兵无不互相竞争,楚国的军力陡然提升,各个诸侯国听说后皆感到威胁与畏惧。

但是,吴起的这种改革,却触及到某些集团的利益。尤其那些被减少俸禄的王族和大臣,对他恨之入骨,把他视作眼中钉。一时间,吴起成了所有个人利益被损害了的王族、贵族、大臣、官员的共同仇敌,他们每天到楚悼王那里诉苦、告状,攻讦吴起的人不计其数。虽然楚悼王依旧很信赖吴起,但危险正一步步朝吴起逼近。

历史有时会出现惊人相似的一幕,吴起再次面临魏国遭遇的境况。就在吴起准备进一步改革时,提拔他、保护他的楚悼王不幸离世。那些早就对他心怀不满的人没等楚悼王安葬,就向吴起实行了疯狂的反扑。尤其是那些贵族纠集起了部队,冲入了王宫。

眼见自己的性命危在旦夕,吴起急中生智,逃到楚悼王停尸的地方,趴在尸体上,他认为这样一来,那帮人就会收手,可那帮红了眼的追杀者并没有因此而犹豫,而是用乱箭射之。就连楚悼王的尸体上也被射满了箭支,吴起大喊一声:"我死不足惜,但你们竟然这样侮辱大王的尸身,这是大逆不道,一定会遭到报应的。"说完气绝身亡,终年60岁。

可怜的盖世英雄,竟然以这样的结局走完了他辉煌与壮观、凄美与悲壮的一生。

评说台

吴起,学儒学而能用法,习兵书而能问政。作为卫国人,能先后在鲁、魏、楚三国出将入相,展现了经天纬地之才。然而,只用法而不懂法,只学儒而不懂儒,以及太过看重名利,导致了他荣辱兴衰的尴尬人生。

作为将军,吴起能率领弱小的鲁国,击败强大的齐国,又统领同样处于弱小的魏国,把同样处于强大地位的秦国打得20多年不敢猖狂,这的确是他一生的荣耀。尤其是他所写的《吴起兵法》,堪称能与《孙子兵法》相提并论。

在政治上,吴起作为一国的相国,能通过一系列的变革,改革陋习,使楚国迅速跻身强国行列。因而他在政治上的建树,可以和后来的商鞅相媲美。但很难想象,这样一位军事天才、政治精英,却是一位性格裂变的人,其性格残忍、暴虐程度甚至可以用道德败坏来概括。这几乎颠覆了中国历史上的善恶评判标准。

因而,两千年来,人们在称颂他丰功伟业的同时,也强烈鄙视他的为人。尤其是在讲究仁义礼智信的年代,他过分的叛逆性格却为他的政治生活带来了许多麻烦。或许正是这一点,才最终注定了吴起失败的政治生涯和悲剧性的个人结局。

事实上，吴起的才华，绝对胜过孙子。他不仅是一位伟大的军事家，更是一位极富才干的政治家。他智慧过人、胸怀远大，他文能安邦、武能定国，在历史上留下了许多千古佳话。但他也同时因为母丧不归、杀妻求将等劣迹而在品德上浸染了巨大污点。

吴起这种为求目的不择手段的性格，虽然使他名扬天下，但也注定了他人生的悲剧。虽然后世的史学家都认同吴起的能力，却鄙夷其人品，不愿宣扬他的事迹，这也正是吴起的名声远远不如孙子的原因。

商　鞅
——改写历史的变革英雄

人物志

商鞅（公元前390年~公元前338年），本姓公孙氏，名鞅，因是卫国公族后代，又称卫鞅。

公元前356年，商鞅开始在秦国变法，公元前350年，商鞅进行了第二次变法，巩固了变法的成果。在秦国当相国10年，他推出了一系列政治变革举措，历史上称之为"商鞅变法"。

公元前338年，秦孝公身亡，商鞅被贵族诬害，秦惠王将其车裂处死。不过，他的变法依旧取得积极效果，实现了秦国的社会变革，确立了封建制度，为以后秦始皇统一中国奠定了基础。

　　如果要说一个国家怎样从饱受欺凌到称雄世界，就不得不提到历史上著名的改革家商鞅。

　　商鞅是卫国人，在年轻时受李悝等法家思想熏陶，并发誓要干一番事业，可卫国却极为弱小，不利于个人成长，于是他便跑到魏国，在魏惠王的相国公叔痤手下做了一名门客，公叔痤很快便发现商鞅的才华，便想把他推荐给魏王。

　　后来，公叔痤病重，魏惠王亲自前来探视。公叔痤便趁机向魏惠王推荐商鞅，他说："商鞅年少有为，是个罕见的治国奇才，可以担当相国的重任。"

　　不过，魏惠王并未把商鞅放在眼里，默不作声。公叔痤知道魏王不肯重用商鞅，便又对魏惠王说："如果大王不肯重用商鞅，就务必要把他杀掉，千万不要让他到别的国家去效力，不然的话，将后患无穷。"魏惠王点头答应了。

　　魏惠王一走，公叔痤就马上命人把商鞅找来，对他说："刚才我向大王举荐了你，不过，大王对你并不看好。于是，我便建议让大王把你杀掉，大王答应了。你必须马上离开魏国，否则你将有性命之忧。"谁知，商鞅却不以为然，反驳说："既然大王没有听信您的话重用我，又怎么会听您的话把我杀掉呢？"于是，商鞅照样留在魏国。

　　果如商鞅所料，魏惠王在离开公叔痤的府上之后，对左右说："公叔痤已病入膏肓！连脑子都糊涂了，一会儿让我重用商鞅，一会儿又让我把他杀掉。真是荒唐透顶！"

　　不久，秦国的秦孝公为了摆脱落后挨打的被动状态，便征召天下有志之士。这时公叔痤已经去世，商鞅知道，自己在魏国更加无望，便来到了秦国。通过秦孝公的亲信景监的介绍，商鞅前后与秦孝公深谈了3次。

　　第一次，商鞅向秦孝公大讲尧、舜、禹的仁义，要求秦孝公效法他们，行帝王之道,秦孝公听得直打瞌睡。第二次,商鞅依然把第一次的话重复了一遍,秦孝公颇为生气,对商鞅说:"你这么死脑筋,要寡人如何才能重用你?"到第三次时,商鞅已经摸清了秦孝公急于称雄的思想,便大谈富国强兵之道:"国家想富有,必须注重农业;要强大,必须奖励将士;要把国家治理好,必须赏罚分明。重赏能使百姓拼命,重罚能让百姓自律。赏罚分明,朝廷才有威信,才能确保改革顺利进行。"这次秦孝公听得入了迷,竟一连和商鞅谈了好几天,并决定重用商鞅,走变法图强之路。

秦孝公重用商鞅变法的消息传开后,遭到了秦国贵族的强烈反对,他们认为严重地侵犯了他们的既得利益。秦孝公便把大臣们召集起来进行讨论。商鞅说:"有超前意识的人,其做法往往会受到世俗者的讥讽和反对,愚笨的人大多目光短浅,而聪明的人总能做出正确的预见。作为智者是不能和一般人去商量革新和创造的,只能让他们享受成果。所以,只要能国富民强,就不必拘泥传统制度。"

秦孝公虽然觉得商鞅讲得非常有道理。可贵族甘龙却竭力反对说:"据我所知,圣贤之人,是不用改变民众的习俗来推行教化的,明智的人也不会改变原来的制度来治理国家。如果不按祖宗规矩办事,而随意改变,就会引起天下的混乱。"

商鞅立刻反驳说:"只有书呆子才会安于现状、墨守成规。让这两种人做官,只能照本宣科,一事无成。三代不同礼、五霸不同法,就足以证明是成功的先例。"

随后,又有几位贵族站起来联合反对商鞅,但均被商鞅的滔滔雄辩驳得哑口无言。就这样,以杜挚、甘龙为代表的守旧派在这场舌战中被商鞅逐一击败,此事也进一步坚定了秦孝公变法的决心。

公元前356年,商鞅开始了在秦国的第一次变法,其主要内容为:(1)编制户口,定"连坐"之法。(2)推行小家庭政策。(3)重农抑商。(4)奖励军功,严惩私斗。(5)制定十二级爵。

新法制定好后,在公布之前,为了取信于民,商鞅就在国都后边市场的南门竖起了一根 3 丈高的木头,声称谁若能把木头搬到北门赏给十金。百姓都觉得奇怪,却没人愿做。商鞅见状,立即宣布追加赏金至五十。重赏之下,终于有一人将此木搬到了北门。商鞅当场兑现,并借机宣布国家将颁布新法,且强调令出必行,绝不欺骗。就这样,第一次变法在人们的疑虑中大张旗鼓地启动了。

新法实施一年后,秦国百姓并不十分认可。恰在这时,太子触犯了新法。商鞅说:"新法遭遇阻力,正是因为上层人士触犯后享受特权的缘故。"于是,商鞅便决定拿太子开刀。但太子是国君继承人,是不能施以刑罚的,于是商鞅就处罚了太子的老师公子虔和公孙贾,自此再也无人敢抵触新法,结果新法取得了显著的社会效果。

见商鞅能力过人,秦王任命他为大良造,率领军队围攻魏国安邑,迫使他们屈服投降。随着秦国国力的大增,又在咸阳建筑宫廷城阙,并把国都从雍地迁到咸阳。

在一连串的成绩面前,公元前 350 年,商鞅又开始了第二次变法,主要内容是:(1)禁止父子兄弟同室居住。(2)以县为进方行政单位。(3)废井田,开阡陌。(4)统一度量衡。特别是井田制的改革,标志着是由封建制取代了奴隶制,从而大大加速了封建经济的发展,使秦国日益富强起来。值得一提的县政改革,彻底颠覆了过去的承袭制度,其官职由国君直接任免,确保了中央集权,使秦国开始走向中央集权的道路。

新法推行了 10 年,秦国百姓都非常高兴,路不拾遗、夜不闭户,家家富裕充足,人民勇于为国家打仗,而不再为私利争斗,乡村、城镇社会安定。当初批评新法的百姓现在又纷纷称赞法令方便。

就这样,这场在商鞅主宰下轰轰烈烈的变法,从土地到官制,从法律到行政,都得到了改观。彻底打破了过去老世族奴隶主们对秦国的控制,将治国大权交到了有思想、有学识、开化进步的新兴地主阶层手里。这些新执掌国政的人,不但思想进步,而且文武兼备,不论出身都得凭军功得爵。换句话说,就是所有在秦国享受高位的人，不论是世族还是客卿，都必须拥有战功。

因此，整个秦国就变成了一个高效的战争机器，成了随时可以动员、随时能够作战的国家。但这个国家并不封闭，而是大开国门，欢迎任何愿意为秦国效力的人，给秦国带来了多元思想和文化，带来了富国强兵的方略和体制。

由此可见，对当时社会产生深刻影响的商鞅变法，应当说是一场改变中华民族历史进程的伟大变革，是把中国的奴隶制度和封国制度彻底铲除的光荣之战，但这场变革也触动了大地主阶级的利益，并最终在秦孝王去世后，商鞅遭到了疯狂的反扑。

悲情史

商鞅大刀阔斧的新法变革，虽然帮助秦孝公实现了富国强兵、威震诸侯的梦想，但这一代表社会进步力量的新法的实施，却损害了许多宗室贵戚的利益，尤其是商鞅为推行新法而采取的一系列非常血腥的暴力镇压手段，更是招致各种旧势力的强烈不满，但只是碍于新法的严酷和孝公的支持敢怒而不敢言。这种现状，为他的悲情结局埋下了伏笔。

在商鞅变法10年后，有个名叫赵良的人，胆子非常大，代表贵族集团去见商鞅。一开始，赵良就劝说商鞅最好能主动让位，后来又劝商鞅取消残酷的刑罚，到了最后竟然发出威胁，并说商鞅不遵守旧制，一意孤行，迟早会招致失败，甚至还凶狠地对商鞅说："别看你现在风光八面，一旦孝公死后，你的苦日子就来了，秦国想收拾你的人太多了！别心里没数，其实你的末日也快到了！希望你好自为之！"

此时，商鞅已然大权在握，从来没有人敢用这种口气对他说话。如果在往常，商鞅一定会立刻命人将其处死，但这次商鞅却意外地放了赵良一马，但对赵良的辞职和免除酷刑的建议并未采纳。事实上，商鞅也知道，在这场变革中，他同地主阶级内部的一些代表人物积怨甚多。对于这种处境，商鞅本人也有些害怕，因此每次出门时，都要安排武装卫士保驾。

半年之后，秦孝公病重，出于国家最高利益考虑，秦孝公也曾打算把王位让给商鞅，但商鞅没有接受。

公元前 338 年，秦孝公病死，太子驷即位，这就是历史上的秦惠文王。因秦惠文王在新法实施时，曾违犯新法而被商鞅定过罪，所以他一直耿耿于怀。

商鞅已经预感到事情不妙，凶多吉少。而秦惠文王也正在计划报一箭之仇，因而就和那些反对商鞅的旧势力联合起来，捏造罪名，栽赃陷害，硬说商鞅有阴谋篡位之心，并四处派兵捉拿商鞅。商鞅获此消息，连夜出逃。

商鞅在逃亡途中要求住店，却因没有任何凭证而遭店主拒绝，店主对商鞅说："根据商君的法令规定，旅店留宿人员需要出示相关证件，而没有证件的人就必须判刑。你现在没有证件，我怎么敢让你在此住宿啊？"

商鞅感慨万千，叹了口气说："看来，是天不容我，没想到我自己订的法令竟害到自己头上了！"这就是后来人们耳熟能详的成语"作茧自缚"的由来。

商鞅万般无奈之下，只好逃到临近的魏国。可是他曾率秦军打败过魏国，因此魏国对他早已是恨之入骨，更不肯收留他，甚至还有人说："商鞅是秦国追捕的罪犯。秦国如此强大，若知道他们追捕的罪犯逃到了魏国，且魏国还包庇他，那么秦国就一定会发兵攻打我们！还不如把商鞅抓起来送到秦国，这样秦国就欠我们一份人情，而我们也躲过了包庇的罪名！"

就这样，魏国人就把曾经权倾朝野的商鞅捆绑后押送到了秦国境内。但商鞅被送回秦国后，靠其嘴巴的优势，竟然说服了一些人，不但被松了绑，还在那里组织了一些人马，准备抵抗秦军，但终寡不敌众，最后还是被强大的秦军捉住，然后处以极刑。

商鞅死后，秦惠文王觉着难解心头之恨，就命人把商鞅的四肢和脑袋用绳子拴在了 5 匹马身上，当众五马分尸。他还告诫众人说："谁敢反叛国家，就是商鞅这个下场！"接着，他又下令把商鞅满门抄斩。可怜的改革英雄，最后竟然落得个如此凄惨的下场。

事实上，秦惠文王及公子虔等人杀死商鞅，是地主阶级内部的矛盾，而并非新旧两种势力的斗争。

因此，商鞅死后，商鞅所倡导的改革并未终止，封建制度仍得以继续发展，并不断得到巩固加强。商鞅也许在九泉之下有了一丝安慰。

评说台

春秋战国是我国从奴隶制向封建制转型的社会大变革时期，从当时的背景来讲，改革旧的制度，包括改变不适合生产力发展的一切旧的上层建筑，是顺应社会潮流的正确选择，也是历史发展的必然趋势。

可在那个动荡的年代里，商鞅作为新兴地主阶级的代表人物，敢于蔑视传统势力和旧习俗，积极投身这场封建制改革运动，并使封建制度在秦国取得巨大成功，可谓功不可没。

毫不夸张地说，假如没有商鞅的变法，秦国就根本不足以抵抗强大的六国；同样，假如没有商鞅的变法，也就没有后来张仪的捭阖纵横；就更不可能会有白起与赵国在长平对峙3年而胜之的辉煌壮举。

然而，历史在这里却出现了拐点，就是这样一个功勋式的改革人物，却最终被污蔑成变法谋反，不但自己被五马分尸，甚至还祸及族群，成为痛心撕肺的历史大冤案。

应当说，商鞅的改革遇到了"有道明君"，否则其改革也只能胎死腹中。当秦孝王和商鞅在"富国强兵"的愿景目标上高度吻合时，二人才一拍即合，并上演了一场轰轰烈烈的改革大戏。秦孝公以完全信赖、充分授权的支持态度，促使了商鞅得以放开手脚、大刀阔斧地强制推进，而且商鞅还相信自己是在为一个国家的成功而作出努力和贡献。

可是，商鞅的改革触动的是秦国富豪权贵的利益，且是以极端的高压方式横扫人心，推行的是威权政治，其执法力度凶险残酷，甚至为达目的不择不手段。或许,这是商鞅帮助秦国进步和发达而不得不采取的强硬态度和非常手段。

但是由于对个人权威无限量地高估,把民众玩弄于股掌之中,使得秦国后来的发展虽登峰造极而又迅速崩溃,也正是受到从商鞅到李斯都笃信厉行苛政的影响。

韩 信
——胯下爬出来的一方诸侯

人物志

韩信(约公元前 231 年~公元前 196 年),淮阴人,年少时就钻研兵法、苦学谋略,怀有安邦定国之志。韩信起步时曾投靠项羽,因未受重用而改投汉王刘邦,在萧何的竭力举荐下登坛拜为大将。韩信为汉军平定三秦、打败项羽、辅助刘邦建立汉室立下了汗马功劳,曾先后出任齐王、楚王、上大将军,后贬为淮阴侯。

汉高祖十一年(公元前 196 年),因韩信功高震主,吕后和萧何就设计诱骗韩信至长乐宫的钟室,以谋反罪将其杀死。一代名将,就这样稀里糊涂地成了汉室江山的一份祭品,成为千古遗憾。

风云榜

韩信,自幼饱读兵书,早已立下了"纵横四海扬威名"的梦想。

秦末农民起义,他当然不愿错过这个绝好的时机,投奔项梁的军营,做了一个级别很低的小官。项梁阵亡后，项羽就接管了项梁的所有兵马，这样，韩信理所当然又成了项羽的部下。

本以为将遇良才的韩信，却没有想到，这样的变故对他来说并不是一次机遇。

韩信自幼熟谙兵法，对军事颇有妙招。然而他多次向项羽出谋划策，可这位西楚霸王项羽却从来没有重视过他，不问青红皂白便统统予以否决。

这种环境让韩信倍感郁闷，觉得在项羽军中难以施展自己的才能，便在刘邦入蜀时，悄悄地投到了刘邦的部队。

但是，刘邦对他也不重视，只让他当个治粟都尉。韩信对刘邦也感到很失望，怀才不遇的痛苦，让他萌发了离去之意。恰在这时，刘邦的高级谋士萧何出现了。

刘邦的大军在西行途中，韩信和萧何偶然交谈了几次，萧何惊奇地发现韩信是个罕见的军事人才，便极力向刘邦推荐，但萧何的推荐依然没有引起刘邦的足够重视，后来韩信便趁着夜色匆忙出逃，萧何知道了之后，未来得及向刘邦请示，便去追赶韩信，这便有了"萧何月下追韩信"的典故。

萧何返回之后，对刘邦说："诸将易得，但像韩信这样的将才，国士无双。如果大王想仅仅在汉中称王，那韩信确实没有什么大的用处；但如果大王想夺取天下，就不能没有韩信。愿大王三思。"这一次，刘邦才意识到了韩信的分量，采纳了萧何的建议，拜韩信为大将。

"萧何月下追韩信"这件事情，成就了韩信，成就了刘邦，更成就了大汉王朝。不出萧何所料，韩信很快发挥了巨大能量。

汉高帝元年（公元前206年）八月，经过韩信训练后的汉军面貌大有起色，刘邦决意挥师东进。张良便献计汉王：明修栈道，暗渡陈仓。刘邦为了对韩信一探虚实，故意问韩信有无良策，没想到韩信的计划竟与张良不谋而合，刘邦喜出望外，连声赞叹："英雄所见略同！"

在韩信的指挥下，汉军悄悄地离开南郑，计划先拿下汉中，打开东进的大门，建立兴汉灭楚的根据地。当时，项羽正被东方战乱所牵制，根本无暇西顾。

于是，韩信就命樊哙、周勃、夏侯婴等将军率领少数人马先去修复栈道，装作要从栈道出击的姿态，以麻痹敌军。而韩信则亲率主力部队循古时小路向西北故道挺进，神不知鬼不觉地渡过渭水，并以迅雷不及掩耳之势直扑陈仓，迅速夺取了关中地区，为刘邦建立了一个兴汉灭楚的根据地。

随后，韩信又策划实施了一系列军事战略，除陈仓外，又先后定三秦、擒魏、破代、灭赵、降燕、伐齐，直至垓下全歼楚军，无一败绩，成为百战百胜的常胜将军，并为后世留下不少传颂千古的战术典故：明修栈道、暗渡陈仓，临晋设疑，夏阳偷渡，木罂渡军，背水为营，拔帜易帜，传檄而定，沈沙决水，半渡而击，四面楚歌，十面埋伏等。

一次次的军事战功，让韩信跻身军事家的行列，成为继孙武、白起之后最卓越的将领，尤其是其指挥的井陉之战、潍水之战更是战争史上的杰作，成为后人推崇备至的战争经典。由此可见，韩信是楚汉战争胜利的重要保证，也是功高至伟的大英雄，更是当之无愧的汉室元勋。

然而，当他帮刘邦打下天下后，他的悲剧命运也一点点上演了。

❀ 悲情史

当韩信为刘邦扫除政治障碍的同时，也渐渐引起了刘邦对他的警觉。

早在韩信被拜为大将军之后，刘邦便对他有所疑忌，不动声色地采取了一系列应对措施：他一方面巧妙地利用韩信攻城夺池，为汉王朝开创基业；另一方面，又用自己羽翼渐丰的实力一步步地排挤、贬低、蚕食韩信。

在楚汉战争时期，当韩信在北线破魏平赵、收燕伐齐之后，刘邦为安抚韩信，便设虚职，封他为齐王；等汉军兵围楚军于垓下，并最终彻底消灭项羽后，刘邦认为天下已定，就旋即又将韩信改封为楚王，旨在使其远离根基深厚的齐地，这对韩信来说，无疑是"发配"。

后来有人密告韩信收留了楚将钟离昧，有蓄意谋反之心。这正好为刘邦惩罚韩信提供了口实，刘邦听说后，就命令韩信交出钟离昧，但韩信认为自己光明磊落，就没有理睬。

但此时的刘邦确实气得发狂，就想发兵征讨，但又苦于不是韩信的对手，就采纳了谋士陈平的计策，以"伪游云梦"为名准备突袭韩信，但韩信却还蒙在鼓里。

此时的韩信，也确实想见一下快到楚国的刘邦，又怕被擒，有人就献计说可杀掉钟离昧再去见高祖刘邦，高祖必定高兴，韩信就将此告诉了钟离昧，以便商议对策，钟离昧顿感大祸临头就自杀身亡。韩信无可奈何地拿着钟离昧的首级去陈谒见刘邦。刘邦便令武士把韩信捆绑起来，放在随从皇帝的副车上。

到了这一步，韩信也只能仰天长叹道："看来真如人们所言'狡兔死，走狗烹；飞鸟尽，良弓藏；敌国破，谋臣亡。'今天下已定，我等就该殉葬！"

可刘邦哪里还听这些？就以"有人告你谋反"之名，让人给韩信戴上械具，将韩信带回洛阳，实施软禁，但年轻时曾经忍受过"胯下之辱"的韩信，心态倒变得十分平和，竟然利用软禁之际，和张良一同整理了先秦以来的兵书，共得182家，这也是我国历史上第一次大规模兵书整理。

后来，刘邦因为查无实据，便将韩信做出处理，由楚王降为淮阴侯，但仍控制在京城。韩信深知刘邦嫉恨他的才能，就谎称有病而不上任。

公元前197年，阳夏侯陈豨举兵谋反，自立为王。刘邦就亲率大军前去征讨。当时的韩信推脱自己有病在身，就没有一同前往。实际上，此时的韩信对刘邦已经彻底绝望，认为自己早晚要死在刘邦之手，如其坐以待毙，还不如主动出击。

于是，他暗中与陈豨秘密约定，准备里应外合，由韩信做内应，准备在某一天的深夜假传圣旨，释放囚在牢里的所有奴隶和犯人，再干掉吕后和皇太子刘盈，然后共取天下。

然而,这个计划却不慎被吕后知道了。吕后闻之大慌,和萧何秘密商议,由萧何出面,设计骗韩信入宫。因萧何是韩信仕途的引领者,韩信自然对他未加防范,便跟着萧何来到长乐殿拜见吕后。

谁知宫里早已埋伏着刀斧手,吕后一见韩信,便喝令刀斧手将韩信绑翻在地。尽管韩信高呼萧何,但萧何早已避开。

吕后就尽数了韩信如何与陈豨暗约谋反,如何欲害她和太子等罪,也不容韩信申辩,便令人用布把他兜起来,用竹签刺死。

就这样,一代名将就此殒命。但吕后并未就此收手,而是下令将韩信三族诛杀,数千无辜,血染长安,哭号之声,传荡千古,成为历史惨案。

评说台

韩信的悲情,正是封建时代的缩影。一个手握重兵又功勋卓著的人,自然会成为靠兵权起家的汉高祖的心头之患。

汉高祖之所以能君临天下,就是因为他手下"武有韩信,文有萧何,谋有张良"这样的"黄金组合"。

可当大汉已立,高祖当家,庆功宴的欢呼声还没有消失的时候,靠武力征服天下的高祖就开始考虑下一步棋的布局了:卧榻之侧,岂容他人酣睡?

在刘邦的心里,韩信最让自己放心不下。因为,韩信文韬武略,无人能及;手下雄兵猛将,战无不胜。更重要的是,在关键时刻的韩信总爱居功自傲、讨价还价,不但具有抗衡的实力,还有抗衡的智慧,这才是他招致杀身之祸的最大隐患。

可政治上幼稚的韩信哪里知道,与高祖这样的政治家玩政治,那无异于自寻绝路。表面上看,韩信是死在吕后的手下,其实高祖是怕担上迫害忠臣的恶名而用的借刀杀人之计。对于韩信这样的元老级帝国元勋,没有刘邦的默许,吕后怎敢下手?所以,韩信的死完全是政治博弈的结果。

虽然韩信的结局并不好，但后世在评价他为建立西汉王朝所作的杰出贡献时，观点可说是几乎一致的。自汉迄今，两千余年，人们的赞美之词不绝于耳。

汉司马迁说："（韩信）于汉家勋，可以比周、召、太公之徒。"宋司马光曰："汉之所以得天下者，大抵皆信之功也。"清人王鸣盛则更加肯定地说："汉得天下，皆韩信功。"

时至今日，对韩信的评价依旧以肯定为主。霍印章先生认为："观韩信的一生，他忠于西汉王朝的统一事业，对历史发展作出了重要贡献，因而是应该充分肯定的。他追求王位，站在分封制的立场上，这是历史的局限，根据当时的条件，亦无可厚非，其被害冤死是值得同情的。

韩信杰出的军事天才和用兵艺术，是我国军事史上很珍贵的一份遗产，永远值得人们学习研究，继承发展。"

文天祥
——宁死不屈的状元丞相

人物志

文天祥（公元 1236 年~1283 年），江西吉安人，原名云孙，字宋瑞，又字履善，自号文山、浮休道人。1256 年，文天祥考取进士第一名，历任湖南提刑、知赣州。1275 年，元兵渡江，文天祥起兵勤王。

临安危急，文天祥奉命至元营议和，因坚决抗争被扣留，后冒险脱逃，拥立益王赵昰，至福建募集将士，进兵江西，收复州县多处。后兵败被俘至元大都，终以不屈被害，封信国公。

文天祥为南宋时期著名的民族英雄和爱国诗人，著有《文文山全集》，名篇有《正气歌》、《过零丁洋》等。被元军囚禁时，宁死不屈，从容赴义，生平事迹被后世称许，与陆秀夫、张世杰并称为"宋末三杰"。

风云榜

"人生自古谁无死，留取丹心照汗青。"文天祥是这样说的，也是这样做的。

文天祥20岁时参加乡试，获得了庐陵乡校第一名，使其父大受鼓舞，在第二年就让他进入吉州白鹭洲书院读书，并在同年考中吉州贡士。

宋理宗宝佑四年（公元1256年），文天祥上京赴考，殿试时，他战胜病体，挥笔写下一篇《御试策》，语言犀利、切中时弊，文中提出了改革方案，并展现出其远大的政治抱负。

但不幸的是，主考官把他的卷子列为第七名，宋理宗亲临集英殿阅读考生的卷子时，看到这份卷子，对文天祥的才华大为吃惊，最后决定把文天祥的卷子提为第一名。当时著名学者王应麟在旁连声称赞道："这份卷子，议论卓绝，合乎古圣先贤之大道，文中表现出忠君爱国之心，坚如铁石。我为陛下得到这样的人才致贺！"

这段传说还有这样一个版本：因为卷子是密封的，宋理宗拆开一看，考生姓名是文天祥，便觉得很吉利，高兴地说："天祥，天祥，这是天降吉祥，是宋朝有瑞气的预兆。"此后，人们就以"宋瑞"为文天祥的字。

就这样，文天祥成为权相贾似道的门生。但遗憾的是，还没有等文天祥进入仕途，他的父亲就在他考中状元的第四天不幸病故，文天祥便归家守丧3

年。后历任签书宁海军节度判官厅公事、刑部郎官、江西提刑、尚书左司郎官、湖南提刑、知赣州等职。

开庆元年（公元 1259 年），蒙古向南宋发动大规模的武装进攻。九月，忽必烈包围鄂州。消息传到临安，朝野震惊。宠宦董宋臣建议迁都四明，以避兵锋，这显然会影响到军心和民心。

文天祥这时挺身而出，向皇帝上书，指出迁都之议是小人误国之言，董宋臣妖言惑众，罪大恶极，应斩首示众，挽回影响，并同时建议改革政治、扩充兵力、抗元救国。可惜文天祥由于人微言轻，被理宗一口回绝，而南宋的朝政也逐渐变得处在风雨飘摇之中。

景定四年（公元 1263 年），由于皇帝不听群言，又重新起用了奸佞董宋臣，文天祥愤而辞职，但朝廷认为文天祥是难得的人才，便将他降职到条件相当艰苦的瑞州任职。当时的瑞州曾因蒙古兵的蹂躏，几乎是一片废墟。文天祥到任后，采取一系列安民优惠的政策，筹集资金建立"便民库"，使得遭受战火洗劫的城市逐渐恢复了元气。

他还修复了一些如"碧落堂"之类的古迹，以发扬先贤的民族正气，鼓舞人民的爱国精神。就这样，瑞州在文天祥治理下，已逐渐显得生机盎然。

随后几年，文天祥又经历了数次政治沉浮，直到咸淳十年（公元 1274 年），又被委任为赣州知州。文天祥依然显示出他高超的治理才能，很快就将赣州的经济和民生状况提高了一个层次。

然而好景不长，元军大举南侵，致使宋军的长江防线全线崩溃，朝廷便紧急下诏，让各地官衙务必紧急行动组织兵马勤王。文天祥二话不说，便立即捐献家资充当军费，并发动当地富翁集资，招募豪杰，组建了一支万余人的义军，迅速开赴临安。

宋朝廷大喜，便立即委任文天祥为平江知府，令他发兵援救常州，旋即又令他驰援独松关。文天祥结束了 15 年的宦海沉浮，踏上戎马征途。但由于元军攻势猛烈，江西义军虽然英勇作战，最终也未能挡住元军发动的一次又一次冲锋。

次年正月，元军兵临城下，文武百官纷纷出逃。为了挽救衰败局势，谢太后任命文天祥为右丞相兼枢密使，派他出城与伯颜举行谈判，旨在与元军讲和。谁知文天祥到了元军大营，却被伯颜扣留。谢太后见大势已去，只好献城纳土，向元军投降。

元军虽然占领了南宋首都临安，但两淮、江南、闽广等地还被宋军掌控。于是，伯颜就变换花样诱降文天祥，想利用他的声望来尽快收拾残局。可文天祥宁死不屈，任凭伯颜口舌费尽、条件讲完，文天祥依然断然拒绝，伯颜无奈之下只好将他押解北方。

可行至镇江，文天祥又利用敌人的细微疏忽，冒险出逃，经过千辛万苦，终于在景炎元年（公元1276）五月二十六日到达福州，被小皇帝宋端宗赵昰任命为右丞相。

不过，虽然另立新王，但文天祥对一手遮天的张世杰专制朝政极为不满，并且与同是重臣的陈宜中意见相左，于是便愤然离开南宋小朝廷，以同都督的身份在南剑州开府，指挥部队抗击元军，并先后与汀州、漳州、龙岩、梅州等地的抗元义军取得联系，共同坚持斗争。景炎二年（公元1277年）初，元军进逼汀州，文天祥对部队进行整顿，随后从梅州出发，打响了收复江西的战役。

在文天祥的领导下，江西的抗元军事行动全面展开。各方义军配合督府军作战，表现出了顽强的战斗力，先后夺回了会昌、雩都、兴国等地。文天祥的名声大震，分宁、武宁、建昌三县的英雄好汉，以及临川、洪州、袁州、瑞州的义兵也都纷纷前来主动接受文天祥的领导。文天祥就统一部署，挥师席卷赣南，收复了大片土地。

祥兴元年（公元1278年）夏，文天祥得知端宗已死，其弟弟赵昺继位后也移驻崖山，便要求率军前往，与南宋行朝会合。但由于张世杰等人从中作梗，文天祥只好作罢，率军退往潮阳县。

同年冬天,由于文天祥的声威,成为了元军进攻南宋的心头大患,于是元军便调集主力部队大举来攻。遗憾的是,文天祥在率部进行运动战的途中遭到元将张弘范的突袭,兵败被俘。文天祥便抱定以死殉国的念头,吞下了二两龙脑,但由于药力失效,而致自杀未遂,被押往崖山。

文天祥的被捕,由于其爱国思想的驱使,就注定了他人生的结局,他不会为了贪图权力和富贵而背弃自己的国家。也是这份大义,让他注定会走上一条悲情的道路。

悲情史

无论哪一个朝代,当权者都会对气节硬朗的忠臣无比钦佩,元朝也不例外。

当元兵擒获文天祥后,元朝非常想得到这位贤士。在文天祥被押往崖山后,元将张弘范就让他写信招降张世杰。但是,文天祥义正辞言地说:"你的想法实在是荒谬,我自己不能保护父母,难道还能教别人背叛自己的父母吗?"

虽然碰了钉子,但张弘范依旧没有放弃,多次给文天祥做工作,要其给张世杰写信。文天祥于是便将自己前不久写的《过零丁洋》一诗抄录给张弘范。当张弘范读到"人生自古谁无死,留取丹心照汗青"两句时,也大受感动,从此不再威逼文天祥。

不久,南宋在崖山海战中惨败,陆秀夫背着8岁的幼帝赵昺跳海而死,南宋自此灭亡。张弘范便向元世祖请示如何处理文天祥,元世祖感慨说:"哪个国家没有忠臣?"并命令张弘范对文天祥务必要以礼相待,将文天祥送到大都,软禁在会同馆,再慢慢劝降文天祥。

文天祥被押到大都后,元世祖首先派降元的原南宋左丞相留梦炎对文天祥现身说法,希望其认清形势、顺应潮流。文天祥一见留梦炎便勃然大怒、连声呵斥,留梦炎只好尴尬离去。随后,元世祖又让早已降元的宋恭帝赵显来

劝降。

文天祥双膝跪地,痛哭流涕,对赵显施礼后,说:"圣驾请回!臣万死不从!"赵显也无话可说,只得离去。元世祖得知后大怒,下令将文天祥的双手捆绑,戴上枷锁,并关进兵马司的牢房。文天祥入狱半个月,狱卒才给他松了手缚;又过了半个月,才给他褪下枷锁。

因为元朝对文天祥比较敬重,因此,审问文天祥的任务,交给了当朝丞相孛罗。文天祥被押到枢密院大堂,昂然挺立,出于礼貌,只对孛罗行了一个拱手礼,这让孛罗感到受到了侮辱,便喝令左右强制文天祥下跪,文天祥至死不从。孛罗问文天祥:"你现在作为囚徒,还如此狂妄,也太瞧不起本丞相了,难道你还看不清目前的形势吗?你到底想怎么样?"

文天祥昂首大笑,回答说:"天下之事,有兴有衰。国亡受戮,历代皆有。我文天祥一臣不事二主,只求速死!"

孛罗听罢,不禁大发雷霆,说:"你想死?很简单,但我偏不让你死。我要一直关押你!"文天祥凛然正气,大笑一声,说道:"我连死都不怕,难道还怕你关不成?"

从此,文天祥便在狱中度过了 3 年。在狱中,他也曾收到女儿柳娘的来信,知道了妻子和两个女儿都在宫中为奴,也过着囚徒般的生活。文天祥自然知道女儿的来信分明是元廷的暗示:只要改变立场,家人即可团聚。尽管文天祥心如刀割,但也不愿因妻女而丧失气节。

在狱中的这段日子,文天祥苦中作乐,写出了不少豪迈的诗篇。《指南后录》第三卷、《正气歌》等荡气回肠的不朽名作都是在狱中完成的。

元世祖至元十九年八月,元世祖在朝廷议事,突然问道:"在南方和北方丞相中,谁最有才能?"群臣皆回答:"北方耶律楚材天下第一,南人文天祥绝无第二。"于是,元世祖便下了一道命令,准备授予文天祥高官显位。文天祥的一些降元旧友立即将此信息告知文天祥,并劝说文天祥改换门庭,但被文天祥断然拒绝。

元世祖决定召见文天祥，亲自劝降。可朝廷之上的文天祥对元世祖仍然是长揖不跪。元世祖显然没有强迫他下跪的意思，只是惋惜地说："你来这里时间也不短了，改朝换代是大势所趋，如你能用效忠宋朝的忠心对朕，那朕便可以在中书省给你一个合适的位置。"

文天祥笑道："谢谢你的这番美意，我授受不起，我是大宋的丞相。国家灭亡了，我只求速死。"

元世祖仍不甘心，又问："你到底怎样才能归顺我朝？有什么条件？你尽管提出来，我都会满足你！"

文天祥回答："好！那我就提一个条件！"

元世祖大喜："什么条件？赶快说！"

文天祥哈哈一笑，说："速求一死！"

元世祖备感羞辱，于是便下令立即处死文天祥。第二天，文天祥被押解到刑场。监斩官问："丞相还有什么要说？现在一切都能来得及！"文天祥怒斥道："男子汉大丈夫！死就死了，哪这么啰嗦？告诉我哪边是南方！"

有人立即给他指了方向，文天祥面向南方跪拜，说："事已至此，我心中无愧了！"于是从容就义，时年只有47岁。

人们在收敛他的尸骨时，从衣带中发现一首诗："孔曰成仁，孟曰取义，惟其义尽，所以仁至。读圣贤书，所学何事？而今而后，庶几无愧。"

文天祥的死，可谓壮怀激烈、感天动地，古代虽从容就义者不少，但以名相之身而成为烈士者，恐怕唯其一人。

评说台

对于文天祥，历史和后人都给予了较高的评价，甚至有人把他誉为继孔孟之后的第三圣人。尤其是他在国家和民族生死存亡之际所表现出来的高尚气节，更值得后人景仰。文天祥总能把国家和民族利益看做最高目标，对投降派和奸佞之徒从不留情。

有人在赞扬这位状元出身的丞相时说：以丞相之躯鞠躬尽瘁、扶颠持危，他和诸葛亮是相同的，但他能慷慨尽节；在举义倡勇、忠贞不二上，他又和张巡是一样的，但他官至丞相。而"名相烈士，合为一传，三千年间，人不两见"的评价就足以彰显文天祥在中国历史上是个彪炳千秋的英雄。

当元朝统治者发现文天祥已经成为全民族的灵魂时，便开始提出交涉，要他让步。可在文天祥看来，元朝之所以敢这样对待他、屈辱玷污他的家人与同胞，还假惺惺地不杀他，其实就是怕成全他。

但元朝最后还是被迫低头了，开始善待他的家人，用高官厚禄吸引他转向，但文天祥依然不为所动，因为，这本来就是一场不能妥协的战争。文天祥虽然最终倒在了统治者的屠刀下，但却是应自己之邀，是他一个人打赢了这场战争，至少在精神层面。

当然，关于文天祥，也有不同的另类声音，说他是一个跟不上时代潮流的人，可更多的人却对此观点不屑一顾，并迅速淹没了少数的反对声音，他们认为，一个人的道德品格和他对国家无私的忠诚只能体现个人，而元朝替换宋朝和个人的行为是不能拿来比较的，因为在当时的情况下，文天祥是不能左右历史的发展的，但文天祥作为国家的一个将领，忠实地履行了他自己的崇高职责，而坚定地投身保家为国的行列，且义无反顾、忠贞不二。

文天祥的忠贞爱国的精神依然是中华民族优秀的品质，值得世人敬仰。

岳 飞
——民族英雄,蒙难风波亭

人物志

岳飞(公元1103年~公元1142年),字鹏举,汉族。北宋相州汤阴县永和乡孝悌里(今河南省安阳市汤阴县菜园镇程岗村)人。

岳飞自幼习武,从军后屡建奇功,被升为秉义郎。1140年,金兵大举进攻南宋。岳飞等将领分路出击,岳飞负责中原一线,他一面派人到河北一带联络当地的民间抗金组织,一面亲率大军进击,收复了河南许多州县,驻军郾城,两军展开激战。双方从下午激战到天黑,宋军大获全胜,追杀金军几十里。

1142年,宋高宗听信谗言,暗示秦桧以"莫须有"的罪名将岳飞杀害。其子岳云和部将张宪也惨遭杀害。

风云榜

岳飞出生于宋朝相州汤阴县的一个普通农民家庭,父亲早亡,由其母抚养成人。

传说其母曾在他的背上刺上了"精忠报国"4个字,让他铭记国仇家恨。因而出身寒门的岳飞就以驱逐胡虏、救民水火、恢复旧山河为己任,精忠报国、至死不渝,成为叱咤风云的杰出英雄人物。

北宋靖康元年冬，岳飞处理完家中诸事后，在相州城第三次投军，成为刘浩军中的一名下级军官。当时刘浩见岳飞与众不同，就命岳飞招降吉倩，岳飞果然不负众望，招降吉倩及其部属380人，岳飞因此被补为承信郎一职。

同年十二月，康王赵构根据宋钦宗的蜡书，在相州设立河北兵马大元帅府，筹备武装力量，旨在为被金兵包围的宋朝首都东京解围。赵构很快就筹建了一支以他为大元帅，陈亨伯为元帅，汪伯彦、宗泽为副元帅的军事力量。元帅府下编前、后、中、左、右五军，其中前军统制为刘浩。

岳飞隶属刘浩前军。根据蜡书的命令，康王元帅府的首要任务就是火速赶往东京，解京师之围。岳飞奉命带领三百铁骑，快速前往李固渡侦察，与金兵相遇发生武装冲突，并大败金兵。然后就与随之率军赶来的刘浩一起参加了东京保卫战，将金兵击退，解了东京之围。

不过，岳飞一人还是难以抵御大金的军队。靖康二年四月，已经江河日下的北宋终于扛不住威猛的大金的疯狂进攻，北宋亡国，连徽宗赵佶、钦宗赵桓及皇家宗室成员也做了大金的俘虏，并被押往北方扣做人质。

五月，康王赵构自封为帝，即宋高宗，于南京继位，史称南宋。一开始，宋高宗坚决主张收复失地，并起用了大批主战将领，其中就有岳飞，他主张反对议和，抗战到底。

赵构登基不久，岳飞便上书阐明观点："如今陛下已登大位，江山社稷有主，已经具备了伐敌的能力，况且现在的部队已经初具规模，可是金国方面一直把我们看得很虚弱，我们正好利用他们对我们轻敌的时候发动突袭，而黄潜善、汪伯彦之辈却不能完成恢复中原的使命。微臣愿意替陛下效力，正好乘敌立足未稳之时，率军北上，一鼓作气，恢复中原指日可待！"

但令岳飞失望的是，宋高宗看过建议，不仅没有大加赞赏，反而认为他十分狂妄，以越职为由将岳飞罢官。岳飞无奈，就北上投靠了河北招讨使张所的军中，做了中军统领。张所很赏识岳飞，很快便将岳飞提升为统制。

建炎元年九月,张所命岳飞编入王彦部,北上抗金。岳飞的军事才华得到展现,数败金兵,声威大震。可王彦却保守怯战,不敢正面迎敌,岳飞只能孤军奋战,况且王彦连军中给养都不肯供给。缺草少粮的岳飞只得再次投靠宗泽,出任留守司统制。

宗泽死后,杜充代之,岳飞又官复原职。后来杜充准备回南宋首都建康,岳飞急忙进言:"中原之地寸土不可丢,如果今天一走,马上就会被金兵占领,如果今后再想夺回,非要用几十万大军不可。"但是,杜充根本不听,岳飞无奈,也只能随军而归。

南宋建炎三年秋,金国大将兀术率领金军渡江攻宋,侵犯江南。当时岳飞还只是一员偏将,奉命与其他16员偏将一起随都统制陈淬前去迎敌。正当两军激战之际,宋将王燮突然率部逃跑,致使宋军方寸大乱,金军趁机击溃宋军。

在宋军主将陈淬战死、其他宋将全都"作鸟兽散"的严峻形势下,岳飞仍然率部奋力作战。直至天色昏黑,岳飞才整军退守建康城东北的钟山。

这次战败,标志着宋朝的崩溃。不久之后,全权负责长江防务的宋军统帅杜充投降金人,原宋军的很多将士也就沦落为以掳掠为生的盗匪军贼。各种各样的坏消息,使军心浮动,将士们深感前途渺茫,军粮也开始短缺。就连岳飞部下,有的军士也开始逃往其他各军。

面对统帅投敌、士卒溃散、百姓惶惶呼救的乱局,岳飞慷慨陈词说:"我等享受国家俸禄,当以忠义报国,建立功名,死且不朽。若降敌为虏,溃而为盗,偷生苟活,身死名灭,那是好办法吗?谁再有二心,定斩不饶!"岳飞激昂的音容,感动了所有将士,他们不再萌生异志,都钦佩岳飞忠义爱国、勇武绝伦,纷纷表态愿追随他抗战到底。

绍兴九年,岳飞在鄂州听说宋金和议即将达成,便立即上书表示反对,并再三强调"金人不可信,和好不可恃",并强烈抨击了丞相秦桧居心不良的投降活动,使秦桧怀恨在心。但高宗决心已定,对岳飞的正确建议置之不理,并最终达成了和议。随后，高宗赵构下令大赦，对文武大臣大加爵赏。

尽管岳飞反对和议，但高宗认为毕竟因为岳飞等人的战功为谈判增加了筹码，仍应当给予奖励。可诏书下了3次，岳飞却坚决拒绝一品官衔的爵赏和3500户食邑的封赐。后来高宗对他好言相劝，岳飞才勉强接受。并上书"愿定谋于全胜，期收地于两河，唾手燕云，终欲复仇而报国。"但高宗拒绝采纳。

宋金两国签署协议没过多久，金国便撕毁绍兴和议，金国大将兀术等分四路来攻。由于当时的南宋还陶醉在"和议"的成果里，根本没有防备，致使宋军节节败退，城池相继沦陷。这时的高宗才急了，赶紧下令，命韩世忠、张俊、岳飞等出师迎敌。

在岳飞等人的顽强抵抗下，很快就在东、西两线取得对金大胜，失地也相继收回。岳飞跃马长江，挥师北上，实施了锐不可当的反击。

岳家军挺进中原后，所到之处，无不受到当地百姓的热烈欢迎。岳飞亲率一支轻骑驻守郾城，和金兀术一万五千主力精骑发生激战。

岳飞挥戈上阵，所向披靡，大破金军引以为豪的"铁浮图"和"拐子马"，把金兀术的部队打得抱头鼠窜。岳家军将士以"守死无去"的强悍战斗作风，压倒了敌人排山倒海的进攻。

郾城大捷后，岳飞乘胜向朱仙镇进军，虽然金兀术集合了10万大军进行抵挡，但却被岳飞打得七零八落、溃不成军。

岳飞这次挺进中原，一口气收复了颍昌、蔡州、陈州、郑州、郾城、朱仙镇等十几个重镇，并打垮了金军的有生力量，使得金军军心涣散，金兀术连夜准备从开封撤逃。

南宋抗金斗争形势也发生根本逆转，如果再向前推进一步，那么沦陷十多年的中原就会彻底收复。岳飞也兴奋地告诉大将们："直抵黄龙府，迎取二帝，与诸君痛饮尔！"而金军则发出了"撼山易，撼岳家军难"的哀鸣。

然而，岳飞的赫赫战功虽然震慑了敌人，却让当朝的皇帝赵构也感到了威胁,尤其岳飞那句"迎取二帝"的话,更是让赵构深感不安。

一个国家不可能有 3 个皇帝,赵构因此对岳飞有了芥蒂。再加上岳飞曾经言辞激烈地抨击过丞相秦桧,这都为岳飞后来的悲惨结局埋下了隐患。

悲情史

岳飞出师北伐的节节胜利,给他带来了极大的信心,他认为如果形势照此发展,收服中原的愿望将很快变为现实。

可这位忠贞爱国的元帅做梦也没有想到的是,在他对未来充满期待的时候,一场大灾难正悄悄向自己逼近。

就在抗金战争取得辉煌胜利、快速推进的关键时刻,朝廷方面却连下 12 道金牌,急令岳飞"措置班师"。岳飞知道这一定是无耻的奸臣玩弄的丧国权术,但为了保存抗金实力,岳飞不得不忍痛班师。

一代爱国英雄、疆场骁将岳飞,面对奸佞却无可奈何,只发出了痛苦的感慨:"十年之功,废于一旦!所得诸郡,一朝全休!社稷江山,难以中兴!乾坤世界,无由再复!"

岳飞的抗金战斗,至此戛然而止。

岳家军班师时,始终渴望"王师北定中原"的父老兄弟拦道恸哭。岳飞为了保护老百姓的财产,故意放言明日渡河,消息传出,吓得金兀术连夜弃城北窜,准备北渡黄河,给岳飞从容地组织河南大批百姓南迁到襄汉一带创造了条件,最后岳飞才恋恋不舍地撤离中原。

可是,这时却出了一个无耻的小人,竟然飞马快骑,给金兀术送信:"太子千万别走,京城可以守住了,岳少保的兵马上就要撤退了。"消息得到确认后,金兀术便马上整兵回到开封,不费吹灰之力,就又重新占领了中原地区。

岳飞回到临安,便立即陷入了秦桧、张俊等人布置的天罗地网。绍兴十一年,岳飞被以"谋反"之罪被关进了临安大理寺。监察御史万俟卨亲自刑审、拷打岳飞,逼岳飞招认他们编造的罪名。据说当时,宋金政府之间正在加紧策划第二次和议，双方都把岳飞视为眼中钉，金兀术甚至大言不惭地给秦桧写信，密告："要想和谈，必须先除掉岳飞。"

在内外两股势力合围夹击下，岳飞依然正气凛然，光明磊落，忠心报国。

而负责审理岳飞一案的另一个御史中丞何铸，原本是秦桧的铁杆党羽，可当他看到刻在岳飞背后的"精忠报国"4 个大字时，何铸良心发现，幡然悔悟，再也不忍心做此伤天害理的勾当，便去拜见秦桧，力辩岳飞无辜。

面对何铸的一再请求，秦桧也张口结舌，无话可答，就神神秘秘地向何铸透露了底细："我也知道他冤枉，但这是天意，不可违背！"可何铸仍不退让，坚定地说："无论什么样的阴谋，都不应当拿岳飞开刀，现在强敌未灭，却无故杀戮大将，这会让世人寒心、将士愤慨，这绝对不是江山社稷的长久之计。还望大人三思。"

但是，秦桧最终还是没能同意何铸的请求，坚持一意孤行。让秦桧为难的是，从岳飞身上，竟然找不到任何反叛朝廷的证据，老将韩世忠再也看不下去了，就当面质问秦桧，秦桧支支吾吾，含糊其辞，说了句："其事莫须有。"

韩世忠义愤填膺，当场驳斥："什么？'莫须有'三字，这样的混账话，如何让天下人信服？"

尽管岳飞进行了艰难的抗争，但毕竟胳膊拧不过大腿，再加上高宗对自身的考虑，于是，绍兴十一年农历除夕夜，高宗下令赐岳飞死于临安大理寺内，时年39 岁。岳飞的部将张宪、儿子岳云亦被腰斩于市门，成为千古奇冤。

就这样，这位浩然正气、威震敌胆的民族英雄，没有倒在腥风血雨的战场上，却惨死在奸佞小人的无端冤屈里，让世人无不扼腕。临死前，岳飞在供状上挥毫写下"天日昭昭，天日昭昭"8 个大字。这是正义的呐喊，这是悲愤的呼声！

岳飞冤死风波亭，这是时代的悲剧。但是，他的精忠报国之业绩却是不可磨灭的。正是岳飞表达了被压迫民族的要求，坚持了崇高的民族气节，坚持了抗金的正义斗争，保住了南宋的半壁河山，使南中国人民免遭了金人的蹂躏，从而保住了高度发达的中国封建经济和文化，并使之得以继续向前发展。

评说台

不可否认，岳飞生活在一个特殊的时代，特别是在降官如毛、溃兵似潮的逆流中，岳飞始终能保持卓尔不群的形象，以必胜的信念、顽强的毅力和高超的谋略，发展和壮大自己的队伍。

这个从 20 岁参军，到二十七八岁担任主将的军中豪杰，他按照自己的意图和风范，塑造了一支名震天下的抗金劲旅——"岳家军"。纵观岳飞的一生，完全可以用赤胆忠心、英勇善战、屡立战功来概括，他是一个当之无愧的民族英雄。

他为保卫各族人民免遭金兵的屠掠，为保卫南宋发达的经济文化事业，为收复中原失地和保住南宋政权等方面，都作出了杰出的贡献，受到了人民的敬重。

应当说，农家子弟出身的爱国将领岳飞是靠自身的能力才干，以及自己立下的众多战功而得到了提拔升迁的。他从一名普通士兵成长为统兵 10 万的著名大帅，30 多岁时就已经位至将相，成为南宋首屈一指的杰出军事家。

岳飞不仅战功卓著、威名远播，而且还在南宋军民中享有崇高的威信，倍受尊崇。南宋朝廷曾经很倚重岳飞，当时对岳飞有所了解的很多南宋官员和将领，也都普遍认同岳飞的能力和才干。

就连岳飞的敌人金国女真人也对他钦佩不已，他们最畏服岳飞，平日往往不直呼其名，当他们得知岳飞风波亭屈死之后，个个在欢天喜地、酌酒相庆的同时，还大骂南宋政府的昏庸。甚至在金军中还流传着这样一句话："岳飞不死，大金灭矣！"由此可见岳飞的影响力。

在岳飞遇害 21 年之后，从赵构手中接过皇位登上宝座的孝宗皇帝，在登基的第二个月就为岳飞平反昭雪，令人颇感意外的是，在岳飞遇害 60 多年之后，金国皇帝在诏书中也承认了岳飞战功卓著、威名远播。

由此，英雄受到敬仰是天下人的共识。由此可见，在岳飞生活的那个时代，不论是南宋的君臣将相以及平民百姓,还是视岳飞为大敌的金国女真人,对岳飞的评价普遍都比较高!

袁崇焕

——国门柱石,竟遭千刀万剐

人物志

袁崇焕(公元 1584 年~公元 1630 年),字元素,万历四十七年进士。

天启年间,袁崇焕单骑出关,考察形势,还京后自请守辽,多次打退后金军的进攻,授辽东巡抚。后因宦官当政,被驱逐出朝。

崇祯初,袁崇焕被崇祯皇帝重用,任为兵部尚书,督师蓟、辽。崇祯二年,后金军进围北京,他星夜驰援,后误中皇太极的反间计,被崇祯帝下令捕之,随后斩杀于菜市口。

风云榜

袁崇焕,人称"明朝第一将军",其骁勇善战,堪与"武圣"关羽相媲美。

明神宗万历年间,进士出身的福建邵武知县袁崇焕来京述职,在与朋友们交流时,众人谈及当时的辽东军事都忧心忡忡,可袁崇焕却语出惊人,对战局剖析得头头是道。御史侯恂认为袁崇焕是个军事通,就向朝廷力荐,这样袁崇焕便得以升任兵部职方司主事,处理防务事宜,后来升任兵备佥事。

当时,北方局势吃紧,袁崇焕便被安排到山海关做辽东经略王在晋的下属。袁崇焕查看地形后认为,要想保住山海关,就必须将防线北移,并在宁远筑城驻守。

但此一提议却不被朝中众大臣所接受,唯有大学士孙承宗沉默不语,他到关外考察后,确认袁崇焕的建议相当不错。后来,孙承宗便代替王在晋做了辽东主帅,他就安排袁崇焕和副将满桂驻守宁远。

公元 1622 年,袁崇焕到达宁远后便立即着手筑城,城墙筑成后便成为关外抗击满清的坚固的防御工事。经过袁崇焕和孙承宗的苦心经营,国防实力大增,并主动出击收复了一些失地,同时还把防线向北推进了几百里。袁崇焕也因治军有功得到提拔,由兵备副使升为右参政。

尽管边疆日趋稳固,但朝廷内部却纷争不断,宦官魏忠贤独揽朝政,他为排除异己,让自己的亲信高第代替孙承宗做了辽东主帅。然而,高第却根本不懂军事,更不敢驻守宁远,并要袁崇焕放弃驻守。

面对这样的要求,袁崇焕自然难于接受,他认为宁远战略要地绝对不可轻易放弃。但高第为了孤立袁崇焕,就下令把宁远周边的锦州等几个防守据点的兵马全部撤到了山海关。这样,宁远成了茫茫旷野里的一座孤城。

早就在寻找战机的努尔哈赤见此状况,亲率 30 万大军挥师南下。可作为军中统帅的高第却坐在长城跺口,以坐山观虎斗的悠闲心态,幸灾乐祸地等着宁远城的覆灭和袁崇焕的败亡。

由于高第的消极态度,陷入孤城的袁崇焕只得亲率一万守军独自迎敌。努尔哈赤由于接连拿下了锦州、大小凌河、杏山、连山、塔山等诸堡,气势正凶。并派人对袁崇焕劝降,并威胁道:"你袁崇焕要是识相的话,就赶快开城投降,我还能保留你的职位,免得兵戎相见,再说你孤城一座,能与我 30 万大军抗衡吗?"

袁崇焕仰天大笑,回答说:"作为军人,宁可战死,绝不投降!"为表达与城共存亡的决心,他还把远在山西的妻子儿女接入城内。

满清军队是一支骁勇善战的部队,在攻打宁远时也十分凶猛,可在这场并不对称的战争中却始终无法占据上风,竟被袁崇焕的军队一次又一次地打退。而努尔哈赤本人在攻城时也受了炮伤,不得不下令撤兵。

撤回来的努尔哈赤对诸贝勒说:"我自起兵以来,战无不胜,攻无不克,历时43年,却独独攻克不下宁远这座孤城,太窝囊了!"不久便在抑郁中死去。从此以后,满清军队对袁崇焕又敬又畏。宁远大捷的消息传至京城,朝野上下兴奋异常。高第也因没援救宁远而被革职,并由兵部尚书王之臣取代。

宁远一战,让袁崇焕打响了自己的名号,升为四品右佥都御史。随后,袁崇焕又乘胜追击,先后收复了高第所放弃的土地。

努尔哈赤死后,其子皇太极继位,建立了清朝。皇太极是中国历史上少有的雄才大略的皇帝,他调整了军事战略,放弃宁远,攻打朝鲜。在当时的背景下,袁崇焕提出与皇太极和谈,皇太极表示赞同,但明熹宗和许多大臣都坚决反对,认为满清从来都是附庸国,皇太极还不具备谈判的资格。

可随着皇太极打败朝鲜之后,他看到袁崇焕修城池,练兵马,势力越来越强大,若不加紧攻击,必将为患。况且求和不成,于是,皇太极就决定采用"以战求和"的战略。他亲率大军先后攻打了辽西的许多军事重镇,随即又攻锦州,却久攻不下,皇太极就又攻宁远,但依然惨败。皇太极又复攻锦州,仍毫无进展,不得不撤回沈阳。

就这样,在主帅袁崇焕的主持下,宁锦之役以明军大胜收场,袁崇焕的名气和威信也迅速攀升。但权倾朝野的魏忠贤怕袁崇焕的名气盖过自己,就故意利用各种手段打击袁崇焕。袁崇焕是一名武将,自然受不了这份气,只好辞职回家。

不久,熹宗皇帝驾崩,他的亲弟弟朱由检继位,改年号崇祯。这崇祯帝年纪虽小,却十分精明,用计除掉魏忠贤的"阉党"后,重新起用了袁崇焕,并与袁崇焕切磋辽东防务,袁崇焕以精准的形势分析和对时局的另类看法,博得了崇祯皇帝的高度认可,袁崇焕因此被任命为总督一职。袁崇焕的事业达到了巅峰,成为国人仰视崇拜的楷模。

但遗憾的是，袁崇焕与崇祯皇帝的蜜月期，并没有维系多久就出现了裂痕。

生性多疑的崇祯皇帝，在袁崇焕诛杀皮岛大将毛文龙的问题上产生重大分歧。于是，崇祯就凭借自己执政的行政资源优势，将袁崇焕打入了另册。加上皇太极的用计，袁崇焕不得不走上悲情之路。

悲情史

袁崇焕一生克敌无数，因此，他也功高震主。加上他本人一贯作风强势，因此自然会引起崇祯皇帝的不满。

尤其是袁崇焕在诛杀皮岛大将毛文龙之后，引起了崇祯的极大不快，这为袁崇焕的遇难埋下了伏笔。

皮岛是辽东南部海中的一个岛屿，战略位置十分重要。皮岛守将毛文龙在抗击满清时表现不俗，立下战功。但他为了趋炎附势，竟拜魏忠贤为干爹，还大肆贪污、横行霸道，尤其让人无法忍受的是，他竟写信给皇太极："尔取山海关，我取山东。"

袁崇焕为了消除隐患，就请出尚方宝剑，将他一举铲除。可崇祯皇帝听后，却十分震惊，认为袁崇焕擅杀大将是别有用心，已经对他产生了一丝怀疑。

就在这时，皇太极也听闻了此事，他欣喜地意识到：自己的机会来了！既然崇祯不相信袁崇焕，那么为何不借崇祯皇帝的手，杀了袁崇焕呢？

皇太极是个很懂得打"心理战"的将领，他率兵 10 余万，绕开袁崇焕驻防的宁西，从西路直奔北京，攻进了长城，拿下了遵化，直扑京师。得知消息，袁崇焕以两昼夜 300 余里的速度紧急增援京师，并拦腰截断清军退路。

当袁崇焕的部队到达京城之外时，已经十分疲惫，想入城休息。这个时候，清军突然鬼使神差地出现了。此时，生性多疑的朱由检认为："清兵正是袁崇焕带来的!袁崇焕已经叛变!"于是不准部队入城。袁崇焕又提出屯兵外城，崇祯仍不答应。在崇祯的催促之下，人困马乏的部队不得不与满清军激战。袁崇焕身穿铠甲，冲锋陷阵，并多处受伤，后来终于将满清军队赶出近郊，使得京城压力暂时得以缓解。

见满清军队暂时后退，崇祯皇帝又找到了袁崇焕，命令他乘胜追击，但袁崇焕认为当时还不是决战的最佳时机。这个行为，让崇祯皇帝的疑心更大了，认为袁崇焕是拥兵自重，要挟制自己，甚至有谋权篡位之心，因此心里便萌生了铲除袁崇焕的念头。

而此时，满清军队在城外远处仍大肆烧杀抢掠，使得京郊的百姓大受其害，而且崇祯身边的太监也多在京都置有田产，都深痛自己大破其财，于是便把所有的怨愤一股脑地泼在了袁崇焕的身上，说其是吃里扒外的"汉奸"，令崇祯疑心更大。

当皇太极获得了这一消息后，不由得意自己的计谋已经成功。他故意让活捉到的养马太监杨春脱逃，让其传播设计好的谎话："这次撤兵，并非我们打了败仗，那是皇上的妙计，皇上和袁崇焕早有密约，很快就要大功告成了。"

逃脱后的杨太监，很快就把此信息转告给了崇祯。崇祯便立刻召袁崇焕进宫，并在宫中将其逮捕。3日后，传旨说袁崇焕以通敌谋反罪被捕，只问袁崇焕一人，余者不问。将士闻讯大哭，有的将士还破口大骂。尤其是袁崇焕的爱将祖大寿，心中极为悲愤，即刻率军回锦州，途中遇见驰援的袁军主力，得知情况后，也当即掉头而回。

崇祯大恐，他怕清军卷土重来，连忙派人让袁崇焕写信，召回祖大寿。但袁崇焕认为这种做法不合情理，不奉明诏，于狱中发书召兵回京，这无异于私人行为。后在群臣劝说下，袁崇焕才写信召回祖大寿。

祖大寿仍迟疑不决，后其母劝说："如果你不回京，只能加重袁督师的罪名，如果你回去打一些胜仗，或许能解救袁督师出狱。"祖大寿就率师返京，沿途攻陷了清军占领的两座城池，切断了清军的两条归路。

皇太极得知袁崇焕下狱的消息后，士气大增，连破明军4万多人，擒获和斩杀了明军的一些高级将领。但一听说祖大寿率兵返回，又怕归路被截，便写信议和，领兵从山海关撤退。

清兵一退，崇祯顿感安全。这时朝野、军队为袁崇焕申冤求情的人极多，袁也在狱中写信，让部下安心抗敌，半年之后，明军就把清军赶到了关外。

所有人都以为，此时袁崇焕一定会被释放。然而，敌情排除之后，崇祯却更加坚定了杀袁崇焕的决心。崇祯皇帝是个心胸狭小的人，他认为袁崇焕已经失去了原有的利用价值，竟然还有那么多的人为他喊冤，足见袁崇焕的存在已经成为大明江山稳固的负资产，必须尽快铲除，否则其功高震主的威力发挥之后，将无法收拾。就这样，崇祯已在自己的心里对袁崇焕发出了密杀令。

公元1630年，明朝的中流砥柱袁崇焕却以"大汉奸"的罪名，在北京西市被处以"凌迟"。所谓"凌迟"，就是要割一千刀，在最后一刀才将人杀死，多一刀或者少一刀，刽子手就要以自身来抵罪。行刑的刽子手先从剥皮开始，而不伤及血管等要害部位，否则受刑者就会倒地身亡。袁崇焕即使遭受了如此酷刑，直到第三天才彻底咽气，其内脏也被众百姓一抢而光。

正当崇祯为自己的高明之举而暗自庆贺的时候，清军便趁大明军队群龙无首发动了疯狂的反扑，长驱直入山海关，明朝基业也随即崩溃。

也许崇祯到死都不明白，为何杀了一个袁崇焕，大明就如此快速灭亡。事实上，正是因为袁崇焕的被杀，中国北方才失去了牢不可破的"万里长城"，满洲人才迅速挥师南下，并建立起两百多年的大清王朝。

袁崇焕虽然屈辱而死，但他从心底发出的诗："一生事业总成空，半世功名在梦中。死后不愁无勇将，忠魂依旧守辽东。"却永远地镌刻在后人的心中。

应当说，袁崇焕是一位罕见的军事天才，他和努尔哈赤正面交锋时，正值满清兵势巅峰时期，而明朝的政治与军事却正处在腐败颓废的状态。袁崇焕在这样不利的局面之下，却与一个纵横无敌的满清大英雄对抗，创造了三战三胜的辉煌战果，足见袁崇焕是何等的英雄，这在整个人类史上都是罕见的。

可是这位功高盖世、威震敌胆的大英雄，却在外敌被赶走之后，背着"大汉奸"的罪名死在了极端暴力的酷刑之下，不由得让人扼腕叹息。其实，袁崇焕被凌迟处死，这正是历史的死穴，既是大明的悲剧，更是崇祯的悲剧。一般认为，袁崇焕之死是崇祯中了皇太极计策的结果，但事情并非如此简单。

因为崇祯是一个刚愎自用的人，他不想看到一个手握重兵、威望极高，且有时又不心甘情愿听他命令的臣下。因而袁崇焕的存在，被他视为政局不稳的心腹大患，这就注定了袁崇焕的一生必定蒙上悲剧色彩，而皇太极的计策只不过是一个引子而已。遗憾的是，崇祯自毁长城的蠢事，不但致使袁崇焕含恨九泉，也为自己掘好了一个毁灭大明的坟墓，为大明的彻底崩溃敲响了丧钟。

虽然袁崇焕死得不清不白，但是，历史还是为袁崇焕讨回了公道，南明政府前后3次为袁崇焕平反，后世更是把他当做民族英雄。试想，如果袁崇焕可以生活在另外一个时代，那么他就会创造出更大的历史奇迹！

第三卷

神机妙算高手，难卜己祸临头

——神谋篇

在历代政治博弈中，足智多谋的人物，往往成为江山缔造者或者稳固者的得力推手，他们在历史的紧要关头，总能用高超的谋略化险为夷、柳暗花明，从而成为社会推崇和敬仰的公众人物，甚至成为中华民族智慧的象征。

可是，他们的磨难也常常因智慧而生。一旦他们的智慧被更高的权力统治者视为安全隐患时，他们的悲剧也便正式拉开了序幕。如果能够做到功成身退，倒也可以躲过不应有的政治劫难；但这些曾经料事如神的智慧英雄，却往往会对政治情势误判，因而不可避免地成为悲剧人物。

文 种
——狡兔死、走狗烹的治世名相

人物志

文种(?~公元前472年),也作文仲,字会、少禽,一作子禽,春秋末期楚之郢(今湖北江陵附近)人,后定居越国,成为越王勾践的谋臣,和范蠡一起为勾践最终打败吴王夫差立下赫赫功劳。文种主持国政,群臣于浙江之上临水祖道,种之祝词曰:"前沉后扬。祸为德根,忧为福堂。威人者灭,服从者昌。"

勾践灭吴后,范蠡审时度势,主动选择引退,致信文种曰:"飞鸟尽,良弓藏,狡兔死,走狗烹。"然文种自觉功高,不听从范蠡的劝告,继续留下为臣,却被勾践不容,受赐剑自刎而死。

风云榜

很多人都知道越王勾践的"卧薪尝胆",却忽略了他身边的高级谋士文种。倘若没有文种,"卧薪尝胆"的故事就不会发生。

文种原为楚国人,他受楚王指派到越国出任使者,当时正值越国宫廷动荡,楚越盟约也面临巨大考验,但文种却以高超的政治智慧与沉稳务实的外交风格,帮助风雨飘摇中的老越王允常摆脱了政治困境,但却遭歹人陷害,被卷入越国的宫廷政变,险些送命。

后来，文种在朋友范蠡的帮助下，平息了宫廷内乱，文种在获救的同时因平叛有功，从而被登上君王位置的勾践拜为上大夫。

勾践即位不久，吴王阖闾听说老越王允常去世，而勾践又立足未稳，便起兵攻打越国。大敌当前，越王勾践就派了他的精锐部队前去应战，结果越国大获全胜，还射伤了吴王阖闾，并不久一命呜呼。吴王死后，儿子夫差即位。从此吴越两国结下大仇，都发誓要消灭对方，并各自强化自己的军队。

到了越王勾践即位的第三年，越王勾践认为自己的力量足够强大，便想集结军力，欲采取先发制人的手段消灭吴国，但却遭到了文种的坚决抵制。文种认为，战争是要靠殷实的"家底"来支撑的，这样草率出兵必将后患无穷。

可当时的勾践根本听不进文种原本正确的主张，文种就以"为国吊丧"、"寡妇三哭"的极端手法强行进谏，结果不仅招致越王的震怒，还招致了主战派的强烈反感，甚至有人扬言要杀他来稳定军心，最后文种被关进了大牢。

后来，勾践一意孤行，如期发兵，而吴王夫差早就有灭越报仇之心，便全力迎战。结果，吴国军队在夫椒将越王勾践的军队打得落花流水，勾践只得转身逃窜。

吴王夫差便乘胜追击。而此时逃到浙江会稽的越王勾践只剩下最后的5000余人，并且还被吴王夫差的大部队围困住。到了此时，越王勾践才后悔不迭，慌忙派人把文种请来，看这个智多星是否有应对之策。

勾践一见到文种就说："真后悔，我当初没有听从你的劝阻，才落到这步残局！与其这般窝囊地死在仇人的刀下，还不如自我了断！"说着就要拔剑自刎。文种就连忙劝解说："君王不必过分悲伤，臣有七术，可保君王躲过难关！"

听到有破解之法，勾践立刻说："文大夫，快说快说，看看都有哪七术？"文种阐明了"七术"："一术"是大献奇珍异宝，麻痹吴国君臣；"二术"是高价买进吴国粮草，使吴国给养空虚；"三术"是送美女给吴国君臣，扰乱其心志；"四术"是给吴国派去好的工匠和建筑用材，让吴国大兴土木，耗尽钱财；"五术"是厚赂吴国的贪财大臣，使其惑乱君王，扰其政事；"六术"是挑拨吴国君王与忠臣的关系，削弱吴王的辅翼;"七术"是越国积财练兵,等待时机。

越王勾践一听文种的"七术"果然头头是道,于是大喜过望,马上照计实施,并派他前去吴国求和。为了显示诚心,文种用膝盖走路,一路跪着晋见吴王夫差。

见到夫差后,文种便说:"英明的君王!现在勾践是您逃亡的臣子,他如今特委派罪臣文种前来向您求降,别无所求,就是勾践做您的臣子,他的妻子做您的侍妾!"

文种的这番"求饶",自然打动了吴王夫差,答应了勾践投降的条件。不过,负责辅佐吴王夫差的武将伍子胥坚决抵制,他对吴王夫差说:"大王,切莫听信文种的一派胡言,现在杀掉勾践是天赐良机,否则必受其害!望大王三思!"

伍子胥的话,让吴王夫差犹豫起来,便对文种说:"你先回去,寡人通盘考虑后再答复你!"

得知求降的文种没有达成目的,勾践一下子泄了气,就想毁坏宝器,杀死妻子,然后再与吴军拼死一战。文种连忙劝解说:"君王,不必抱定鱼死网破的态度,臣与吴国的太宰伯嚭曾有一面之交,他很贪婪。请君王派小臣用金钱美女将他引诱。"走投无路的勾践只得答应。

于是,文种就带着美女和财宝去行贿伯嚭,伯嚭果然是贪婪之人,在收了文种献来的美女和财宝之后,立即答应愿意从中斡旋。伯嚭便利用自己是吴王重臣的身份,劝解吴王夫差说:"大王,以臣之见,还是赦免了勾践为妥,接受他的投降并把他视为臣子,同时还刻意接纳他的进贡,不但于国于民有利,还显得大王有仁爱宽恕之心!望大王千万不要错过这个大好机会!"

缺少主见的夫差,最终还是接受了伯嚭的建议。可这事还是被伍子胥知道了,伍子胥劝谏夫差说:"大王,此事非同小可,在对待敌人上千万不要讲什么仁慈之心,大王若接受了勾践的投降,就等于纵虎归山,而勾践在能臣文种等人的辅佐下必将报仇雪恨,到那时一切都晚了!"

吴王夫差看两个大臣争执不下，就一锤定音，说："你俩别再争了，寡人已作决定，接受勾践投降，赦免他的死罪。但不放他归国，让勾践和文种等大臣统统都变成寡人的仆从，来服侍寡人！"就这样，勾践和文种等人便被留在了吴国。

勾践命虽保住，但并不甘心，便与文种密商脱身之策。文种认为，不能归国，主要障碍在伍子胥，可采用"七术"中的"第六术"，就是使吴国忠臣受到残害，最后逼其自杀，以削去吴王的辅翼。勾践答应文种不妨一试。

从这以后，文种通过不断在夫差面前献谗言，使夫差逐渐丧失了对伍子胥的信任。后来，文种干脆用了毒辣之计，谎称越国在暗地谋反，而在吴国的"内应"就是伍子胥。夫差果然勃然大怒，伍子胥也知道中计，悲愤之下便用夫差赐死的"属镂"剑自刎身亡。就这样，文种拔掉了阻碍勾践回国的最大钉子，但夫差仍对勾践回国心存疑虑，就依然留勾践和文种、范蠡等当自己的下人。

恰在这时，传出吴王夫差生病的消息。文种与范蠡便建议勾践去尝夫差的粪便，以博取夫差的信任。勾践一口回绝说："我也算做过国王的人，怎能卑贱到这种地步？"

文种苦口婆心地劝道说："小不忍则乱大谋，只要主公肯尝夫差的粪便，我保证能让伯嚭劝说夫差放主公回国复国，以雪今日之耻辱！"

见文种说得很在理，勾践也只得答应了这个要求。于是，文种便向吴国太宰伯嚭进言，说勾践曾掌握一门尝粪辨症的绝技，可让勾践尝尝君王的粪便，他能辨其病情，以便对症下药，使君王早日康复。伯嚭一听，马上向夫差作了汇报。夫差大喜说："太好了，姑不论勾践尝粪便能否能够辨症，但他只要给寡人尝粪，就足以说明勾践对寡人忠心，也达到了羞辱他而荣耀寡人之目的也！"

就这样，勾践亲口尝了夫差的粪便。他说："君王体内寒结，粪便咸苦，宜用热药舒解之。"事也凑巧，御医照此施药，夫差果然痊愈。在文种与伯嚭的多方斡旋下，夫差不但宣布将放勾践等放回越国，还设酒宴为其送行。

勾践回到越国之后，立志灭吴复仇，并立即采用文种所献"七术"之计，将绝色美女西施等人献给夫差。同时,还将上好的工匠与建材献给吴国,让夫差大兴土木。

仅仅5年时间,便导致吴国国库空虚。于是勾践就派人送去了万石粮食。这些粮食籽粒饱满,煞是喜人,很多吴国人都把它留做了种子,结果这一年,凡是用越国粮食做种子的都颗粒无收,原因就是越王勾践派人送去的粮食全部根据文种的建议做了加温处理,自然不会发芽。不过吴国上下对此都不知情。可此时的越王勾践,为了向吴王夫差进一步表达"诚意",便借此机会向吴国纳贡粮食10万石,以解吴国饥谨之荒。这一招果然见效,使吴王夫差完全放松了自己的警惕,还连连夸奖越王勾践乖巧听话。

就这样,在文种的精心策划下,勾践经过长达20余年的蛰伏,终于在国富民强、兵多将广的时候迎来了亮剑的机会,发动了对吴的战争,一举攻下了吴国的都城,将夫差追至干遂。但这次跪地求饶的却是吴王夫差,他要勾践放他一条生路,遭到勾践拒绝。于是,吴王夫差吊颈自尽。

文种的"七术"之计,足见文种的才气,因此文种也跻身著名的军事家、政治家的行列,并且在越国上下备受欢迎。

悲情史

人们常说,打江山容易,坐江山难,文种果然遭遇了这样的政治瓶颈。

当庆功宴上的欢声笑语还在耳边回荡的时候,文种就站在了火山口,危险正一步步地向他走来,而他却浑然不知。这就是所谓的"智者千虑,必有一失"。

越王勾践在文种和范蠡等人的辅佐下灭掉吴国,成为威名远扬的一代霸主。根据惯例,灭吴之后,自然要论功行赏,于是越国君臣大设庆功宴,宴席之上欢声笑语、群臣皆乐,可唯独越王勾践面色凝重、不露声色。

鉴于文种和范蠡的特殊功勋，两个人都被越王勾践加封了较高的头衔，这也是众望所归、理所当然。当然，其他人也被加封了不同的头衔。

尽管加封的标准完全是出于越王勾践的个人喜好，并没有完全按照贡献大小论功行赏，但毕竟每个人都得到了不同程度的提升，因此，总体上众人还是兴高采烈、满面春风，因而相互祝贺之声不绝于耳，文种也颇为开心，只喝得酩酊大醉。

但让文种意外的是，在庆功宴不久，范蠡却悄悄挂职离去，并给他留了一封意味深长的信。范蠡在信中告诫文种："你还记得吴王说过'狡兔死，走狗烹，敌国破，谋臣亡'的话吗？现在是你我退出的时候了，越王勾践的为人你应该是很清楚的，他既能含垢忍辱，又特别忌讳别人的才干。这种人，我们只能与他共患难，而不能与他共安乐，如果你现在不赶快辞职引退的话，以后必定要遭其毒手。"

可自恃对越王勾践复国立下汗马功劳的文种，虽然知道勾践的确是个嫉贤妒能的人，但还不至于对辅佐他的功臣下此毒手，也因而认为范蠡的提醒未免有些言过其实。况且文种对已经到手的权力产生了眷恋，让他像范蠡一样突然挂职离去，他还真的有些难以割舍。

因此，文种看过信之后，只是自言自语地说了句："范蠡实在有些多虑。我辅佐君王 20 年，鞠躬尽瘁，功勋卓著，君王岂能舍得加害于我？我没有必要离开，再说，我的智慧还可以为君王治国发挥作用。"于是他坚决不离开越国朝廷。

但是，不久范蠡的预言就得到了证实，越王勾践就有意识地和文种保持距离，而且还与曾经一起患难过的其他旧臣们也逐渐疏远，甚至连见面的机会都越来越少。

许多大臣见此情景纷纷引退。这时的文种才对范蠡的忠告有了几分相信，但仍不相信问题会如此严重，因为他对勾践还心存幻想，便没有提出辞职的请求，只是抱病不朝。

可偏偏这时有奸佞小人故意诬陷文种，说文种自恃功高，对君王心怀不满，所以借故不朝，说不定早就对大王心存异心。于是，越王勾践就决定借坡下驴，除掉文种。

一天，文种又称"病"不来上朝，勾践就以"探病"之名来到了文种府上。文种装出病体恹恹的样子前来迎接。勾践便解下身上的佩剑放在座位旁边，同文种谈话，见文种仍是条理清楚、思路敏捷，勾践便话锋一转，对文种说："你教寡人伐吴'七术'，寡人只用了'三术'就把吴国灭掉；剩下的'四术'你想用在哪里呢？"

文种有些疑惑，忙答："臣确实不知道该用在哪里合适！"勾践就指着茶几上自己的佩剑说："你用剩下的'四术'到阴曹地府，替寡人去对付夫差的祖上诸王吧！"勾践说完，起身就走。

文种直到此时才知自己已无生路，将勾践放在茶几上的剑拿起来，只见剑匣上刻有"属镂"二字。这正是吴王夫差赐伍子胥死时用的那把剑，如今夫差灭国身亡，"属镂"剑已易手勾践。

文种持"属镂"剑在手，百感交集，摇头仰天长叹："大德不报，今日果然。悔当初不听范蠡之忠告，才有今日之杀身大祸。想我文种，真是聪明一世，糊涂一时啊！"说完拔剑自刎。

文种自杀身亡，勾践豁然释怀，他隐去自己逼死文种的真相，并厚葬文种于卧龙山，甚至还煞有介事地作祭文："凄茫上苍，杀我忠良！"其瞒天过海之术可见一斑。

然而，勾践这种对待功臣的方式，却给一代贤臣带来了永远无法抹去的悲情。

评说台

中国古代官场，可谓诡柔多变、险象环生，稍有不慎就会付出惨痛的代价。同是越王勾践的两位重臣，文种和范蠡在关键时刻进退不同的抉择，却导致了完全相反的人生结局，一个蒙冤而死，一个成就一代富商，这就折射了古代官场的命门玄机。

应当说，文种是一个典型的既智慧又迂腐的人物，他受"滴水之恩，当涌泉相报"思想观念束缚太紧。当越王勾践被吴国大军围困在浙江会稽时，才想到了要文种帮忙寻找破解之道，可这位因反战而遭受不公正待遇的文种，却在一刹那间将所有的抱怨都化作了一缕炊烟，代之而来的是一种巨大的"知遇之恩"，因而就抱定"非肝脑涂地无以为报"的思想为勾践效力。

可以说，文种为越王勾践倾囊而出、不遗余力。从忍辱负重到励精图治，文种将所有的政治智慧都奉献给了越王勾践这个"知遇之君"，才使得这个原本国贫民弱的国家逐渐富裕起来，并有了国家的根基。特别是文种献给越王勾践的"七术"，勾践只用了"三术"，就完成了"复国灭吴"的宏大事业。

作为君与臣的关系，文种可谓做到了赴汤蹈火、肝脑涂地的地步。尤其是"七术"的谋略，更是彰显了文种的治国天才。当越王勾践梦想事成、天下太平的时候，文种的事业也达到了巅峰。可也正因为文种过人的才能，才招致了勾践的猜疑和忌妒，并最终给他带来杀身之祸。

古人云："功遂身退，天之道也。"就是说人要符合天之道，功业完成后，就该悄然引退，这是自然规律。何况君王总是视天下为自己的私有财产，把谋臣猛将看作是自己创业守业的保护工具。作为谋臣猛将更应该体认到这一点。他们凭借自己非凡的本领，在帮助君王达到了创业、守业的目的后，也就基本上丧失了自身的价值，利用之后，将其抛弃，这是历代帝王用来巩固自己权力的政治信条。更何况是忍辱负重也要完成霸业的勾践呢？

当初，文种拒绝范蠡规劝，固然是忠君爱国的表现，也有权欲的诱惑，他更不相信勾践是一个忘恩负义之人，于是就拿自己的生命作为筹码来赌勾践的品性，结果他输得一塌糊涂。

文种绝对没有想到，能够算尽天下的自己，却马失前蹄，在勾践身上栽了个大跟头，稀里糊涂地送掉了性命！

伍子胥

——足智多谋难逃厄运

人物志

伍子胥（?~公元前484年），名员，字子胥，原为楚国人。史书称他"少好于文，长习于武"，有"文治邦国，武定天下"之才。

公元前522年，伍子胥因父亲伍奢、兄伍尚被楚平王追杀，而避难逃奔吴国。后结识吴公子光，并策划刺死吴王僚，帮助公子光夺得王位。阖闾任命他为"行人"，成为吴国重要谋臣。

公元前484年，吴王夫差打败了越国，越王勾践投降，伍子胥认为应一举消灭越国，但是吴王不听，反而要将其赐死。伍子胥并未恐惧，狂言要家人于他死后把夫差的眼睛挖出，挂在大门上。吴王夫差极怒，把他的尸首抛弃于河中。

风云榜

春秋末期，正是各大夫的辉煌时期，这其中，伍子胥更是被后世所熟知的一位。

不过，在伍子胥的身上却体现出了有些反常的性格：他对自己的祖国楚国，发动了一场血腥的复仇战争；当获悉自己的仇人已经死去时，他便掘墓鞭尸，以泄其愤。伍子胥为何如此强悍?事情还要从头说起。

楚平王执政时,任命大臣费无忌为世子建的少傅,任命伍子胥的父亲伍奢为世子建的太傅。世子建对少傅费无忌毫无兴趣,对太傅伍奢却崇敬有加。

费无忌心生妒忌,但又恐日后世子建被拥立为王对己不利,便常在楚平王面前诬陷世子建,离间父子,并想方设法借楚平王之手杀掉世子建。但费无忌也深知伍奢及其两个儿子伍尚、伍员(字子胥)都十分了得,不斩草除根,恐日后为患。

在费无忌的唆使下,楚平王在追杀世子建的同时,又逼伍奢给他的两个儿子写信。伍尚兄弟感到事情有些蹊跷,但又放心不下父亲,经过商讨决定伍尚一人前去。临行前,伍尚对弟弟伍子胥说:"我的才能远不及你,万一我和父亲遭遇不测,你务必要报此仇。"伍尚回到郢都后,与父亲伍奢一起被楚平王杀害。从此,伍子胥便开始了他传奇而又悲惨的逃难历程。

伍子胥经过千辛万苦,躲过各种追查,并在好心人的帮助下最终来到了吴国。当时,吴国国君是僚,为夷昧的儿子。

夷昧共兄弟4人,老大诸樊,即光父;老二余祭;老三便是夷昧;最小的是季札。在老吴王执政时期,比较看好最为贤能的四子季札,想传位于他,但季札推让不纳,于是就立嘱于诸樊,要求他们兄弟依次当政。当王位传到季札时,季札仍然坚拒不受,夷昧之子僚便趁机称王。

公子光是季札之子,他认为本该属于自己的王位却被堂兄僚给抢占了,总想试图夺回王位。但是,他又顾忌僚身边有掩余、烛庸、公子庆忌这3位既厉害又忠心的角色,只好静等时机。

这时,刚到吴国的伍子胥,并不想急于求见吴王,而是混迹市井,整日以吹竹箫明其心志,结果被吴国的一位大臣发现后引荐给了吴王。

可此时公子光也看中了伍子胥,只抱怨自己晚了一步。吴王很看中伍子胥,并许诺要替其报仇雪恨,拜伍子胥为上大夫,委以重任。

吴王重用伍子胥后,公子光感觉夺取王位的大计更加难以实现,便琢磨出一个离间之计。他对吴王僚说:"您是一国之君,他乃村野匹夫,怎能随便答应他的请求?再说,楚强我弱,两国开战胜少负多。就是取胜也只是替他一人报仇;若是不胜,将会给我们的国家带来巨大的灾难!"

吴王听后顿觉有理,便决定不再伐楚。伍子胥闻此消息,便辞官回乡种地。公子光又趁机给吴王煽风点火,说:"伍子胥因您不肯替其报仇,已怀恨在心。"于是吴王对伍子胥更加疏远了。见到此,公子光不由得喜上心头。

不久,公子光便暗中拜访伍子胥,向其表达心志。并承诺说,如果伍子胥能助其当上吴王,他一定会替伍子胥报仇。对于伍子胥来说,谁当吴王并不重要,只要能帮助他报仇便达到了目的。于是伍子胥爽快答应,并向公子光郑重地推荐了自己的结义兄弟专诸,并密谋伺机刺杀吴王僚的计划。

吴王僚十一年,楚平王熊居暴病身亡,昭王熊轸即位。伍子胥得知后异常愤怒。突然他想出一计,便对公子光说:"机会来了,就看你的了!你现在马上劝吴王趁楚君新丧攻楚,并推荐掩余、烛庸、公子庆忌3人为主将,你要在行军途中假装摔伤返回,这可是你除掉吴王僚的绝佳机会,你务必要牢牢把握。"

公子光心中甚喜,连称妙计。待吴师远征伐楚后,公子光便邀请吴王僚来家中做客,来品尝他在太湖请到的名厨做的炙鱼。吴王僚果然如期前来,被扮作厨师的专诸一刀刺死。而此时,在外的掩余、烛庸、公子庆忌闻讯后只得逃亡他国。

不久,公子光即位,即为吴王阖闾。阖闾果不食言,并对伍子胥委以重任,让他全权负责修筑国都城池,铸造兵器,编练军队,为称霸中原做准备。

恰在这时,伍子胥的老乡伯嚭来吴投奔伍子胥。因伯嚭的父亲伯嚭郤宛也因少傅费无忌的嫉恨而被杀死,并株连全族,伯嚭侥幸逃脱。因有着同样的仇恨和仇人,伍子胥非常热情,两人一见如故。伍子胥就把伯嚭推荐给吴王阖闾求得重用,可这却为伍子胥后来的悲惨命运埋下了伏笔。

吴王阖闾四年,吴国的综合国力在伍子胥的治理下得到了显著提升,伍子胥便建议阖闾对楚国采取"先疲敝楚军,再大举进攻"的战略方针,派军对楚国边境进行骚扰,进行敌进我退、敌退我进的游击战。由于连年对楚的不断骚扰,这让楚国军队十分疲惫。

吴国抓住战机,夺取了数次小规模的战争胜利。后来伍子胥又建议吴王阖闾对楚国周边的国家采取拉拢打压的方式孤立楚国,均被吴王阖闾一一采纳,都取得了良好的效果。

在辅佐吴王的同时,伍子胥还不忘推荐贤士,把孙武推荐给吴王阖闾,使得吴国如虎添翼。

吴王阖闾七年,伍子胥认为对楚展开大规模作战的条件已经成熟。阖闾便采纳了伍子胥的建议,命被离、专毅辅世子波据守国都,拜孙武为大将,伍子胥和伯嚭为副将,其弟公子夫概作为先锋,共率吴兵6万,号称10万大军,从水路渡过淮水去救被楚控制的蔡国,去整合各方反楚力量。

楚将囊瓦见吴兵人多势众,于是放下蔡国急撤,并派人入郢都告急。此后唐国也来会合,自此唐、蔡、吴三国联合起来共同讨伐楚国,给楚国造成了致命的打击。此后,吴军乘胜追击,直逼郢都。见此情形,楚昭王熊轸只得仓皇出逃,郢都不攻自破。

占领了楚国的首都,伍子胥的报仇机会来了,他请求吴王准许自己掘楚平王墓以解心头之恨,吴王欣然同意。

于是,伍子胥找到平王的尸骨后,便"手持九节铜鞭,鞭之三百,肉烂骨折"。此后更是"左足践其腹,右手抉其目",并骂曰:"汝生时枉有目珠,不辨忠佞,听信谗言,杀吾父兄,岂不冤哉?"伍子胥还不解恨,又割下了平王的头,并把衣物棺木全都销毁,连同尸骨弃于荒野。

伍子胥掘墓鞭尸的做法虽然解了自己的心头之恨,也的确威风八面地扬眉吐气了一回,但这极端的行为却犯了众怒,为他后来的悲惨命运做了注解。

悲情史

纵观伍子胥的一生,他几乎是专为复仇而来到这个世上的。应当说,凭借伍子胥的才华,他完全可以在事业上有更大的作为,然而被仇恨情绪所操控的他却走上了一条极端的道路。他为了复一己之仇,促吴攻楚,使他祖国的无数生灵被动地毁于战争,后人皆有微词,这成了他人生的最大败笔。

伍子胥率军伐楚,给他的祖国造成了重创,也引起了国人对他的极大愤慨。楚国大臣申包胥发誓要给伍子胥以颜色,便到秦国求救,但秦哀公并不同意出兵。申包胥便在秦国宫门外跪了7天7夜,滴水不进,日夜痛哭。秦哀公终于被感动,说:"楚国虽然暴虐无道,但是有这样好的臣子,怎能眼睁睁地看着他们亡国?"于是秦哀公便派兵援楚,并击败了吴军,到此时,吴王阖闾才仓促撤兵。

吴王回国之后,论功行赏,立伍子胥为相国,伯嚭为太宰。吴军一撤,楚即复国,但因其在战争中损失惨重,已无力对吴国构成威胁。已在战争中尝到甜头的伍子胥便劝吴王把战略目标锁定越国。吴王阖闾十九年,越王允常病死,其子勾践即位。吴王阖闾便趁机攻越。双方在槜李交战,结果吴军失败,阖闾也负伤身亡。其子夫差,便在伍子胥的拥戴下登上王位。

夫差为报父仇,便命伍子胥积极备战,企图消灭越国。可还没等吴军出手,越王勾践却先发制人,双方水军大战于夫椒。结果越军大败,退回本国。吴军乘胜追击,攻占越都会稽。后来勾践只剩5000残兵逃至会稽山,伍子胥和伯嚭则率吴军将会稽团团围住。

会稽告急,越将文种向勾践献计说:"我们现在形势比较紧张,只有暂时投降才能保全自己。"并说出了他早已想好的计策,那就是用金钱美女贿赂素有贪财好色之名的伯嚭,让他在吴王夫差面前周旋。走投无路的勾践只得采用文种的计策。

伯嚭收到文种送来的礼物后,便立即拜见夫差,并说了文种代表越王请降之意。夫差大怒，称自己与越人有不共戴天之仇，怎能议和？而伯却趁机劝说："越国虽然与我们有血海深仇，但现在越国已经同意做我们的臣民，这事实上与占领了越国是一样的。既然如此，我们又何必再去兴师动武？如果逼人太甚，对我们反而不利。"

夫差听后，认为伯嚭的分析言之有理，况且他个人也认为越国确实已经衰微，不足为患，现在可以北上攻齐，争霸中原，于是便准备答应越国求和的条件。夫差还亲自召见了文种，并很快答应了议和的请求。

伍子胥听此消息后，急忙觐见吴王，得知夫差已经答应，伍子胥非常生气，便对吴王说："勾践绝非等闲之辈，况且素有大志，他今日之所以示弱求和，实因别无选择，况且两国有深仇大恨，如果留下此人，后患无穷！还望大王三思。否则的话，我们到时候必将成为他的俘虏，到那时后果将不堪设想！"

吴王夫差听后不语，伍子胥便又进一步从地理条件上深入劝导吴王说："我听说，陆上的人习惯住陆地，水上的人习惯住水上。若攻打其他国家，尽管我们能够取得胜利，但却不习惯陆地生活，也不习惯乘坐他们的车辆。而越国就不一样了，我们攻下之后，却能居其地，能乘其舟，这等好事，我们不能放弃，必须将勾践杀掉。"

可夫差却听不进伍子胥的话，还是答应了越国求和的条件，并下令撤军。伍子胥知道，此事全是伯嚭从中操作所致，对他极为悲愤。从此，伍子胥和伯嚭的关系就急转直下，甚至到了剑拔弩张的地步。

从这之后，便有了越王勾践卧薪尝胆的故事。后来，伍子胥和吴王夫差在对待越王勾践的问题上越走越远，谁也说服不了谁。因此，夫差对伍子胥的态度也有了变化，由当初的厚爱逐渐发展到疏远冷落，并萌生了除掉伍子胥之心。

在准备再次大举攻齐之前，夫差派伍子胥到齐国下挑战书，想以此来激怒齐国，达到借刀杀人的目的。伍子胥何等聪明，自然知道夫差的伎俩，也预测到吴国终将会被越国所灭，便趁出使齐国之际，把自己的儿子寄托给齐国鲍氏，改姓王

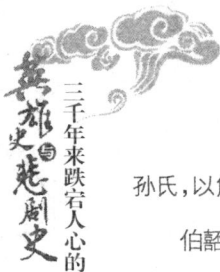

孙氏,以解除自己的后顾之忧。

伯嚭得知伍子胥出使平安归来,且寄子齐国,伯嚭便趁机诬陷伍子胥,吴王的借刀杀人之计未能达到目的,也让他相当错愕,现在伯嚭又来告状,自然是除掉伍子胥的大好时机,于是吴王便以伍子胥私通敌国、怀有二心的罪名,赐属镂之剑,迫使伍子胥自杀。

伍子胥接剑在手,昂天长叹,自言自语说:"我伍子胥有眼无珠啊,以前先王本不想立你夫差为王,是我一再力争,才让你登上了大位。我伍子胥曾助你破楚败越,扬名天下,可是,仅仅因为在对越国问题上意见相左,你就将我置于死地,我伍子胥没有什么可后悔的,不过,我要告诉你,我今日死,明日越兵将至。到那时你的结局比我更惨!"

伍子胥随后又对家人说:"我死之后,一定要把我的双眼挖下来挂在姑苏城东门,让我有一天能看见越国大军从这个门里闯进来。"说完,伍子胥便挥剑断喉而死。夫差闻知大怒,就让人把伍子胥的头割下来,挂在东门城楼之上。

果不其然,历史给了伍子胥验证预言的机会。公元前471年,越王勾践就如同伍子胥预测的那样出军攻吴,由于吴军数次北攻齐国,国力损耗极大,吴军很快便战败被围。

吴王夫差也想求和,可勾践根本不答应。夫差自杀前,无限感慨地说:"我后悔啊,为什么当初不听伍子胥的规劝,果然今天遭到了报应。我真的没脸再见伍子胥了!"说完夫差就用棉絮盖住自己的脸自杀了。

🐉 评说台

在中国历史上,伍子胥无疑是一个具有传奇色彩的历史人物。作为楚国贵族,他历代祖上都担任楚国高官,父亲也是楚国大夫,可谓世代忠良。

可是,因为父亲受人陷害,伍子胥不得不流亡他国,才使伍门香火得以延续。经过10年的艰辛,伍子胥终于带着吴国的军队杀到了楚国国都,报了灭门之仇。

但遗憾的是,这位吴国的功臣,却因政见不同而惨死在新国王的利剑之下。伍子胥始终认定自己的见解是正确的,于是他坚持自己的灭越主张,始终不渝地抗争至死。在伍子胥与吴王之间的博弈中,伍子胥显然处于下风。

因为他认为,自己忠于吴王,又有赫赫功劳做依托,终究可以促使吴王接受自己的主张,正是他基于这样的认识,才使得个人悲剧达到了顶峰。

其实从古至今,伍子胥都是历代颂扬的忠义样板,早期关于伍子胥的评价都是正面的,翻开史书及诗文,几乎是一边倒地持积极肯定态度的。但到了宋朝之后便开始出现了负面的评价,认为伍子胥杀君灭国,那时的史学家认为,一旦人人效仿伍子胥,势必会危及政权。但是,最初的儒家认为杀父之仇是必报的,这也体现了孝与悌的精神实质。

对伍子胥来说,其祖祖辈辈、世世代代皆为楚国忠臣,而楚王却听信小人谗言,致全家满门被斩,实在是天理难容,罪恶滔天。按照古人思想,此仇不报,怎能对得起列宗列祖?尤其是以大儒孟子的"民为贵,君为轻"的思想来衡量,伍子胥的行为更加值得肯定。

不过,伍子胥掘墓鞭尸,在惩罚或是复仇的手段上却实在让人难以恭维,其残酷程度可谓到了登峰造极的地步。也许正是伍子胥在复仇过程中使用的手段过于阴暗,才出现了舆论谴责,这正是伍子胥最终引起争议的原因之一。

不过无论如何,在异邦的吴国为忠臣,而在故土的楚国则为叛逆,这不能不说是伍子胥人生的悲哀。面对历史的拷问,一代智者伍子胥,却也是非常可悲的。其实,世间最重要的就是公正。任何人都要对自己所做的一切承担责任,伍子胥自然也不例外。

萧 何

——知道进退的谋略家

人物志

萧何(公元前 257 年~公元前 193 年),西汉初年政治家,汉初三杰之一,著名丞相。

萧何早年任秦沛县狱吏,秦末辅佐刘邦起义。攻克咸阳后,接收了秦丞相、御史府所藏的律令、图书,掌握了全国的山川险要、郡县户口,对日后制定政策和取得楚汉战争胜利起了重要作用。

高帝十一年(公元前 196 年),萧何又协助高祖消灭韩信、英布等异姓诸侯王。高祖死后,他辅佐惠帝。惠帝二年(公元前 193 年)卒,谥号"文终侯"。

风云榜

提到中国历代著名丞相,萧何是不可回避的人物。

楚汉战争时,他留守关中,使关中成为汉军的巩固后方,不断地输送士卒粮饷支援作战,对刘邦战胜项羽起了重要作用;而建立西汉之后,他又采用秦六法,重新制定律令制度,使初步建立的政权逐渐稳固。

如诸葛亮一般,萧何在青年时期就已表现出了过人的才智。萧何年轻时任沛县功曹,是负责县里某项事务的主要吏员。

平时，他勤奋好学、思维机敏，对历代律令颇有研究，并且性格开朗，结交了许多朋友，尤其是对于刘邦，感情更不一般。萧何见刘邦器宇轩昂，风骨不凡，谈吐也与众不同，颇有大贵之相，所以对他格外佩服。

公元前 209 年，陈胜吴广农民起义掀起了反秦大潮，身在沛县的萧何也不例外，与曹参、樊哙、夏侯婴、周勃等人时常聚会，密切注视局势的发展，并暗中与芒砀山中的刘邦联系，秘商起兵之事。随后，萧何等与刘邦里应外合，攻入县衙，杀了县令，并推举刘邦为"沛公"，从此，萧何紧随刘邦南征北战，立下盖世的功勋。

秦朝灭亡后，刘邦被项羽封为汉王。不过，刘邦并未就此满意，而是与霸王开始了楚汉之争。正在急需用人之际，萧何发现了郁郁不得志的韩信，并将他推荐给了刘邦。然而刘邦对韩信并不器重，这让韩信有些失落，因此趁着夜深人静之时，一个人骑马离开。

萧何深知人才的重要，于是听说韩信逃跑了，来不及把此事报告汉王，就径自去追赶。用了一夜的时间，萧何才劝住韩信，并对他立下了承诺，将他带回营地。

面对刘邦依旧对韩信的轻视，萧何说："大王一向傲慢无礼，今天任命一位大将，就像是呼唤一个小孩子一样，这就难怪韩信要走了。大王如果诚心拜他做大将，就该拣个好日子，自己事先斋戒，搭起一座高坛，按照任命大将的仪式办理，那才行啊！"

为了一个尚未做出成绩的落魄将军如此煞费苦心，萧何爱惜人才、知人善任的特点一览无余。果然，韩信没有令刘邦失望。在楚汉战争中，他率汉军暗渡陈仓、战荥阳、破魏平赵、收燕伐齐，连战连胜，在垓下设十面埋伏，一举将项羽全军歼灭，为刘邦平定了天下。

知人善任，这只是萧何的第一个长处。深谋远虑，更是萧何名扬天下的"重要武器"。公元前 206 年，刘邦率大军兵临咸阳城，秦王子婴杀了奸相赵高，献出玉玺向刘邦投降。起义军进驻咸阳后，将士们纷纷抢掠金银财物，连刘邦也望之不忍离开,唯有萧何,进入咸阳后,一不贪恋金银财物,二不迷恋美女,却急如星火地赶往秦丞相御史府,并派士兵迅速包围秦丞相御史府,不准任何人出入,然后让忠实可靠的人将秦朝有关国家户籍、地形、法令等图书档案——进行清查,分门别类,登记造册,统统收藏起来,留待日后查用。

看到萧何如此,全军上下无不佩服,刘邦在惭愧之余说:"萧何确是异才,不枉我提拔他一场。"萧何收集的这些秦朝的律令图书档案,使刘邦对天下的关塞险要、户口多寡、强弱形势、风俗民情等了如指掌,不仅为楚汉之争提供了准确的战术方针参考,更对日后西汉政权的建立和巩固起到了巨大的作用。

不仅如此,萧何还进行了一系列的立法改革。虽然他不似张良一般,经常对战局提出建议,但对于后方统筹却表现出了过人的才智。当刘邦攻下秦都后,秦都已经被项羽烧成一片瓦砾,于是萧何马上安抚百姓,恢复生产,全力收拾关中的残破局面。

他一方面重新建立已经紊乱的统治秩序,重新建立汉的统治秩序和统治机构,修建宫廷,另一方面对百姓施以恩惠,开放了原来秦朝的皇家园地,让百姓耕种、赐给百姓爵位、减免租税,等等。他还让百姓自行推举年龄在 50 岁以上、有德行、能做表率的人,任命他们为三老,每乡一人;再选各乡的三老为县三老。

正是因为萧何的这种运筹帷幄,农业生产迅速得到恢复,建立了稳固的后方,保障了前线的需要。萧何从事的最重要的事务是按照户口征收粮草、征集兵丁,将二者由水路输送到前方。刘邦在楚汉之争中多次弃军逃亡,萧何则常常征发关中士卒,补充军队的缺额,有力地保证了前方战事顺利进行。

公元前 203 年,项羽由于连年战争,陷入了兵尽粮绝的困境,而刘邦的部队却由于萧何坐镇关中,不断地向前方输送粮食和兵力,形成了兵强粮多的好形势。最后,垓下一战重创楚军,逼项羽自刎乌江,结束了为期 4 年的楚汉战争。

楚汉之争期间,可以说萧何发挥了决定性的作用。没有他,就没有屡破强敌的韩信大将军;没有他,刘邦就有可能花天酒地,全然忘了自己的抱负;没有他,汉军粮草就有可能不足，汉军很难表现出稳定。所以说，萧何就是刘邦的左膀右臂，为西汉的建立立下了汗马功劳。

萧何对于西汉建立的重要性，刘邦自然了然于胸。于是在论功行赏时，萧何永远是在第一位。面对众人的不满，刘邦如此解释道："运筹于帷幄之中，决胜于千里之外，我不比张良；镇国家、抚百姓、供军需、给粮饷，我不比萧何；指挥百万大军，战必胜，攻必克，我不比韩信。这3个人都是人中豪杰，他们为我所用，所以能取得天下。"

不难看出，刘邦认为张良、萧何、韩信是他最得力的功臣，这3人亦被称为"初汉三杰"。其后，刘邦又定萧何为首功，封他为酂侯，食邑最多。面对再次议论纷纷的大臣，刘邦说："你们知道猎人吗？打猎的时候，追杀野兽的是猎狗，而指示行踪、放猎狗追兽的是猎人。如今诸位只是能猎获野兽，相当于猎狗的功劳。至于萧何，他能放出猎狗，指示追逐目标，那相当于猎人的功劳。况且你们只是一个人追随我，多的也不过带两三个家里人，而萧何却是全族好几十人跟随我，这些功劳怎么能抹杀呢？"

从刘邦的话语中我们就可以看出，萧何在西汉初建之时，地位是何等之高！因此，他能够名震一时也是自然。西汉建立后，萧何依旧发挥着自己重要的作用，公元前195年，惠帝即位，萧何为丞相。这期间，他在"约法三章"的基础上参照秦法，摘取其中合乎当时社会情况的内容，制定了《九章律》，成为我国古代法律制度的开端，使西汉政治稳定，经济发展，人民生活水平日益提高。当时，民间流传一首歌谣赞扬萧何："萧何定法律，明白又齐整。"由此可见萧何在人民中的地位。时至今日，萧何依旧是被人传颂的历史贤臣，深受后人的景仰。

悲情史

纵观萧何的一生，他追随刘邦不离不弃，刘邦也对他欣赏有加，不止一次在众人面前表达对萧何的信任。然而，这并不能掩饰萧何悲情的一面。

萧何功勋盖世，一时间竟被生性多疑的刘邦一再猜忌。汉三年，刘邦与项羽两军对峙于京县、索亭之间。刘邦一边在前线打仗，一边担心后方局势，多次派使者慰劳萧何。

这时候，有人对萧何说："如今陛下在征战沙场，餐风吸露，自顾不暇，却多次派人慰问阁下，这不是明摆着有怀疑阁下之心吗？我替阁下拿个主意，不如派您部中能作战的全部奔赴前线，这样大王就会更加信任阁下了。"

萧何一听，也只得如此。于是，他派遣出自己能拿出手的将士奔赴战场。果然，刘邦见此后大为高兴，消除了对萧何的疑心。

西汉建立后，萧何明白，刘邦对自己这样身居高位的大臣依然有戒心。所以为了保全自己，萧何不得已违心地做些侵夺民间财物的坏事来自污名节。

有一次，萧何的这种行为，被人告知刘邦。不过刘邦听后，像没有发生什么事一样，并不查问。当刘邦从前线凯旋归来时，百姓拦路上书，控告萧相国强夺、贱买民间田宅，价值数千万。当刘邦召见萧何时，他笑着把百姓的上书交给萧何，意味深长地说："你身为丞相，竟然也和百姓争利！你就是这样'利民'啊？你自己向百姓谢罪去吧！"

面对这样的皇帝，萧何也是无可奈何。表面上，刘邦是让萧何向百姓认错、补偿田价，可内心里却暗自高兴，认为他的威信还是在自己之下，对萧何的怀疑也逐渐消失。站在萧何的角度来说，当明白"得民心"所带来的危机之后，唯一的办法就是失去民心，让民众厌恶他、痛恨他，毁坏自己的道德形象，并且这种毁坏还是必须自己动手，自己端起脏水来泼到自己身上，此所谓"自污"也。也只有"自污"了，才能够真正实现"自保"。

还有一年，萧何被封邑进爵，因此家中来了许多宾客。萧何也非常高兴，经常大摆筵席，一片喜气洋洋之意。

这天，就在萧何宴请宾客之时，突然来一个名叫召平的门客，他身着素衣白履，昂然吊丧。萧何见状大怒道："你喝醉了吗？"召平说："萧大人不要太高兴,也许你已经大祸临头了!"萧何不解,问道:"我身为丞相,宠眷逾分,并且处理事情小心谨慎,没有半点儿疏忽,你为什么这么说?"召平说:"主上南征北伐,亲冒矢石。而公安居都中,不与战阵,反得加封食邑,我揣度主上之意,恐在疑公。公不见淮阴侯韩信的下场吗?"

萧何听罢,顿时满头大汗。原来,这正是刘邦在试探自己,看看自己是否有野心。于是第二天早晨,萧何便急匆匆入朝面圣,力辞封邑,并拿出许多家财拨入国库,移作军需。刘邦见此,心里自然高兴了许多,于是不再怀疑萧何。

总而言之,对于刘邦这种"狡兔死,走狗烹"的皇帝,萧何永远都没有所谓的"安全期"。"初汉三杰"之中,韩信被用计杀死、张良主动辞官,也只有萧何一人独善而终。

萧何心中明白"伴君如伴虎,居安要思危"的道理,所以有的时候不得不"打落了牙齿往肚子里咽",忍气吞声地自污其名,以消除刘邦的猜忌。

正是这样,他才能化险为夷,才得以幸免于难。这可谓萧何一生最大的悲哀,更是封建制度下绝大部分官吏的悲哀。

评说台

萧何的一生,是后世史学家最为热衷考究的,因为他是一个很复杂的人物:既被刘邦依赖,又被刘邦怀疑。而他的结局,又是完全不同于张良与韩信的。

绝大多数的史学家对于萧何,总有这样的评论:"智有余而仁不足。"萧何治理国家的行政能力,这一点无人可及,刘邦说的"镇守国家,安抚百姓,不断供给军粮,吾不如萧何"这句话,就是对他的最确切的评价。

更加让人拍案称奇的是,萧何卓有成效的施政方针不但没有随着他的辞世而重蹈人亡政息的惯例,甚至他的继任者曹参对萧何生前制定的各项法规、方针政策一字不改而自己只管吃喝玩乐,竟然也能政绩斐然、国泰民安。以至于这段脍炙人口的典故成了流传至今的成语"萧规曹随"。由此可见萧何的治理国家的行政才能是多么卓越。

萧何最被后人争论的一点,就是在对待韩信的问题上。韩信这位旷世帅才由于被刘邦大材小用地当做仓库管理员使用,被气得不辞而别,后被年老体弱的萧何星夜追回拜为元帅的千古美谈。在这个方面,萧何表现出了极为准确的观察力,可谓百年一遇的"伯乐"。

然而,对待名扬天下后的韩信,萧何却表现出了一丝不理智。萧何明明知道韩信不会谋反,却在个人进退利害的考虑下,与吕后一起设下圈套谋害了韩信。这就是令人感慨万千的"成也萧何,败也萧何"成语的来历。

当然,对于萧何的评论,绝大多数还是以正面为主,尤其是在法律制定上,萧何更是获得了前所未有的赞誉,甚至衍生出一个专有名词——萧何定律。所谓萧何定律,是指萧何制定的《九章律》,它是汉政府治理社会的基本大法。

萧何并非神,身上自然有一些小毛病,就像有的人在评价他时会用到这样一个词语:狡猾。的确,面对刘邦的不信任,萧何会显得异常警惕,总是用各种小办法,甚至"狡兔三窟",帮自己化解难关。

然而,狡兔三窟属于居安思危的智慧,不同于一般的谨慎戒惧,而是主动寻找遇到危险时的缓冲,是一种更为积极主动的进取智慧。也许这一点可以算作瑕不掩瑜,绝不能动摇萧何作为一代名相的历史地位。

晁　错
——胸藏珠玑的智囊大家

人物志

晁错(公元前200年~公元前154年),是西汉文帝时的智囊人物,颍川(今河南禹县城南晁喜铺)人。

汉文帝时,晁错因文才出众任太常掌故,后历任太子舍人、博士、太子家令(太子老师)、贤文学。在教导太子中受理深刻、辩才非凡,被太子刘启(即后来的景帝)尊为"智囊"。因七国之乱被腰斩于西安东市。

风云榜

晁错在我国历史上堪称是才华横溢、运筹帷幄的大政治家,曾辅佐贤明君王汉文帝出任3个最高职务之一的御史大夫,足见其高超的政治智慧。

晁错的仕途之路,是从汉景帝刘启做太子时开始的。那个时候,刘启对晁错的才能非常佩服,彼此的关系更是亲密无间,可以毫不夸张地说晁错就是刘启的心腹智囊。

刘启当上皇帝后,对晁错更是言听计从,把他视为自己的左膀右臂。太子的家人也自然更加崇拜晁错,就给他起了个"智囊"的绰号。

文帝十一年夏天,匈奴开始骚扰汉朝边境,文帝欲采取大规模的战略反击,太子家令晁错便向文帝上书，谈论战争问题，他分析说："《兵法》说，'有战无不胜的将军，没有战无不胜的民众。'因此，保持边境的安定，关键在于对良将的选择。"晁错强调，用兵作战必须坚守三原则：一是占据有利地形，二是士兵训练有素，三是武器精良。如果战场地形不利于发挥军队和武器的长处，就可能出现十不顶一的情况。而武器不精良，就等于把士卒送给敌人；士兵不能作战，是把将领送给敌人；将领不懂兵法，是把君王送给敌人；君主不精心选择将领，是把国家送给敌人。

此外，晁错还针对匈奴的情况做了详细分析，他认为匈奴在地形、军事技术与中原大有不同，他们在地形复杂的环境下作战占据优势；而汉军则在轻车、弓弩、长戟上占据绝对优势；另外汉军身穿铠甲，手中有锋利的武器，特别是下马在平地作战，剑戟交锋，近身搏斗，匈奴人的脚力就远不如汉军；因此晁错就在此基础上提出应以己之长击敌之短的战略部署。

同时，晁错还建议争取少数民族共同抗击匈奴。因归附的少数民族，在生活习俗与长处上和匈奴相同，然后再配以精良的武器，并由良将去统率他们。这样就可以使两者相互配合，发挥各自长处，这就是万全之术。

文帝看完晁错的上书，深表认同，马上采纳，并亲自给晁错回了一信，以表示对他的欣赏。紧接着，晁错又向文帝上了《守边劝农疏》和《募民实塞疏》，提出用移民守边的办法来代替轮番戍边的办法，这个建议在当时绝对具有前瞻性和创新意识，是一个影响深远的深谋远虑的高明建议。因为，在汉朝初期，实行的是"戍卒岁更"的更戍制度，由于戍边士卒逐年更替，轮换休息，致使当值士卒根本无心了解边防情况，更无御敌能力，只求相安无事。因此，与政府渴望的防守力度、御敌目标相距甚远。而晁错则以利民为出发点，注重人情需求，他在《论贵粟疏》中系统总结了秦朝戍边政策的历史教训，并指出：要想使移民久居边远之地，安心生产，保卫边防，就必须妥善解决他们在生产和生活中所遇到的各种困难，使"民至有所居，作有所用"，并且做到"战胜守固则有拜爵之赏，攻城屠邑则得其财卤以富家室"。也只有这样，移民才能心安理得地离开家乡驻扎边防，并且在边防遭到外来势力骚扰时义无反顾地坚守在斗争的最前沿。"蒙矢石，赴汤火，视死如生"。而这就是移民守边同秦朝强迫发卒、令民谪戍的根本区别。

文帝十五年，文帝为了进一步在更广泛的领域里延揽天下人才，就让大臣们推举贤良、方正、文学之士。晁错当时在太子家令任内被推举为贤良。

文帝亲自出题，就"明于国家大体"等重要问题提出征询。在参加对策的100多人中，晁错以《举贤良对策》脱颖而出，大气磅礴、高屋建瓴，对国家形势及未来走向作了很独到精辟的论述，成了西汉一篇著名的政论文。因此，也得到了文帝的高度赞许，就把他由太子家令提升为掌管议论政事的中大夫。

由此可见，晁错在治国理政方面确实具备其他人难以望其项背的优势。也正因为他的学识、思想和能力以及不甘寂寞的个性，就决定了他不会在政坛上袖手旁观，而这也正是给他带来政治风险的诱因所在。

悲情史

晁错的智慧和谋略，无疑为汉室江山注入了灵气和动力。可令人遗憾的是，晁错这样一个有才华的人，却最终因两种政治势力的博弈，稀里糊涂地做了削藩的牺牲品。

在他为了汉室江山强盛而不惜余力地付出时，也同时是实现自己政治理想和抱负的过程中，却被他所忠心耿耿效力的景帝腰斩，并祸及家人，这不能不说是晁错的政治悲剧。

汉文帝后元七年，文帝去世，太子刘启即位，史称景帝。鉴于晁错的能力以及与景帝的非同寻常的关系，景帝就立即提升晁错为内史。因而晁错也拥有了多次单独觐见景帝、共同议论国家大事的机会。景帝对晁错总是言听计从，其宠信程度绝对在九卿之上，其中许多国家法令也是经他之手修订的。后来又提升晁错为御史大夫。从此晁错位列三公，直接介入国家的行政管理。

晁错是一个责任心很强的人，他认为，作为大汉的高级官员，就要为汉室献策献力，他认为朝廷的当务之急是维护中央集权，因而，就向景帝再提削藩的建议，这就是史上有名的《削藩策》。

晁错认为，高祖封同姓王，仅齐、楚、吴3个王的封地就分去了天下的一半。晁错主张对犯罪有过的诸侯王，要削弱他们的实力，只保留一个郡，其余郡县都应收归朝廷直辖。尤其针对吴王刘濞，应及早采取相关措施。

晁错的《削藩策》一经提出，便立刻在朝廷内引起震动。景帝让公卿、列侯和宗室商议讨论，因众人皆知景帝是完全支持晁错的，便无人敢公开反对；只有窦婴一人强烈反对。最后，景帝裁决：削夺赵王的常山郡、胶西王的6个县、楚王的东海郡和薛郡、吴王的豫章郡和会稽郡。晁错以此更改了法令30条。这样一来，诸侯王们都起来强烈反对。

刘濞首先策划叛乱。他先派人到胶西王刘卬处密谋，约好以声讨晁错为名，共同起兵，并夺天下，"两主分割"。随后他又乔装打扮，秘密到胶西，亲自与刘卬订立了叛乱的盟约，并利用各自的影响力串连齐、楚、赵等国诸侯，相约一起反叛。

景帝三年正月，吴王刘濞首先在都城广陵起兵叛乱，并向各诸侯王国发出了宣言书，以"清君侧"为名，攻击晁错。

同月，胶西王刘卬杀了朝廷派到王国的官吏；紧接着胶东王刘雄渠、苗川王刘贤、济南王刘辟光、楚王刘戊、赵王刘遂也都先后起兵，共同向西进攻。这就是历史上著名的"吴楚七国之乱"。

七国叛乱的消息传至朝廷，景帝便立即在军事上作了部署，紧急调派周亚夫等高级将领进入一级战备状态，分头迎击七国之敌。

可吴楚等七国联兵反叛，是以诛晁错为名，这就等于把晁错推向了十分危险的境地。可此时的晁错却又因两件事处置不当，更增加了这种危险。一件是他向景帝建议，让景帝御驾亲征，而自己则留守京城长安，使景帝对他产生了怀疑，也给其他大臣攻击他找到了借口。另一件是追究袁盎预知吴王刘濞阴谋反叛之罪。

原本袁盎同晁错两人的成见就很深。袁盎曾任过吴国相,接受过吴王刘濞的贿赂。晁错当了御史大夫以后,审查过袁盎受贿案件,要判他的罪,景帝从宽发落。七国反叛消息传到长安后,晁错还要治袁盎的罪。但有人给袁盎通风报信。袁盎惊恐万分,连夜去见晁错的另一个仇人窦婴,二人密谋达成共识。

于是窦婴入宫,请求景帝召见袁盎。当时,景帝正与晁错商议调拨军粮之事。景帝一见到袁盎便问:"你曾经当过吴相,现在吴楚反叛,你怎样看待?"

袁盎胸有成竹,说:"陛下不必担心,有法破吴。"

景帝说:"吴王今日造反,可谓蓄谋已久,你有何良策?"

袁盎答:"请陛下命令左右的人退出。"

景帝忙叫左右退下,独留晁错在场。袁盎说:"我所讲的话,臣下都不该知道。"

景帝只好让晁错也暂且回避。袁盎对景帝说:"吴楚所发书信,说是晁错擅自抓住诸侯昔日过错,削夺封地,因此以反判为名,实际是要诛杀晁错,恢复原来的封地就罢兵。当今之计,只有立斩晁错,再派使者宣布赦免吴楚七国,就可以不流血而统统罢兵。"

景帝听了袁盎的这番话,沉默许久,说:"这要看具体情况如何,假如真像你说的那样,为了天下,我不会袒护某一个人。"这实际上就等于默认了袁盎的主张,准备以牺牲晁错的性命来乞求吴楚等国退兵。

几天后,丞相陶青、廷尉张欧、中尉陈嘉联名上书弹劾晁错,指责晁错提出由景帝亲征、自己留守长安的主张,是"无臣子之礼,大逆无道",应该把晁错腰斩,并该杀之全家。景帝为了自己的利益,竟不顾与晁错多年的友谊,昧着良心批准了这道奏章。为了万无一失,景帝派中尉到晁错家,传达皇帝命令,骗晁错说让他上朝议事。晁错穿上朝服,跟着中尉上车走了。当车马行至长安东市,中尉停车,忽然拿出诏书,向晁错宣读,就这样,忠心耿耿为汉家天下辛苦操劳的晁错,竟然惨遭腰斩。

景帝杀了晁错以后，就派袁盎以太常官职出使吴国，告知已杀晁错，并恢复被削封地，要求吴王退兵。可这时的刘濞才露出真实面目，狂妄地说："我现在已为东帝，还拜什么诏书?"并想让袁盎参加叛军，因袁盎不肯，就想把他杀掉。袁盎得知消息后，连夜出逃。

这时，从前线回长安的校尉邓公来见景帝。景帝问他："现在晁错已死，吴楚退兵了吗?"邓公说："吴王谋反，已经准备几十年了，他要求诛晁错，只不过是个借口而已。现在杀了晁错，恐怕天下之士从此再也不敢说话了。"

景帝听完大惊，急忙询问其中缘由。邓公说："晁错担心诸侯王国越来越强大，才建议削藩，目的是为巩固中央集权，这是造福万代的大事。可计划刚刚开始，竟全家被杀!"

听了邓公的精辟分析，景帝才如梦初醒，并决定采用军事手段，平定叛乱。在周亚夫等高级将领的奋勇作战下，七国之乱不到3个月就被彻底粉碎了。

忠心耿耿的老臣晁错虽未善终，但能让帝王幡然醒悟，从这个角度讲，也算是晁错不幸中的万幸。

评说台

在晁错的身上，首先体现出了学识的渊博，他虽然只在太子府里面做一个家令，但"位卑未敢忘忧国"，时常研究国家大事，向汉文帝提出各种各样的建议，给汉景帝上了好几道疏文。

由此可见，晁错是一个有思想的人、有办法的人，还是一个不甘寂寞的人。正因为他是一个这样的人，就命中注定了他会来趟朝政这汪"浑水"，他一定会来管这个国家的事情。

晁错一辈子犯的最大一个失误，就是太过相信皇帝。他认为自己忠心耿耿，认为自己一心为公，认为自己给皇帝出了许多好主意，皇帝就一定会对自己青睐有加,这就是晁错之错。他太急于成功,想在自己有生之年实现自己的政治理想和政治抱负,干成一件惊天动地、轰轰烈烈的大事,这就造成他陷入"个人英雄主义"的情绪之中。这种孤军奋战,使他既无后援也无后盾,让皇帝也舍弃他,可悲可叹,倘若晁错能够生活在一个更加开明的时代,那么他的结局一定不会是如此。

诸 葛 亮

——聪明一世仍留遗憾的智多星

人物志

诸葛亮(公元 181 年~公元 234 年),字孔明,号卧龙,琅琊阳都(今山东临沂市沂南县)人,蜀汉丞相,三国时期杰出的政治家、战略家、发明家、军事家。

诸葛亮年轻时隐居隆中以待时机,经刘备三顾茅庐才出山,辅佐刘备确立了三国鼎立的战略格局。刘备死后,辅佐刘备之子刘禅执政。

诸葛亮当政期间,他注意农业生产,设置都江堰堰官,推行屯田,任人唯贤,赏罚分明,对西南少数民族采取友好政策,鼓励少数民族进行开发。曾 5 次出兵攻魏,争夺中原,后病逝于五丈原军中。

诸葛亮在世时被封为武乡侯,谥曰忠武侯;后来的东晋政权为了推崇诸葛亮的军事才能,特追封他为武兴王。

如果要用两个字来概括诸葛亮的一生,那么就是——传奇。

汉献帝兴平元年(公元194年),诸葛亮正值13岁,他们姐弟4人跟随叔父诸葛玄离开山东老家赶赴豫章(今江西南昌)太守任所。不久,汉朝廷又派朱皓到任,失掉官职的诸葛玄只好带着诸葛亮姐弟4人前往荆州投靠旧友荆州牧(治所襄阳)刘表。

到襄阳后,诸葛亮因年纪幼小,就到刘表办的"学业堂"里读书。诸葛亮大约17岁时,他的叔父诸葛玄去世。失去生活依靠,又不愿意到刘表处做官的诸葛亮这时就迁居到离襄阳20余里的隆中,躬耕田野,博览群书,静观时势,从此过了10年的躬耕苦读生活。一个正值青年时期的政治天才,却甘于田间生活,这恐怕是中国历史上很少见的。

不过,是金子总是会发光的。刘备的"三顾茅庐",让诸葛亮正式登上政治舞台。初见刘备,他提出了著名的"隆中对":占据荆、益两州,谋取西南各族统治者的支持,联合孙吴,对抗曹操,统一全国。这种东汉乱世下的清醒和准确判断,就已经表现出了诸葛亮过人的才智和政治头脑。

诸葛亮的"隆中对",深得刘备的赞赏,至此,他成了刘备的主要辅臣。尤其是在联吴抗曹的事情上,诸葛亮更成就了一番千古佳话。

公元208年,曹操一统北方,拥兵20万进军南方,使原本相对平静的江南一带顿起战火。正在此紧要关头,荆州牧刘表突然病死,其子刘琮继任荆州牧。面对强敌压境,畏敌如虎的刘琮不战而举城投降,这使屯兵新野的刘备十分危急,只得弃城南撤。

然而当刘备南撤时,新野及沿途百姓愿跟随者竟达10万之众,这使得刘备行军非常迟缓。当行至当阳(今湖北当阳)长板时,刘备终于被曹军追上了。冲杀之中,刘备只带着诸葛亮、张飞等数十骑逃脱,最后逃至夏口(今湖北汉口),不久转移到樊口(今湖北鄂城西北)屯驻下来。

刘备的败走,让曹操把作战的矛头转向了在东吴割据的孙权。这样一来,孙权开始面临着生死的选择。这时候,诸葛亮审时度势,决定亲自赶赴东吴游说孙权共同抗击曹军。

当时的东吴,对待曹操的进攻分成两派:一派主战,一派主和,使孙权左右为难。正在此时,诸葛亮只身乘船来到东吴,在柴桑(今江西九江西)见到了孙权。一场名垂千古的"舌战群儒"就这么拉开了序幕。

诸葛亮初到东吴,鲁肃引他见了东吴的一群谋士。这些人都对诸葛亮颇有微词,并且各个都很有学问,因此想要羞辱诸葛亮一番。东吴第一大谋士张昭首先发难,说:"听说刘备到你家里三趟,才把你请出山,以为有了你就如同鱼得了水,想夺取荆襄九郡做根据地。但荆襄已被曹操得到,你还有什么主意呢?"

诸葛亮微微一笑,说:"刘备取荆襄这块地盘,易如反掌,只是不忍心夺取同宗的基业,才被曹操捡了便宜。现在屯兵江夏,另有宏图大计,等闲之辈哪懂得这个?国家大事,社稷安危,都要有真才实学的人拿出好主意。而口舌之徒,坐而论道,碰上事儿,却拿不出一个办法来,只能为天下人耻笑。"

这一番话,说得张昭无话可说。接着,又一谋士虞翻问:"曹操屯兵百万,将列千员,你说不怕,吹牛吧你。"

诸葛亮答:"刘备退守夏口,是等待时机,而东吴兵精粮足,还有长江天险可守,却都劝孙权降曹,丢人吧你。"东吴的谋士一个接一个地向诸葛亮发难,先后有7人之多,都被诸葛亮反驳得有口难辩。

次日,诸葛亮只身拜见孙权,他用激将法对孙权道:"今曹操在定汉北之后,乘胜南取荆州,威震四海,致使英雄无用武之地,故刘公遁逃到江夏。请将军根据自己的力量考虑,若能以江东人马与曹操抗衡,不如趁早和他决裂;若不能抵抗,何不卸甲弃兵,北面而臣奉?今将军表面上臣服曹操,而内心却犹豫不决,事情危急不能决断,大祸不久就要临头了!"

诸葛亮的这番话,带有数落、嘲笑孙权之意,欲让孙权解甲投降。孙权自然即刻反问:"如果像你说的那样,那么刘公怎么不投降曹操?"

孙权的思路,恰巧坠入了诸葛亮的陷阱。他对孙权道:"田横,齐国的一个壮士罢了,尚守义不屈。何况刘公乃皇室后裔,英才盖世,众人景仰,如江河之归大海,若真的大事不成,这是天意,岂能屈从于曹贼之下?"

这一席话,又把孙权摆在了田横、刘备之下,自然激起了孙权的愤怒。正在此时,东吴接到了曹操盛气凌人的战书,信上写道:"我奉天子之命讨伐罪臣,大军南下,刘琮投降。现在我提水步军80万,正要和将军会猎东吴。"战书明显表达出威慑之意,这进一步使孙权痛下决心,决定与曹军决一死战。孙权看完战书,拔出刀来砍掉案几的一角,说道:"谁敢再提投降,有如此案!"

至此,诸葛亮游说东吴已基本成功。他凭其智慧和口才,一下为刘备争取了东吴10万之众,并带回3万东吴精兵,这为扭转当时整个中国局势起到了关键作用。随后,蜀吴联军在诸葛亮的排兵布阵下,巧用火攻之计于赤壁大败曹军,号称几十万大军的曹操仅带20余骑从华容道逃脱。而魏、蜀、吴三分天下的局面也就此形成。

赤壁之战,让诸葛亮名震天下,吴国的周瑜发出"既生瑜,何生亮"的感慨,魏国更是数年不敢轻举妄动。随着刘备白帝城托孤,诸葛亮在蜀国的作用越来越大,辅助刘禅苦心经营蜀汉政权,为蜀汉政权的统治打下了坚实的基础。

当时,蜀国虽然已经建立,但是西南地区的一些少数民族不愿接受统治,不断起兵骚扰。尤其是孟获做了南彝的统帅之后,固守益州郡,顽强抵抗,诸葛亮亲率大军渡过泸水,攻打益州。诸葛亮一连生擒了孟获7次,每次都客客气气地放他回去。

等他第七次活捉了孟获,要放他回去的时候,孟获终于心悦诚服了,他诚恳地说："丞相七擒七纵,待我可说是仁至义尽了,我打心底里敬服,以后绝不再反叛了。"

孟获的归顺,宣布着西南地区日趋平稳,其他少数民族纷纷归附。诸葛亮任用许多少数民族的首领为官,治理西南,使西南少数民族地区终于稳定下来。他还把少数民族中骁勇善战的青羌族编成五部飞军,大大增强了蜀国的兵力。

一时间,蜀国夜不闭户,路不拾遗,这一切都与诸葛亮的治国能力有着直接的关系。原本贫弱的蜀国,终于出现了"田畴开辟,粮仓充实,器械坚利,蓄积丰饶"的景象。

❀ 悲情史

不可否认,诸葛亮的一生充满传奇色彩,无论政治成就还是军事成就,都在中国历史上首屈一指。然而,这并不能掩饰他悲情的一面。

当刘备去世后,他不得不辅佐懦弱无能的刘禅去完成统一大业。他深感这个任务非常艰巨,但是既然选择了做忠臣,也只能义无反顾。刘禅称帝后,可谓典型的"平庸昏聩之君",成日不思朝政。为了这样一个"傻皇帝",也为实现刘备"北伐统一中国,恢复汉朝宗室"之志,诸葛亮殚精竭虑,事无巨细必躬亲,陈情于出师表中,穷兵黩武地进军曹魏。而这六出祁山,正是他一生悲情史的集中表现。

建兴五年(公元 227 年)三月,诸葛亮一出祁山。他上《出师表》于后主,率军至汉中,准备北伐。他先在汉中练兵约一年,然后北攻。魏南安(今甘肃陇西)、天水、安定(今甘肃泾川)三郡当即降蜀。

魏明帝亲赴长安督战,以曹真督关右诸军,采用以防守为主的战略。蜀军先扬言要南斜谷道攻取郿县,并派赵云、邓芝率一军据箕谷(今陕西褒城西北)为疑军,诸葛亮率主力西攻祁山。参军马谡领一军为先锋,驻街亭。马谡指挥不当,大败于魏军，丢失街亭。蜀军失去前进的据点，只好退回汉中。这一出祁山，以失败告终。

建兴六年(公元228年)冬，趁着魏军三路攻吴，关中空虚，诸葛亮决定二出祁山。此次，蜀军出大散关，围攻陈仓20余日不下，粮尽而退。

建兴七年(公元229年)，诸葛亮第三次率军北伐。蜀军西向，取魏武都、阴平二郡而回。这一时期，诸葛亮与李严的矛盾开始逐渐激化。本来，他们两人同受刘备托孤，共为辅臣。直到建兴四年(公元226年)，两人关系还比较好，诸葛亮在与孟达的信中还称赞李严。但不久，李严写信给诸葛亮，建议他利用掌握朝政大权的便利，像曹操那样晋爵封王，接受"九锡"，这样他也能捞到若干好处。

诸葛亮对此非常生气，在回信中狠狠批评了李严一通。不久，诸葛亮在即将伐魏前，调李严带他所辖的两万军队来镇守汉中。李严却讨价还价，要诸葛亮从益州东部划出五郡设立江州，让他当江州刺史，致使调动未成。诸葛亮以大局为重，也就妥协了。

建兴九年(公元231年)，诸葛亮四出岐山。他命李严在汉中负责后勤供应，但李严未及时筹集到粮草，便写信给诸葛亮说皇上命令退兵。诸葛亮退军后，李严又欺骗朝廷说此次退兵是为了诱敌。当诸葛亮回来后，他又故作惊问："军粮已经够用，为何突然退兵？"就这样，原本大好的机会，就被一个奸臣所浪费了。

建兴十二年(公元234年)二月，诸葛亮五出岐山。他命大军出斜谷，占据五丈原(今陕西岐山县南20公里)。此次出兵，事先与东吴约好同时攻魏。但东吴迟迟不发兵，直至五月，孙权才派陆逊、诸葛瑾率兵屯江夏、沔口(今湖北汉口)，进攻襄阳，孙权自己则率大军围合肥新城。对此，魏明帝的策略是先挫败东吴。

诸葛亮亲率水军东征，让西守的司马懿坚守不战，令蜀军粮尽自退。但当孙权得知魏主的意图后，认为己方成了主战场，吃了亏，即令全线撤军。在西线，诸葛亮鉴于以往的教训，分兵屯田，打算久驻。

建兴十二年(公元234年)八月，诸葛亮原本六出祁山进行北伐，谁知突患急病，暴卒于前线，时年53岁。诸葛亮在生前留下遗嘱："葬于汉中定军山，就在山坡上挖一个坟坑，坟坑可装下棺材便行了。穿平常的衣服，不随葬器物。"

六出祁山，可谓诸葛亮最悲情的7年，每次都因各种原因而失败。挥泪斩马谡、火熄上方谷之悲、空城计退司马懿，这一切都幻化于五丈原（诸葛亮去世之地）之中，更幻化于看似有些狭隘的"忠义"之上。

一代名臣就这样壮志未酬身先死，留下了许多的遗憾，但也给人们留下了无尽的追思。"鞠躬尽瘁，死而后已"，诸葛亮的这句话，成了他一生最恰当的注脚，更表现出了他的无尽悲情。

评说台

诸葛亮的一生风起云涌，为国为家鞠躬尽瘁，因此自然得到了后世的无尽赞扬。西晋梅陶赞陶侃："机神明鉴似魏武，忠顺勤劳如孔明。"康熙皇帝曾曰："诸葛亮云：鞠躬尽瘁，死而后已。为人臣者，惟诸葛亮能如此耳。"

"出师未捷身先死，长使英雄泪满襟"。短短的14个字，让诸葛亮的悲情跃然于纸上。诸葛亮一生犯的最大的错，就在于用人不当，尤其是在马谡的问题上，以致痛失街亭，被迫唱了一曲险遭灭顶之灾的"空城计"。正是因为这次失误，让原本有机会的胜利最终化为乌有。而从这之后，诸葛亮的身心已经大大受创。

其二，对于刘禅的问题上，诸葛亮也有一定的失误。诸葛亮让刘禅在对待"宫中之事"和"营中之事"时，"事无大小"都要向郭攸之、董允、向宠等人，"悉以咨之，然后施行"，实际上过于关注刘禅，让他永远无法独立。短期来看，这样做确实收到了很大的效果。但是从长远角度来看，一个一切要依靠群臣、自己毫无主见的皇帝，又怎能当个好皇帝？

当然，瑕不掩瑜，尽管诸葛亮有一定错误，但是任何人都不能抹杀他的丰功伟绩。为了充实国家力量，安定百姓生活，诸葛亮积极休养生息，发展生产，从而使蜀国的经济得到了很大的发展，最终成为"天府之国"。

在其他方面，诸葛亮也表现出了过人的才智。发明"木牛流马"，改进了山路运输工具，使效率大大提高；发明的连弩箭，长8寸，一次能射10支，大大提高了武器的攻击性；提拔王平、收姜维，为蜀国带来了不少有识之士。

而《前出师表》和《后出师表》，更表现出了他在文学艺术上的过人才华。因此，即使他的"死对头"司马懿也做出了如此评价："诸葛亮真乃神人，吾不如也！"

公元207年到234年，是诸葛亮尽忠蜀汉的27年。这27年来，无论先主、后主抑或五虎上将，都对他无比信任、无比折服，甚至周瑜、司马懿这样的对手在面对诸葛亮时也甘拜下风。

他明法、正身、和吴、治军，以"鞠躬尽瘁，死而后已"的无私奉献精神战斗到生命的最后一息。诸葛亮的忠公体国精神，生前就深受蜀人爱戴，死后更长期受到后人的敬仰，已成为中华民族传统文化的一份遗产。

杨　修
——不会藏锋的智者终成刀下之鬼

人物志

杨修（公元175年~公元219年），字德祖，弘农华阴（今陕西华阴东）人。东汉末期文学家、太尉杨彪之子，以学识渊博而著称。建安年间被举为孝廉，任郎中，后为汉相曹操主簿。

杨修爽直、狂放、不拘小节、料事如神,是古代知识分子中的精英类人物。但他同时也有恃才傲物的特点,屡犯曹操之忌。后曹操忍无可忍将其杀害,时年方44岁。

风云榜

杨修,这个看似"出场机会"不多的曹操幕僚,却给人留下了深刻的印象。

杨修出生于汉室名门大家,他的祖先杨喜在汉高祖时有功,被册封为封赤泉侯。高祖杨震、曾祖杨秉、祖杨赐、父杨彪四世历任司空、司徒、太尉三公之位,与东汉末年的袁氏世家并驾齐驱,声名显赫。

正是因为家境显赫,杨修在幼年时就有了饱读诗书的机会,这让他的思维能力得到了锻炼,同时更有机会接触上层统治阶级。

杨修9岁时,有一个叫孔君平的人来拜见杨彪,杨修因父亲不在家中,忙沏茶让座,并端出水果招待孔君平。孔君平拿起一颗杨梅开玩笑说:"杨梅,杨梅,名副其实的杨家果。"杨修立即问孔君平:"孔雀是先生的家禽吗?"

孔君平听罢,立刻为杨修敏捷的才思目瞪口呆。他意识到,这个孩子将来一定会有所作为。

果然,随着杨修的阅历不断增长,他的才华也越来越被人熟知,成了当地无人不知的大才子。建安年间被举孝廉,任郎中,正式踏上了政治生涯。而他的身世显赫,也给了他很大的帮助。

当时,曹操赤壁战败归来,四处张榜招贤,希图东山再起。他久慕杨修贤名,特意屈身请他出山。杨修也有此意,决心投靠明主,成就一番伟业,见曹操如此谦卑盛情,于是欣然答应,担任主簿一职。

杨修的才智机敏,很快就在曹营中传播开来。有一年,魏武王曹操曾经从曹娥碑下路过,杨修跟随着他。看见碑的背面写着"黄绢幼妇,外孙齑臼"8个字。

曹操就问杨修:"你知道是什么意思吗?"杨修回答说:"知道。"曹操说:"你先不要说出来,让我想一想。"走了 30 里路,曹操才说:"我已经想出来了。"他叫杨修把自己的理解另外写下来。

杨修写道:"黄绢,是有颜色的丝,色丝合成一个'绝'字;幼妇,是少女的意思,少女合成一个'妙'字;外孙,是女儿的儿子,女子合成一个'好'字; 臼,是'承受辛苦'的事。'承受辛苦'合成一个'辞'(辤)字:这就是'绝妙好辞'。"曹操也把自己的理解写下了,结果和杨修的一样,于是感叹地说:"我的才力赶不上你,竟然多想了 30 里。"

在古代,主簿的职位很低,换现在的话来说,就是"文书"。那么,杨修为什么愿意接受这个职位?以他的才智和家族背景,完全可以做到军师级别。

杨修之所以这么做,是因为他明白,曹操新败,军马粮草奇缺,这个时候,在这个曹操最为渴求,也是最感棘手的事情上大显身手,这才能越飞越高。好钢要用在刀刃上,这是杨修聪明过人之处。

杨修上任后,向曹操举荐孔文岱为助手,接着四处出击买马购粮。孔文岱历尽千辛万苦,凭一条三寸不烂之舌终于说动各地客商前来许昌贩货。与他们谈判的,正是家中坐等的杨修。

虽然客商正在眼前,但是杨修又面临一个大难题——战败后的曹操财力濒临枯竭,杨修手中可支配的资金极为有限,无力购买大量物资;而半年之内按时如数配备军需,是杨修向曹操立下的军令状。此时,杨修的绝顶聪明再次发挥了作用。

在这些客商中,有 3 位是最具实力的,他们其中两个是米商,一个来自江南,运到大米 6 万石;一个来自四川,驳来大米 5000 船。而另一个是匈奴马贩,赶来好马 10 万匹。得知巨商临门,杨修焦虑如焚的心情好比甘霖浇透,他先是大喜,急唤"快快有请";但转念一想,止住童儿:"不见,一概不见。"

童儿不知道这是为什么,但也不敢多问,于是跑到门外,说:"主簿老爷酒醉,今儿不见客。"

听到这里，那些商人们立刻气得大发雷霆。他们本以为，许昌通货膨胀、货架空虚，他们来了保准被视若上宾，好生款待，不料竟是这个结果。几个人顿时急了，在门外吵吵嚷嚷，非要见主簿不可。

听到外面的吵闹声，杨修这才打着哈欠，从屋里懒洋洋地走出来。他对商人们说："啊呀，你们来迟了！半年前我已购足粮马，如今仓廪全满、资金用罄，实在对不起了啊！"接着，他摆圆架子给他们上了场商业启蒙速成课——做生意要眼明手快，买卖不成仁义在。最后，他说："我留你们小酌三杯，然后散了。"

商人听完，意识到之前发财的美梦彻底化为了泡影，心中不免忿忿然。于是，他们开始痛骂孔文岱做事不诚信，涉嫌商业欺诈，要找他算账。

这个时候，杨修劝道："大家不要错怪孔文岱。其实呢，半年前情况确实如此，谁让你们来得太晚。"接着话锋一转，非常大度地说："这样吧，看在孔老弟的份上，我再筹措些钱买下你们的货物就是。只是这价钱嘛……"

商人的目的就是为了赚钱，听到有机会，于是转怒为喜，说："价钱好商量，好商量！"杨修见时机已到，亮出底牌："一石米半两银子，一匹马两钱金子！"

客商听完，顿时感到自己被戏弄了，扭头便走："你也太狠了！这生意做不得，不卖了！"望着他们的背影，童儿对杨修的话感到不理解。但是，杨修却不慌不忙地对童儿笑道："他们还要回来的。你通知下去，让人清扫粮仓和马厩，准备接收。"

果然，事情真如杨修预料的一般。不多时，客商折返，为的是让杨修把价钱往上抬那么一抬。杨修咬紧牙关，坚决不松口。

当谈判再次濒临破裂、商人决定回程时，杨修拍案而起，声色俱厉地说："你们想把货物运回东吴、西蜀，就不怕落个资助敌邦的罪名？要是让曹丞相得知，你们的命是要还是不要？"

杨修的话，让客商顿时心惊胆寒，如凉水浇头。为了保命，只得答应，乖乖地将所有货物都廉价卖给了杨修。曹操闻知此事又惊又喜，对杨修这种讲求实干、

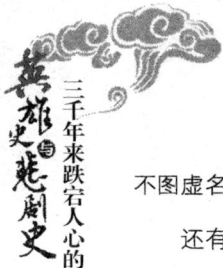

不图虚名的作风感佩不已,更对他的过人才智无比钦佩。

还有一次,曹操造了一所后花园。落成时,曹操前去观看,在园中转了一圈,却没有表现出特别的兴奋。临走时,他什么话也没有说,只在园门上写了一个"活"字。工匠们不了解其意,就去请教杨修。杨修对工匠们说,门内添活字,乃阔字也,丞相嫌你们把园门造得太宽大了。工匠们恍然大悟,于是重新建造园门。完工后再请曹操验收。曹操大喜,问道:"谁领会了我的意思?"左右回答:"多亏杨主簿赐教!"虽然曹操心中有一定的不快,但他还是无比佩服杨修的聪慧。

从这些事情上,我们都能看到杨修的确才智过人、料事如神,如果能合理利用,那么他一定会在政界大展拳脚。的确,当时也有很多人认为,他的能力不在郭嘉之下,迟早会一飞冲天。但是,也许正是因为总能让曹操佩服得五体投地,杨修逐渐有些恃才傲物,甚至有时还会嘲讽曹操,这让他走上了一条不归路。

悲情史

为什么杨修最后被曹操斩杀?《三国演义》作者罗贯中作出了回答:"杨修为人恃才放旷,数犯曹操之忌。"

曹操"忌"的是什么呢?曹操"忌"的是杨修不给他面子。关于面子,杨修多次不给他的主子曹操面子,让曹操忌恨他,这是做奴才的一大忌讳。奴才是帮主人咬人的"狗",怎么能反过来咬主人,不给主人面子呢?

下面的这几件小事,同样表现出了杨修的机智。但也正是这份"小聪明",让他激怒了曹操。

有一年,塞北有人给曹操送了一盒精美的酥。曹操尝了一口,突然灵机一动,想考考周围文臣武将的才智,就在酥盒上竖写了"一合酥"3个字,让使臣送给文武大臣。

大臣们面对这盒酥,百思不得其解,就向杨修求教。杨修看到盒子上的字,竟拿取餐具给大家分吃了。大家问他:"我们怎么敢吃魏王的东西?"杨修说:"是魏王让我们一人一口酥嘛!"在场的文臣武将都为杨修的聪敏而拍案叫绝。

后来,曹操也询问他为什么这么做。杨修从容不迫地说:"盒上明明写着'一人一口酥',怎么敢违抗丞相的命令呢?"曹操听完,虽然大笑,但心里却产生了一丝反感。在他看来,杨修过于卖弄自己的才智,自己的面子上已经有些挂不住。

曹操这个人本来就生性多疑,所以,他总是担心有人会谋害自己,于是吩咐左右说:"我梦中好杀人,凡我睡着的时候,你们切勿近前!"有一天,曹操在帐中睡觉,故意落被于地,一近侍慌取被为他覆盖。曹操即刻跳起来拔剑把他杀了,复上床睡。睡了半天起来的时候,假装做梦,吃惊地问:"何人杀我近侍?"大家都以实情相告。曹操痛哭,命厚葬近侍。

其他将士听闻此事,都以为曹操真的是梦中杀人。但是,杨修却识破了他的意图,临葬时指着近侍尸体而叹惜说:"丞相非在梦中,君乃在梦中耳!"此言一出,曹操对他的反感更加加深。他不愿意看到身边有一个人总能把自己揭穿,让自己在将士面前毫无面子。

终于,在出兵汉中的事情上,曹操无法忍耐杨修一而再、再而三地不给自己留面子,下狠心将其斩杀。当时,曹操被刘备困于斜谷界口,欲要进兵,又被马超拒守,欲收兵回朝,又恐被蜀兵耻笑,心中犹豫不决,正碰上厨师进鸡汤。曹操见碗中有鸡肋,因而有感于怀。正沉吟间,夏侯惇入帐,禀请夜间口号。曹操随口答道:"鸡肋!鸡肋!"

夏侯惇回营,不解曹操的用意,于是就对其他将领说起此事。杨修听罢,教随行军士收拾行装,准备归程。夏侯惇听闻大惊,遂请杨修至帐中问道:"公为何收拾行装?"杨修说:"从今夜的号令来看,便可以知道魏王不久便要退兵回国。鸡肋,吃起来没有肉,丢了又可惜。现在,进兵不能胜利,退兵恐被人耻笑,在这里没有益处,不如早日回去,过些天魏王必然班师还朝。所以先行收拾行装,免得临到走时慌乱。"夏侯惇说:"您真是明白魏王的心事啊!"说完,也收拾行装。于是,军寨中的诸位将领没有不准备回去的事物的。

这件事传到了曹操的耳朵里，他急忙召见杨修，问其中的缘由。当听完杨修解释"鸡肋"后，立刻勃然大怒，"你怎么敢造谣生事，扰乱军心！"喝令刀斧手将杨修推出去斩了，将他的头颅挂于辕门之外。就这样，杨修结束了自己44年的人生旅途。

很多人认为，杨修就是因为太聪明、太有能力，又喜欢炫耀，才会被曹操所忌，借口将他杀害。这当然有部分的道理，但曹操其实是个"爱才"之人，连对刘备这种潜在的敌人，他都能煮酒共话："论天下英雄，惟使君与操耳。"

而对关羽的勇猛和忠义，他也是欣赏与敬佩有加；杨修让曹操真正嫉恨的地方其实是他的文采和慧黠。曹操对自己的文采颇为自负，也很喜欢玩文字游戏，卖弄聪明，但杨修却偏偏喜欢在这方面和他竞赛，而且一再将他比下去，这才是让曹操真正忍无可忍之处。

如果杨修知道这个道理，能够收敛一点，将锋芒适当藏匿，那么他一定不会落个"刀下鬼"的悲情结局。

当然，在斩杀了杨修后，曹操也有一定的后悔。斩杀杨修第二天，曹操率兵从斜谷地界的路口出来，有一支军队在前面，为首的大将是魏延。曹操对魏延招降，魏延大骂曹操。曹操命令庞德出战。魏延和庞德正打得激烈的时候，曹操营寨内突然有大火出现。

有士兵来报说是马超偷袭了中寨和后寨。曹操拔剑在手上说："各位将士有后退的斩首！"众多将军奋力向前冲杀，魏延假装战败逃走。曹操于是指挥军队回头攻打马超，曹操自己骑马站在高处，看着两军对战。忽然又一支军队冲到曹操的面前，大喊："魏延在这里！"说完拿起弓箭，射中了曹操。曹操从马上翻身落下。后经庞德奋力拼杀，曹操这才逃出包围。

带着伤，曹操逃回了营寨，发现自己被魏延射中人中，掉了两颗门牙。这时候，他又想起了杨修的话，心中不由非常后悔，急忙把杨修的尸身收回厚葬。

然而，覆水难收，纵使曹操如何忏悔，杨修也再不可能睁开双眼了。

评说台

作为一位谋士幕僚，杨修可谓古代知识分子中的代表人物。若对其客观评价，他的才华学识是出众超群的，在揣摩、分析、判断、预见丞相曹操心理活动方面，也是相当准确迅速敏捷的，并具有一定的前瞻性。

但也正是因为这种先期预见的准确，才为此掉了脑袋，反误了卿卿性命。杨修能怪的只有自己，他糊涂一时，只看曹操爱才，而不揣摩主公之性，太过由着自己的性子。"生于智而死于智，不得志而卖弄"，这句诗，正是对杨修一生的真实写照。

除了机智过人之外，杨修在文学方面的成就，也在当时备受瞩目。他一生著作颇丰，结集成册的两文稿已失，今仅存作品数篇，其中有《答临淄侯笺》、《节游赋》、《神女赋》、《孔雀赋》等。诗词书画样样精通，让他透出了一派超越凡俗的道家风骨。

正是因为杨修身上的悲情，后世对他的评价也多以同情为主。《后汉书·杨震列传》说："杨氏载德，仍世柱国。震畏四知，秉去三惑。赐亦无讳，彪诚匪忒。修虽才子，渝我淳则。"《三国志·陈思王植传》注引《世语》："以名公子有才能，为太祖所器。"祢衡也说："大儿孔文举，小儿杨德祖。余子碌碌，莫足数也。"

能够在乱世三国时期留下自己的一段历史，从这一点来看，杨修无疑是成功的。因此，在《三国演义》中，罗贯中才会用这样一首诗来赞美他："聪明杨德祖，世代继簪缨。笔下龙蛇走，胸中绵帛成。开谈惊四座，捷对冠群英。身死因才误，非关欲退兵。"

第四卷
风萧萧兮易水寒，壮士一去兮不复还

——侠客篇

中国是崇尚英雄的国度，国人对那些侠肝义胆、除暴安良的侠士更是推崇备至，因为那些英雄人物不但有赴汤蹈火、在所不辞的豪情，也有百折不挠、视死如归的壮举，往往让人感慨不已。

为了人间正义，他们总是用血肉之躯冲锋陷阵，为了国家，甚至为了报答某一个人的恩情，就能置生死于不顾。无论他们的最终结局成功与否，人们依然愿意把最热烈的掌声奉送给他们，因为他们更接近普通百姓的喜好，更能代表普通百姓的一腔热血。

专 诸

——士为知己者死的侠客

人物志

专诸(? ——公元前 515 年),春秋时期吴国人,以勇义闻名。

伍子胥见专诸体格雄伟、相貌奇特,知为勇士,遂与结交。伍子胥逃亡吴国后,将专诸荐于吴公子光(吴王阖闾)。

周敬王五年(公元前 515 年),专诸将短剑藏入鱼腹中,乘进菜之机,出剑刺死吴王僚。专诸也当场被卫士格杀。公子光即位后,为念专诸功劳,封其子为上卿。

风云榜

专诸是刺客,更是一位集孝顺、忠义、英武、智慧为一身的大英雄。

专诸是屠户出身,长得目深口大,虎背熊腰,英武有力,是个整天打架滋事、惹是生非的人,而且天不怕地不怕,不过他却是个非常孝顺的人,有一次,专诸与一大汉撕打,众人久劝不止,其母一唤,他便收手而回。

恰巧这个时候,伍子胥从一旁路过,看到专诸的英武和孝顺极为敬佩,便把专诸推荐给公子光以图大业。而当他接受公子光所托时,唯一的困难是:"诸有老母在堂,未敢以身相许。"由此可见,专诸绝非一般的粗鲁莽汉,而是一个有情有义的真汉子。也正是因为这个原因，伍子胥和公子光都对他格外器重。

说起专诸，就不得不提及伍子胥和公子光这两个人。伍子胥为楚国大将，因父亲伍奢、兄长伍尚皆被楚平王枉杀，背负着血海深仇逃亡到吴国。到吴国后，伍子胥谒见吴王僚，企图用伐楚之利来游说吴王出兵。

然而，他的这一要求却被吴国拒绝了。吴国公子光说："伍子胥父兄皆被楚所杀，吴伐楚，这是为报私仇，非为吴国利益计。"吴王遂打消了攻楚的想法。

吴王的拒绝，让伍子胥一时有些难堪。不过后来他秘密得知，公子光打算杀掉吴王僚，于是心中暗自思量："公子光有在国内夺取王位的企图，现在还不能劝说他向国外出兵，应当先帮助公子光继承王位，当我有恩于他时，那么事情就好办了。"

原来，公子光一直想要继承王位，但事实上他却没有机会。公子光的父亲是吴王诸樊，诸樊有3个弟弟：大弟余祭，二弟夷昧，三弟季札。诸樊知道三弟季札贤，故不立太子，把王位依次传给3个弟弟，想最后把国家传到季札手里。

诸樊死后，传余祭。余祭死，传夷昧。夷昧死，当传给季札，季札不肯受国，隐匿不知去向，吴王便立夷昧之子僚为吴王。公子光说："假若以兄弟为次，则季札当立为王；若以儿子为序，则我光当是继承人，当立为王。"

所以，在公子光的心中，只有以勇士伺机抢夺，自己才能得到王位。而伍子胥将专诸推荐给他，无疑给他带来了一名英勇无畏的刺客。公子光得到专诸以后，即以上宾礼待之，对他的母亲也恭敬异常。

无功不受禄，面对突如其来的泼天富贵，专诸坦然接受、安之若素。为了报答伍子胥的知遇之恩和公子光的上宾之礼，他开始为刺杀吴王僚做准备。专诸说："凡事轻举无功，必图万全。欲刺吴王僚，必先投王之所好，乃能亲近其身。"于是，当他得知吴王僚好吃鱼时，便主动前往太湖，学习烤鱼技术。

不到3个月，他的手艺日渐高超，所有尝过的人都竖起了大拇指。当然他也明白，刺杀吴王僚，这要以自身最为宝贵的生命作为代价，但他骨子里的侠士义气告诉自己:要以死相报伍子胥、公子光的知遇和款待之恩!

假扮厨师,这是专诸为了成就大事而做的一种妥协,更是一种侠士的表现。正如章太炎所分析的:"天下乱也,义士则狙击人主,其他藉交报仇,为国民发愤,有为鸥枭于百姓者,则利剑刺之,可以得志。"

然而,当他的手艺学成、楚平王身亡,他的悲情之路也愈发清晰了。

以厨师的身份对自己乔装改扮,这体现出了专诸能屈能伸的侠义气质。

当然,他自己也明白,刺杀不是一件轻松的事,所以,他又开始闻鸡起舞,通宵达旦勤练那一刺的威力,等待暗杀的时机。

吴王僚九年,楚平王死。这年春天,吴王僚趁着楚国办丧事的时候,派他的两个弟弟公子盖余、属庸率领军队包围楚国的潜城,派延陵季子到晋国,用以观察各诸侯国的动静。楚国出动军队,断绝了吴将盖余、属庸的后路,吴国军队不能归。

其时的吴国,外被楚国围困,内无正直敢言的忠臣。

这时候,公子光觉得属于自己的机会来了。他对专诸说:"此时机不可失也,若不去怎能得到?且我光是王位的真正继承人,本当掌国,季子虽回来,也不会废掉我的。"

专诸说:"吴王僚可杀。现如今他母老子弱,且两弟帅兵伐楚,被楚断了后路。当下吴国外被楚困,而内无栋梁之臣,他们又奈我何?"公子光忙起身叩头说:"光的身,就是您的身啊!"

就这样,专诸的刺杀行动拉开了帷幕。这场刺杀行动,不仅是专诸的悲情,更是专诸母亲的悲情。

悲情史

专诸是个大孝子，虽然抱着必死的心态决定报答公子光，但是却牵挂自己的母亲一旦自己死后没有照顾。临行前，专诸回家探望母亲，不言而泣。母亲知道了儿子的心事，告诉专诸："我们全家受公子光恩养，大德当报，忠孝自古就难以两全，你能成此大事，名垂后世，我就是死了，也没有什么遗憾的。

"大丈夫立于天地之间，当作名垂青史之事，不要因为家庭小事而遗憾终生！"接着，她对儿子说自己口渴，要专诸去取清水来喝。当专诸取清水回来时，发现母亲已经吊死在后堂了。他的母亲以死断绝了儿子的犹豫之心，免除了专诸的后顾之忧。

将母亲安葬后，专诸擦去泪水，开始进行周密的计划。四月丙子日，公子光预先在地下室里埋伏甲士，又命伍子胥暗约死士百人，在外接应。接着，他自己去入见吴王僚，说："有庖人从太湖来，善炙鱼，味甚鲜美，请王尝鱼炙。"

吴王僚素爱吃烤鱼，因此欣然允诺。但他也知道，公子光对自己继承王位早就心怀不满，恐怕在宴会中有变，故作了严密的防范措施，他自己穿了3层铠甲，并且在宫中至公子光家的道路两旁及室内布满手持长戟短剑的侍卫，同时为防止献食品的人身藏武器，要求他们在门口脱光衣服检查后，才能改换服装膝行进入。面对如此严密的防守，公子光一时也觉得自己没了机会。防守如此严密，且看专诸如何动手。

可是箭已上弦，怎么能够收回？酒过数巡，公子光托言足疾发作，脚痛难忍，需用帛裹紧，退席躲入地屋令专诸进献烤鱼。他让专诸把匕首（即"鱼肠剑"，是铸剑大师欧冶子亲手所铸五大名剑中的两把小型宝剑之一。）放到烤鱼的肚子里，然后把鱼进献上去。没过多时，专诸手托菜盘，赤膊跪地，用膝盖前行进献鱼炙。

或许是公子光的突然退席让吴王僚顿起疑心，或许是武士们一贯的高度警惕，在专诸进献烤鱼的时候，专诸的身后，吴王僚的武士举着利刀架在他的肩膀上。然而，专诸却没有表现出丝毫紧张，还泰然自若行至吴王僚座前。专诸的烤鱼手艺早已出神入化，所以，吴王僚被鱼的鲜香醺得昏昏然忘乎所以，哪里能想到顷刻之间会有杀身之祸。

在吴王僚趴下身子准备接近专诸的瞬间，专诸掰开鱼，迅疾拍出匕首猛刺他。当时吴王僚身着3层重甲保护胸膛，专诸一刺之下，鱼肠锋利的刀刃竟然穿过甲胄，力透脊背，顷刻间血溅三尺，吴王僚大叫一声，当场毙命。

顿时，吴王僚的手下大为混乱，他们一拥而上，刀戟齐下，将专诸砍为肉酱。可怜满身侠义的专诸，一声没吭就这样离开了人世！公子光知事成，即令伏兵齐出，将吴王僚卫士尽数扑灭。

吴王僚的死去，给吴国带来了一段新的历史。公子光自立为国君，这就是历史上赫赫有名的吴王阖闾。阖闾既立，便封专诸之子专毅为上卿，并根据专诸希望葬在泰伯皇坟旁的遗愿，从优安葬专诸，至今鸿山东岭仍有"专诸墓"存在。而那把刺杀吴王僚的"鱼肠剑"则被函封，成了吴国国宝，永不再用。

🐲 **评说台**

专诸的侠义，让他位列中国古代四大刺客之一，被司马迁收入《刺客列传》之中。

司马迁是这么评价他的："自曹沫至荆轲五人，此其义或成或不成，然其立意较然，不欺其志，名垂后世，岂妄也哉！曹沫盟柯，返鲁侵地。专诸进炙，定吴篡位。彰弟哭市，报主涂厕。刎颈申冤，操袖行事。暴秦夺魄，懦夫增气。"这份褒奖，对于其他刺客是很少见到的。

战国时代魏国著名策士唐雎也曾说："夫专诸之刺王僚也，彗星袭月；聂政之刺韩傀也，白虹贯日；要离之刺庆忌也，仓鹰击于殿上。此三子者，皆布衣之士也，怀怒未发,休禳降于天。"对他表达出了无尽的崇敬之情。

后世的普通民众,更是把专诸看作是一个大英雄。甚至在苏州,也有一条以"专诸"命名的街巷,表达了当地人对这位侠客的尊敬。

专诸的行刺,给后世更多的野心家提供了成功的蓝本,也给那些庙堂之上的帝王发出了警醒。就连荆轲,也采用了"鱼肠刺杀"的方式,把匕首藏于书卷之中。然而能够成功行刺的,恐怕只有专诸一个人了吧!如果专诸能够生活在一个和平的年代,那么他的勇猛、他的隐忍、他的大孝、他的冷静,也许会让他成就一番更大的事业!

豫 让

——为报恩,不辞赴汤蹈火

人物志

豫让,生卒年不详,春秋战国间晋国人,为晋卿智瑶(智伯)家臣。

晋出公二十二年(公元前453年),赵、韩、魏共灭智氏。

豫让用漆涂身,吞炭使哑,暗伏桥下,谋刺赵襄子未遂,后为赵襄子所捕。临死时,求得赵襄子衣服,拔剑击斩其衣,以示为主复仇,然后伏剑自杀。

豫让,这个不声不响的"刺客"身上,有一颗赤胆忠心。

春秋末期,出现了一个非常值得关注的社会现象:刺客的涌现。这些刺客之所以能在当时留下自己的侠义之名,与当时的社会背景有着直接关系。

当时,晋国公室衰弱,晋侯已经成为傀儡。晋国四卿智、韩、魏、赵,合力瓜分范、中行二卿的封地,智氏势力迅速膨胀,智瑶的气焰也日益嚣张。

晋敬公五年(公元前447年),欲壑难填的智瑶起兵讨伐早年的合作者赵襄子,把赵氏困在晋阳孤城。他们掘开堤坝,把汾水灌进晋阳城,想要一举扫灭赵氏。然而,由于晋阳城历经董安于、尹铎的精心建造,苦心经营,又一直被赵简子视为重要根据地,屯积甚厚,城高池深,所以三家久攻不下。

这时,韩、魏二人见讨不着便宜,再加上又是慑于智氏的恐吓出兵,害怕赵氏被灭之后,自家也难逃厄运,于是起了二心,暗中与赵襄子合谋,要里应外合灭掉智瑶,瓜分他的领地。

就这样,战局发生了戏剧性的变化。在韩、赵、魏三家的内外夹击下,智瑶兵败,被赵襄子斩杀于晋阳城下。更令人惊骇的是,赵襄子竟然用智瑶的颅骨做了喝酒的饮器!

赵襄子的这种侮辱,激起了一个人的愤怒,那就是豫让。树倒猢狲散,食尽鸟投林。智瑶死后,他豢养的诸多家臣纷纷各奔前程,另投新主,唯有豫让一个人独自逃入山中。在空寂的山谷中,他仰天长叹道:"士为知己者死,女为悦己者容,我拼死也要为智伯报仇!"

豫让之所以如此,是因为智瑶对他有赏识之恩。豫让早年间,先投范昭子,当时范昭子坐在酒席正中,笙歌管弦,觥筹交错,以一种蔑视的眼神问他:"你有什么能力可以让我用你啊?"

豫让一言不发，右手抚胸，骤然翻起，五指朝天，手不离身。范昭子哈哈大笑，连叹高人高人。豫让成了范门食客。然而日久见人心，范昭子并不明晓其才志，只是觉得他的姿势可笑，之所以留下他来一是为了开心，二是不想坏了爱才的名声。豫让长叹一声，夜行而去。

离开了范家，豫让继而投奔中行文子府邸，结果还没待上一年时间，豫让发现中行与范家不过是一丘之貉，就再次离开了中行家。就在豫让以为自己的才能永远也碰不到可以赏识自己的人的时候，他遇到了智瑶。

当时智瑶的话令他感动万分："荀瑶欲结识天下豪杰，不意得先生惠顾，实乃平生之幸也！"从此，豫让拥有了一份新的人生。智瑶非常敬佩他，让他做了自己的家臣。所以，豫让曾在心里发下誓言：要用自己的能力，一辈子报答智瑶！

智瑶的死，让豫让从此有了一个明确的人生目标：复仇。他当然也知道，倘若复仇不成功，那么自己的性命也会白白丧去，但是为了报答智瑶的知遇之恩，他早已忘记了自己的生死！由此可见，豫让这样的"杀手"、"刺客"，远不是我们想象中的一介莽夫，以杀人为快乐。

在豫让的身上，体现的是一种侠士的精神，一种忠心耿耿的义气。然而，正是因为选择走上复仇的路，豫让的悲情史也逐渐拉开帷幕。

悲情史

因为豫让拥有那腔热血，所以把"复仇"当做了人生的唯一大事，早已忘记了自己的生死。

平心而论，即使智瑶真的有恩于自己，豫让选择另投他主也不是一件十恶不赦的事情。但是对于豫让这样的侠士，另投他主就是"大逆不道"，自己宁可去死，也不能走这样的一条路。

为了能够接近赵襄子，豫让改名换姓，乔装打扮，把自己扮作一个犯罪受刑的人，悄悄潜入赵襄子的宫中粉刷厕所，欲借机进行刺杀。这天，赵襄子入厕方便，发现一个刑徒劳役神色异常，目露凶光，形迹可疑，便派人捉来询问。

此人正是豫让。面对赵襄子的询问，他大义凛然地说："我乃智瑶家亡臣，今主公死，我特来报仇！"听完他的话，赵襄子的左右侍从立即要把豫让推出去杀掉。

不过，赵襄子念其忠信有义，摇摇头说："豫让真是个有义的人啊，今后我注意防备他就是了。况且，智伯全族被我灭掉，已经没有了后人，他的臣子要为他报仇，真是贤人义士之举。"

就这样，豫让被释放了。但是，"复仇"的火焰并没有从此熄灭。过了些时候，他又刮掉眉毛和胡须，来改变自己的面容；通过吞炭，让自己的嗓音变得沙哑，使别人辨不出自己的声音；将含毒素的漆涂抹在身上，使身体脓肿长癞疮，来改变自己的形体，然后沿街乞讨，连他的妻子从他身边走过都认不出他来。

有一天，他的一位好友从路边经过，意外认出了他，于是惊讶地问："你不是豫让吗？"豫让回答："是我。"其友见他的样子，痛心疾首地说："以你的才干和本领，如果到赵襄子门下做事，必然会得到他的宠信。先混到他身边，然后再找机会杀掉他，岂不非常容易吗？何苦要这样自残身体，损毁容貌，想一个这么难的方法呢？"

这个时候，豫让表现出了侠士的铮铮铁骨，他说："既然脱身投靠人家，做了人家的臣子，又要图谋人家的性命，岂不是怀着二心服侍君主？我若这样干，不正败坏了天下人臣之义，这和贼寇之行还有什么区别呢？我现在这种残身苦行的做法，自知极为艰苦，而且不易达到目的。然而我这样做，就是要使后世做臣子而对君主怀二心的人，看了我的榜样而感到羞耻惭愧。"说罢，便一个人离开了。

终于，再次刺杀的机会被豫让等来了。有一次，豫让得知赵襄子外出，于是匿伏在他必经的桥下，待机而动。当赵襄子行至桥上，突然，马惊嘶鸣，他对左右说："这必是豫让所为。"

赵襄子的手下听完，急忙下马开始寻找，果然在桥下将豫让抓出。赵襄子责问豫让："你当初不曾是范吉射、中行寅的家臣吗？为什么智瑶灭掉范吉射、中行寅之后，你非但不去报仇，反而做了智瑶的家臣。如今智瑶已死，你却要一心一意地为他报仇，这是为了什么？请你说明白。"

豫让冷笑了一声，说："我做范氏、中行氏的臣子时，他们都把我当一般臣子对待。所以，我也像一般人那样报答他们。至于智瑶，他视我为国中杰出的人物而厚待我，所以我也必须以杰出的行为来报答他，一定要为他报仇雪恨。"

豫让的舍生取义，打动了赵襄子。他叹息道："豫让呀！你为智瑶竭忠尽义，名已经成了；而我也宽宏大量赦免于你，也做到了仁至义尽。今日，我再也不能再放走你了。"说罢，命令军士包围了豫让。

豫让环顾四周，只见身披铠甲的卫士手持刀戈，寒光闪闪，杀气腾腾。他没有表现出丝毫紧张，而是缓缓说："事到如今，我甘当服罪。但是，贤明的君主能够成人之美，忠诚的臣子应当舍生取义，请求您借我衣袍一击，也算了却我的心愿。"

赵襄子被豫让的大义感动得流下了眼泪，于是解下身上的锦袍，使人拿到豫让的面前。豫让高高跃起，使足浑身气力，挥剑向锦袍劈去，"咔"的一声，锦袍裂成两块，他再一次跳起来，用剑劈向锦袍……

终于，赵襄子的锦袍成了碎片。这时，豫让如释重负，神色庄重道："我对得起智瑶了。"说罢，猛然将长剑深深刺入自己腹中。鲜血在桥上流淌，染得殷红一片。从此，此桥得名"豫让桥"。

赵襄子看豫让自刎，心里非常钦佩悲悯，就让手下把豫让给厚葬了。当手下把衣服拿起来给赵襄子看时，赵襄子发现锦袍上被剑砍的地方竟然有许多血迹，赵襄子一下子就惊住了。自此染病不起，不久便撒手人寰。

豫让是个很有才华的侠士，他本不应走上刺客的路。可就让他遇见了知己——智瑶，让他的人生出现了变化。

　　豫让大义凛然、以死报主的故事世世代代流传，成为比荆轲刺秦还要早若干年的"赵燕慷慨悲歌之士"的代表人物。万历十八年，邢台县知事朱诰修建了豫让祠，把豫让作为乡贤，四时祭祀，文人墨客经常吟诵豫让的故事。

　　清代诗人陈维崧曾写下一首《南乡子·邢州道上作》："秋色冷并刀，一派酸风卷怒涛。并马三河年少客，粗豪，皂栎林中醉射雕。残酒忆荆高，燕赵悲歌事未消。忆昨车声寒易水，今朝，慷慨还过豫让桥。"短短的几十个字，表达出了他对豫让的崇敬。就连他的刺杀对象赵襄子也曾说："彼义人也，吾谨避之耳。且智伯亡无后，而其臣欲为报仇，此天下之贤人也。"

　　"在昔有豫让，他是义侠儿。"这是我国当代史学界和文学界泰斗郭沫若先生对豫让的最中肯评价。不仅是这些名人志士，民间对豫让的纪念也有很多。今天在太原市赤桥村西侧，仍然残留着千百年来人们祭祀豫让的祠堂——豫让祠。

　　并且，仍有一首纪念豫让的古诗流传在当地:卧波虹影欲惊鸥，此地曾闻手椹愁。山雨往来时涨涸，岸花开落自春秋。智家鼎已三分裂，志士恩凭一剑酬。返照石栏如有字，二心臣子莫径由。

　　从史书上来看，豫让没有什么官职，不过是智瑶的门客，只是一个时代背景下的小人物。智伯死后，他完全可以同别人一样一走了之，可他偏不，为报智瑶之仇，不惜自残肢体，舍弃性命，实在是义薄云天，气壮山河，从这个角度看，他又是一个有情有义的大侠。

　　他的行为，不能用是非曲直来衡量，那是忠义、责任与情感的范畴。有了这样的胸襟、胆识，小人物也足以惊天地、泣鬼神。可惜，古往今来，这样的人太少了，难怪胡曾发出"年年桥上行人过，谁有当年国士心?"的感慨。

　　一个人会成为怎样的一个人，这在于他的个人选择。时常听人说"慷慨赴死易，从容就义难"，难就难在多了一种是生是死的选择。也正是在这样的选择中，说明世界上必然会有比生命更宝贵、更值得珍惜的东西。人之所以为人，人之所以比动物更高贵，也体现在这种选择中。也许，在今天看来，豫让所甘愿献出生命的信条已经有点不合时宜，但他不肯苟且于世、不避危难的这种精神，却应该看作是对人的主体性力量的张扬，是对所谓宿命的抗争。也因为这样，豫让虽然在"四大刺客"中最不为人知，但却是人格最高、最能体现现代人性的一位侠士。

侯 嬴
——宝刀不老的英雄

人物志

侯嬴(？~公元前 257 年)战国时魏国人。家贫。年老时始为大梁(今河南开封)监门小吏。信陵君慕名往访，亲自执辔御车，迎为上宾。

公元前 257 年，秦急攻赵，围邯郸(今河北邯郸)，赵请救于魏。魏王命将军晋鄙领兵 10 万救赵，中途停兵不进。他献计窃得兵符，夺权代将，救赵却秦，后自刭而死。

说起侠士，很多人都会想起少年意气，然而，侯赢，这个直到 70 岁时才崭露头角的老者，表现出了中国侠士的忠心。

侯赢的前半生可以说非常普通，只是大梁（今河南开封）夷门的守门小吏，直到 70 岁，他依旧干着这份工作。他虽然胸中充满韬略，但并不自我表露，始终以隐者自居，甘当看门小吏而无怨无悔。

当时，战国四大公子之一的信陵君正在充实自己的实力，因此广纳天下英豪。他为人仁爱宽厚、礼贤下士，士人无论有无才能或才能大小，他都谦恭有礼地同他们交往，从来不敢因为自己富贵而轻慢士人。

当他听自己的门客说侯赢有过人之才，品行正派，同街的人非常尊敬，于是驾车往拜，亲自带着贵重的礼品，去慰问这个 70 岁的老兵。

信陵君原以为，凭借着自己的影响力，加上彬彬有礼的态度，一定会让侯赢感动，并投奔自己。谁知，当他谦恭地把礼物奉给侯赢，侯赢却说："我几十年来修身养性，敕励品行，功名利禄已与我无缘，我可不会因为位卑家贫而接受君子这么贵重的礼物。"

侯赢这种安贫乐道、洁身自好的态度，不仅没有让信陵君感到没面子，反而让他产生了更大的兴趣。有一天，信陵君大摆酒宴，招待宾客。等客人们都坐好了，信陵君却不入席，而是带着车马随从，专程到夷门去请侯赢。为了表示对侯赢的尊重，他还把象征尊贵的左边的座位空下来，留给侯赢坐。

侯赢听闻信陵君邀请自己赴宴，于是也不推辞，听说信陵君请客，顾自收拾了一下他的破衣、破帽，毫不客气地坐在了信陵君空出来的左边的座位上。走到半路，侯赢急忙让信陵君停车，说："哎呀，市场里我有个朋友在那儿卖肉，就委屈你一下，随我一同去看看我的朋友吧！"

对于这个要求，信陵君并没有丝毫犹豫，亲自赶着车来到了市场。侯嬴的这个朋友名叫朱亥，是个卖肉的屠户。侯嬴也不管信陵君着急不着急，站在那里同朱亥唠得亲亲热热。随从信陵君一起来接侯嬴的随从们知道府上的宾客们早就等着信陵君接回侯嬴，又是信陵君亲自为侯嬴驾车，引得街上的男女老少都来围观，都在心里骂侯嬴看不准火候。但信陵君依然不恼不怒，十分谦恭地手执马缰在一旁等候。

聊了好长时间，侯嬴才回到车上。到了信陵君的府上，信陵君把侯嬴让到上座，并一一介绍给各位宾客。宾客们见等了半天等来的原是看门小吏，而且还坐了上座，个个都像被耍弄了一样，很不高兴，一时间信陵君也感到了一丝尴尬。

就在这个时候，侯嬴站了起来，对信陵君说："刚才我难为了你，其实是想看看你是不是像人们传说的那个样子。我不过是个抱门闩、看城门的人，本不配劳驾公子亲自驾车去接，而公子却去接了。所以我故意让你招摇过市，让人们围观，让人们进一步认识你这位礼贤下士的贵人。街市上的人都以为我是小人，而认为公子是个高尚的人，能礼贤下士啊！"

信陵君听完，立刻笑容满面，把他列为上宾。凭借着这一试探，信陵君的美名更加响亮了，自此，世人皆以信陵君"长者能下士"，天下贤者纷至沓来。

从这件事上，我们可以看出侯嬴的聪慧，初次登场就为信陵君赢得了美誉。此后，信陵君还问那位朱亥是怎样的人，侯嬴告诉他："朱亥是位贤人，有勇有谋，只是世人还不了解他，才隐于市井之间。"有了侯嬴的介绍，信陵君就很想把朱亥也引为门客，便几次登门拜访，但朱亥却故意不回拜。这使信陵君觉得朱亥这个人很古怪，但还是经常拜会他。

所有人都以为，从这之后，侯嬴的仕途会越来越顺利，最终成就一番大事。然而殊不知，侯嬴虽然已年迈，但骨子里的侠义气概依然沸腾。

也正是这份"义"，让他协助信陵君的同时，又走上了一条不归路。

悲情史

公元前 257 年,秦王派大军围攻赵国,赵国危在旦夕,派信使来魏国求援。魏国便派晋鄙率 10 万大军前去增援。

秦昭王得知这个消息后就派使臣告诫魏王说:"我就要攻下赵国了,这只是早晚的事,诸侯中有谁敢救赵国的,拿下赵国后,一定调兵先攻打它。"

见到秦王威胁自己,魏王很是害怕,于是急忙收兵,把军队留在邺城扎营驻守。名义上,他还打着"救赵国"的口号,但事实上,他是采取两面倒的策略来观望形势的发展。信陵君几次请魏王坚持出兵救赵,魏王就是按兵不动。

赵国的平原君与信陵君是好友,信陵君自然不愿看到被秦所灭,于是,他就自己筹集了车马,带着门客们去援赵。

信陵君带着车队走过东门时,去见侯嬴,把打算同秦军拼一死战的情况全都告诉了他。谁知道,侯嬴却如此说:"公子就努力前进吧,恕老奴不能跟你们去了!"

告别了侯嬴,信陵君闷闷不乐地走出了夷门。他边走边想:平时我对你侯嬴够可以的了,我此次赴死,你不随我去倒也罢了,怎么连句送别的话都没有呢?他越想心里越觉得别扭,于是便掉转马头,想回来质问侯嬴。

令信陵君感到意外的是,当他拐回去时,侯嬴已经在门前迎候了。见信陵君回来了,侯嬴便说:"我就料定公子会回来的。公子重名士,世人皆知。如今遇到危难之事,不充分发挥名士们的作用,却要同秦军拼命,这同拿肉往虎口里填有什么区别呢?"

信陵君听出侯嬴话里有话,于是躬身下拜,请教当今形势。侯嬴辞退了左右,悄悄对公子说:"我听说晋鄙用来调用军队的虎符就在魏王的寝室里,而魏王最宠爱的女人就是如姬,这个女人在寝室里面进进出出,必然有机会盗取虎符。

我又听说如姬的父亲被人所杀，3年都没有找到凶手，如姬向公子哭诉，公子派人斩了仇人的头颅恭敬地献给如姬，如姬为报答公子大恩，千方百计地寻找机会，可是一直没有如愿，如今公子有求于她，她必定帮助公子盗取虎符，粉身碎骨在所不惜。公子拿到虎符以后，代替晋鄙夺取兵权，向北援救赵国，向西击退秦军，此乃是春秋五霸一样的功业呀！"

信陵君听完，顿时恍然大悟，对侯嬴一拜再拜。接下来，他请求如姬帮忙，如姬果然盗出虎符，交给公子。

拿到了虎符，信陵君的底气更足了，决定立刻去营救赵国。这时候，侯嬴又找到了他，说："将帅在外作战时，有机断处置的权力，国君的命令有的可以不接受，以有利于国家。公子到那里即使两符相合，验明无误，可是晋鄙仍不交给公子兵权反而再请示魏王，那么事情就危险了。我的朋友屠夫朱亥可以跟您一起前往，这个人是个大力士。如果晋鄙听从，那再好不过了；如果他不听从，可以让朱亥击杀他。"

有了侯嬴的建议，信陵君再次拜访朱亥。朱亥笑着说："我只是个市场上击刀杀生的屠夫，可是公子竟多次登门问候我，我之所以不回拜答谢您，是因为我认为小礼小节没什么用处。如今公子有了急难，就是我为公子杀身效命的时候了。"

临行前，信陵君再次向侯嬴辞别，就与公子一起上路了。公子去向侯嬴辞行。侯嬴说："公子，我本应随您一起去，可是老了心有余而力不足，不能成行。请允许我计算您行程的日期，您到达晋鄙军部的那一天，我面向北刎颈而死，来表达我为公子送行的一片忠心！"这就叫士为知己者死，女为悦己者容，在那个时代，这样的事情并不鲜见。

信陵君到了晋鄙的大营，出示了虎符，晋鄙果然不肯交出军队。于是，朱亥便杀了晋鄙。信陵君指挥大军奔赴赵国，终于击退了秦军，保全了赵国，这便是历史上的"信陵君窃符救赵"。

而就在信陵君到达晋鄙大营的那一天，侯嬴果然实践了诺言，面向北方自杀了。可惜一代老英雄，以这种侠义的方式结束了自己的一生。

大诗人李白对侯嬴这种行为给予了高度评价，其《侠客行》诗曰："千秋二壮士，煊赫大梁城。纵死侠骨香，不惭世上英。"

评说台

侯嬴为何要选择自刎，这成了后世学者争论的焦点。有的人认为，战国时代士人交往的一条重要原则，就是"士为知己者死"，正因为信陵君"仁而下士"的高尚品德，正因为信陵君对侯嬴的礼遇之恩，所以才会有"为知己者死"的士人侯嬴。

滴水之恩当以涌泉相报，哪怕是肝脑涂地侯嬴也会在所不辞。所以，他选择了"北乡自刎"方式。朱亥也是这样，当信陵君初请时，他连复谢之礼都没回报，而当信陵君有急事请他时，他慷慨领命并说道："今公子有急，此乃臣效命之秋也。"关键时刻，他冒着生命危险椎杀晋鄙，报答公子的恩遇之情，这种义勇之举，都反映了战国时代"士为知己者死"的道德信念。

再说，侯嬴为信陵君窃符救赵出谋划策立下了汗马功劳，但就魏王而言，他出计谋盗兵符矫杀大将军晋鄙，这都采取的是欺骗手段，不正当的行为。欺骗魏王是不仁义的，犯有欺君之罪，从臣而言他又没行君臣之义，在道义与良心上都会受到谴责，这又是不忠的。作为一生修生洁行的他，为了保全自己的名誉，也会"北乡自刎"，这样对信陵君而言他尽了忠，同时又保住了自己的好名声。

侯嬴之死可以从很多角度去理解与评判，可以认为他的自刎是"士为知己者死"；也可以理解为他为报信陵君之恩，壮信陵君之行，激信陵君之心而自刎；又或者，作为隐侠，侯嬴懂得情与义的轻重。

信陵君对他有恩，他不能不报；可作为魏国的子民，他应该维护魏国国君的利益。在报恩与守义的两难选择中，他选择了先报恩后谢罪。于是，当窃符重任完成以后，他便毫不犹豫地以死谢君王、谢国家，完成了一个隐士侠客完美人格的塑造。

荆 轲

——孤单英雄身先死

人物志

荆轲(?~公元前227年),战国末期卫国人(今淇县)。

荆轲自幼刻苦好学,习文演武,智勇双全,卫人谓之庆卿。游历燕国,燕人叫他荆卿,亦称荆叔。燕太子丹闻荆轲贤勇,延为贵宾,尊为上卿。

公元前227年,太子丹遣其入亲,刺秦始皇报旧仇。荆轲携秦国逃亡将军樊於期的人头和夹有匕首的燕国督亢地图,作为献给秦王的礼物。借献图想刺杀秦王。图穷而匕见,刺秦王不中,遂遭体解以殉,葬于朝歌邑。

风云榜

荆轲,喜好读书击剑,为人慷慨侠义。他曾经游历天下,与四方名士豪杰交往。不过,他的脾气也不大好。有一次,他在榆次和盖聂论剑,话不投机,盖聂怒目而视,荆轲扬长而去。

接着,他又在邯郸和鲁句践下棋赌博,结果互相争吵起来,鲁句践怒斥他,他仍扬长而去。

从这些事情上我们可以看到,荆轲有一种与生俱来的"浪子"形象,很难规规矩矩地生活。后来,他又游历到燕国,和当地擅长击筑的狗屠夫高渐离结交,成为知己。

荆轲喜欢喝酒,每天和高渐离在街市中喝酒,酒酣之时,高渐离击筑,荆轲唱歌,唱着唱着就哭了起来,认为天下没有知己。燕国处士田光也认识荆轲,认为他不是平常人。

就在燕国的这段时期内,燕国的时局出现了一定的动荡。当时,适逢在秦国做人质的燕太子丹逃回燕国。他看到秦国将要吞并六国,如今秦军已逼近易水,唯恐灾祸来临,心里十分忧虑,和田光商议如何抵抗秦国。

在荆轲的人生中,田光对他有知遇之恩。太子丹对田光说:"燕秦势不两立,希望先生能尽量想个办法来解决这件事。"田光说:"我听说好马在年轻力壮的时候,一天可以飞奔千里。可到它衰老力竭的时候,连劣马也能跑在它的前面。

"太子现在听说的是我壮年的情况,却不知道如今我的精力已经衰竭了。虽然这么说,我不敢因此耽误国事。我向你推荐一个人,我的好朋友荆轲可以担当这个使命。"太子大喜,说:"希望能通过先生与荆轲结识,可以吗?"田光说:"好的。"

就在田光离去时,太子丹突然对他说:"说完起身就走了出去。我告诉您的和先生刚才说的,都是国家大事,希望先生不要泄露出去。"田光低头一笑,说:"好。"

接着,田光找到了荆轲。对他说:"我和您交情很深,燕国没有人不知道。我从来就没把您当外人,于是把您举荐给太子,希望您能到太子的住处走一趟。"荆轲说:"遵命。"田光又说:"我听说,忠厚老实之人的所作所为,不使人产生怀疑,如今太子却告诫我说,'我们所讲的,都是国家大事,希望先生不要泄露出去。'这是太子他怀疑我啊。

"为人做事让人怀疑,就不是有气节的侠客。希望您马上去拜见太子,说我已经死了,以此表明我没有把国家大事泄漏出去。"

田光说完这些话,当场自刎身亡。荆轲见到太子,告诉他田光已经死了,转达了田光的临终之言。太子丹大哭，为田光误解了自己的意思而伤心。

等到情绪平稳后，太子丹对荆轲说："如今秦国贪得无厌，野心十足，如果不把天下的土地全部占为己有，不使各诸侯全部成为自己的臣下，它是不会满足的。现在秦国已经俘虏韩王，占领了韩地，又发兵向南攻打楚国，向北进逼赵国。

王翦的大军已逼近漳水、邺城，而李信又出兵太原、云中。赵国哪里能抵抗秦国的攻势，一定会投降。赵国向秦称臣，大祸就落到燕国头上了，燕国国小力弱，多次遭受兵祸，现在就算征发全国力量也不可能抵挡住秦军。

诸侯都屈服于秦国，没有谁敢和燕国联合。我私下考虑能得到天下最勇敢的人出使秦国，用重利引诱秦王，秦王贪图这些厚礼，我们就一定能如愿以偿了。如果能劫持秦王，让他归还侵占的全部诸侯土地，就像当年曹沫劫持齐桓公那样，那就更好了；如果秦王不答应，那就杀死他。

秦国的大将在国外征战，而国内又大乱起来，那么君臣必定会相互猜疑。趁这个机会诸侯就可以联合起来，势必击破秦国。这是我最高的愿望。但不知道把这个使命托付给谁，希望先生您给想个办法。"

荆轲沉思了片刻，说："这是国家大事，我才能低下，恐怕不能胜任。"太子上前叩头，坚决请求荆轲不要推辞，这才让荆轲答应了下来。

听到荆轲应允，太子丹非常高兴，尊他为上卿，让他住在上等的馆舍，供给他丰盛的宴席，备办奇珍异宝，不断地进献车马和美女，尽量满足荆轲的欲望，以便让他称心如意。然而过了很久，荆轲并没有去行刺的意思。这时候，秦将王翦攻破邯郸，俘赵王迁，并入赵国土地，而带兵向北到燕国南界。

太子丹很担心，就对荆轲说："秦兵早晚要渡过易水，虽然想长久地让您享受，但没有时间了。"荆轲说："太子的意思我知道了。但一定要有信物，否则秦王不会相信。从秦国逃来的樊於期将军，秦王悬赏金千斤邑万家来要他的首级。如果用樊将军的首级和燕国督亢的地图献给秦王，秦王一定会接见我，这时我就可以报答您了。"

太子丹很欣赏樊於期,因此自然没有同意这个要求。见太子丹犹豫,荆轲竟然自己找到了樊於期。他对樊於期说:"秦王对您可以说太狠毒了,父母和同家族的人都被杀害了。现在又听说秦王悬赏千两黄金和万户封邑来求您的头颅,您打算怎么办呢?"

荆轲的话,让樊於期不由泪流满面。他说:"我每次想到这些,就恨入骨髓,考虑再三,只是不知道如何才能报仇罢了。"荆轲说:"我现在有一个建议,不但可以解除燕国的祸患,而且可以为您报仇,您看怎么样?"樊於期走上前说:"您究竟想怎么办?但说无妨。"

荆轲说:"希望能得到将军的首级,进献秦王,秦王必定很高兴,就会接见我。到那时,我左手抓住他的衣袖,右手用匕首刺进他的胸膛。这样,您的大仇可报,燕国遭受的耻辱也可以洗刷了。将军可有这番心意呢?"

眼见自己有机会报仇,樊於期没有犹豫,咬了咬牙,拔出宝剑抹脖自杀。太子听说这事,急忙赶来,伏尸痛哭。可是他明白,人死不能复生,所以只好用匣子把樊於期的头盛了,依荆轲之计行事。他又让工匠用毒药水淬染匕首,尽量保证万无一失。

一切准备妥当后,太子丹派荆轲为正,以13岁的勇士秦舞阳为副,出发去秦国。所有人都知道,这次行动几乎无生还的可能,于是太子丹和宾客都穿上了送葬的白衣到了易水河边,高渐离击起了筑乐,荆轲和着曲调唱起歌来,歌声凄厉悲怆,人们听了都流下眼泪,暗暗地抽泣。

荆轲又踱上前唱道:"风萧萧兮易水寒,壮士一去兮不复还!"说完,他上车而去。就这样,荆轲踏上了行刺之路,更踏上了悲情之路。

悲情史

荆轲和秦舞阳到达秦国后,立即带着价值千金的玉帛等礼物,去见秦王的宠臣中庶子蒙嘉。

收了贿赂，蒙嘉自然替他们在秦王的面前说起了好话："燕王确实畏惧大王的威势，不敢发兵和大王对抗，情愿让国人做秦国的臣民，和各方诸侯同列，像秦国郡县一样进奉贡品，只求能够奉守先王的宗庙。

燕王非常害怕，不敢亲自来向大王陈述，特地斩了樊於期，并献上燕国督亢的地图，都封装在匣子里，燕王又亲自在朝廷送行，派来使者向大王禀告。请大王指示。"

秦王听了这番话，心里自然非常高兴，于是换上朝服，设置九宾之礼，在咸阳宫接见燕国使者。

朝见的仪式开始了。荆轲捧着封藏樊於期头颅的匣子，秦舞阳捧着装地图的匣子，按顺序走上。走到宫殿前的台阶下，秦舞阳突然脸色陡变，浑身发抖。毕竟，一个只有十几岁的孩子，面对这样的场面，不可能不紧张。

这时候，荆轲灵机一动，回过头朝秦舞阳笑了笑，走上前去向秦王谢罪说："大王请息怒，他是北方荒野之地的粗人，没有见过世面，今日得见天子，所以害怕，希望大王稍加宽容，让他能在大王面前完成使命。"

秦王毕竟有点怀疑，对荆轲说："叫秦舞阳把地图给你，你一个人上来吧。"于是，荆轲从秦舞阳手里接过地图，捧着木匣上去，献给秦王。秦王打开木匣，果然是樊於期的头颅。秦王又叫荆轲拿地图来。

荆轲把一卷地图慢慢打开，到地图全都打开时，荆轲预先卷在地图里的一把匕首就**露**出来了。

见到匕首，秦王当即吓得跳了起来，荆轲连忙抓起匕首，左手拉住秦王的袖子，右手把匕首向秦王的胸口直扎过去。秦王使劲地向后一转身，把袖子挣断了。他跳过旁边的屏风，刚要往外跑。荆轲拿着匕首追了上来，秦王一见跑不了，就绕着朝堂上的大铜柱子跑。而荆轲，自然是紧紧地逼着。

这样的场景，让在场的所有秦国官员都愣住了。他们想帮忙，但手无寸铁；旁边虽然有许多官员，台阶下的武士，按秦国的规矩，没有秦王的命令是不准上殿的,大家都急得六神无主,也没有人召台下的武士。

就在这千钧一发之际,御医夏无且急中生智,用手中药袋对准荆轲扔了过去。荆轲用手一扬,那只药袋就飞到一边去了。趁这个机会,大臣们才对秦王大喊:"大王把剑背起来!"秦王这才把剑背起,拔出剑来砍荆轲,一下子砍断了他的左腿。

这一剑,让荆轲站立不住,摔倒在地上。不过,他依旧没有放弃刺杀的机会。他拿匕首直向秦王扔过去。秦王往右边一闪,那把匕首就从他耳边飞过去,打在铜柱子上,"嘣"的一声,直迸火星。秦王见荆轲手里没有武器,又上前向荆轲砍了几剑。荆轲身上受了8处剑伤,自己知道已经失败,苦笑着说:"事情之所以没有成功,无非是想活捉你,得到归还侵占土地的凭证去回报太子。"

荆轲话音刚落,武士已经一起赶上殿来,结果了荆轲的性命。台阶下的那个秦舞阳,也早就被武士们杀了。

这次刺杀,让秦王大为震动,对燕国更加仇恨,于是增派军队赶往赵国旧地,命令王翦的部队去攻打燕国,十月攻陷燕都蓟城。

燕王喜、太子丹等率领精锐部队退守辽东。秦将李信追击燕王,燕王一时手足无措,只好采用代王赵嘉的主意,杀了太子丹,打算将首级献给秦王。但秦军仍旧继续进攻,5年之后终于灭掉了燕国,俘虏了燕王喜,秦国统一天下。

可惜荆轲一身侠义,却因为行刺失败,导致自己的国家反而更加迅速地灭亡。

评说台

虽然荆轲刺秦以失败告终,并且自己也命丧黄泉,但自始至终,他一直是作为反抗强暴的英雄形象出现的。司马迁在《史记·刺客列传》结尾就说:"其立意较然,不欺其志,名垂后世,岂妄也哉。"左思的《咏荆轲》称颂他"虽无壮士节,与世亦殊伦","贱者虽自贱,重之若千钧。"

　　荆轲虽不懂得以一人之力难以挽狂澜于既倒的道理，也不懂得秦帝国的统一是历史发展的必然趋势，但他不畏强暴、不怕牺牲，在国家多事之秋挺身而出、不避艰险的精神和气概还是值得称道的。

　　当年唐雎当廷怒斥秦王时曾经说："夫专诸之刺王僚也，彗星袭月；聂政之刺韩傀也，白虹贯日；要离之刺庆忌也，仓鹰击于殿上。此三子者，皆布衣之士也，怀怒未发，休祲降于天，与臣而将四矣。"而与专诸、聂政、豫让相比，他们的行刺纯属"士为知己者死"，而荆轲则基本上不是为一己之私，而是为"国家大事"，因此，他自然名列"四大刺客"之首，是人民心中的大英雄。

　　当然，反对者也有自己的理论依据。历史学家张传玺说："这个话题多年来一直被当做英雄话题，但实际上达不到这样的高度。当时六国普遍政治黑暗，六国的君王不是无所作为就是亡国之君，所以我们今天评价那一段历史，认为秦始皇的统一战争是一场正义战争。他结束了割据分裂的深重灾难，他的统一为后来中国的大统一奠定了基础，秦始皇是一个建立了巨大功勋的历史人物。所以荆轲刺秦是不顾大局的行为。不必否定荆轲，但也不必夸大他的精神。"某著名摄影家也同意这种看法，说："历史的进程是个人无法阻挡的。即使荆轲杀死了嬴政，还会有下一个秦王来继续统一的事业，所以他这种行刺的举动是没有太大意义的。当然，他的精神还是可贵的。"还有的人则认为，逼樊於期自杀，这表现出了荆轲的凶残，绝非什么侠义之气。

　　尽管各派对荆轲的评论依然在继续，但有一点得到了所有的共识：荆轲刺秦体现了一种阻挡秦国继续攻打其他小国战争脚步的愿望。无论是退兵之计也好，或仅仅是缓兵之计也罢，这应当是荆轲为解燕国之困，更是为所有诸侯国所做的最后一次努力。

　　史为今鉴，至少我们今人可以从中感受到几千年来普通民众对强权的仇视。也许，"悲情英雄"，这正是对荆轲最准确的评价！

聂 政

——侠肝义胆的忠孝侠士

人物志

聂政(?~公元前 397 年),战国时韩国轵人,以任侠著称,为战国四大刺客之一。

聂政年轻时侠义,因除害杀人偕母及姊避祸齐地,以屠为业。韩大夫严仲子因与韩相侠累廷争结仇,潜逃濮阳,闻政侠名,献巨金为其母庆寿,与聂政结为好友,求其为己报仇。聂政守孝 3 年后,独自一人仗剑入韩都阳翟,以白虹贯日之势,刺杀侠累于阶上。因怕连累与自己面貌相似的姐姐聂荣,遂持剑自破其面,挖眼、剖腹。

后世传有《聂政刺韩王曲》(即《广陵散》),被琴家广为弹奏,以示对聂政的敬仰。

风云榜

聂政以视死如归的气魄和撼动山河的壮举,在历史上留下了自己的侠义之名。

聂政是战国时魏国轵县人,因为误杀了人,只好带母亲和姐姐(叫做聂荣,一名奇女子)逃到齐国去避难,做屠夫维持生活。

　　当时，齐国的邻国韩国有一名大官叫做严遂，很有治国之才，非常受韩王信任，因为在本国与丞相侠累不和，又因为害怕其庞大势力，被迫逃到齐国。他四处游历，寻访能替他向侠累报仇的人。到了齐国，齐国有人对他说："聂政是个勇敢之士，虽然他只是一介屠夫，但身怀绝技，而且为人行侠仗义，好打抱不平，是一位真正的侠士！"

　　听闻此，严遂亲自到聂政家拜访聂政，并且带了酒食，请聂政和他的母亲饮酒，两人意气相投，相见恨晚，严遂喝醉后才回家。聂政是个混迹于下层的小人物，身为大人物的严遂能够跑到聂政的狗肉摊子上与聂政打招呼，甚至还会帮助聂政招呼客人，这让聂政感到了一丝温暖，使聂政的左邻右舍羡慕，更让聂政一家摆脱了抬不起头、让人背后指指点点的境况。

　　就这样，聂政渐渐被严遂感动了，他感觉得到，严遂的确欣赏自己。同时，严遂也对自己的母亲也表现出了尊重，作为孝子的聂政在心里已经将严遂看作是自己的兄弟，渐渐地两人成了无话不谈的朋友。由于有了严遂这样的朋友，聂政也不像以前那样沉默寡言，恢复了以前在魏国时常常击剑高歌的作风。而严遂身为达官贵族，自然也热衷此道，两人的关系进一步亲密。

　　没过多久，聂政母亲的生日到了。这天，严遂大摆酒席，不但举杯拜寿，喝到畅快兴浓时，还拿出黄金百两为聂政母亲寿礼。聂政面对厚礼感到奇怪，坚决谢绝。严遂却执意要送，聂政辞谢说："我幸有老母健在，家里虽贫穷，客居在此，以杀猪宰狗为业，早晚之间买些甘甜松脆的东西奉养老母，老母的供养还算齐备，可不敢接受仲子的赏赐。"

　　这个时候，严遂觉得时机到了，他避开别人，趁机对聂政说："我有仇人，我周游好多诸侯国，都没找到为我报仇的人；但来到齐国，私下听说您很重义气，所以献上百金，将作为你母亲大人一点粗粮的费用，也能够跟您交个朋友，哪里敢有别的索求和指望！"

　　聂政听罢，思索了片刻，依旧坚持不受，对严遂说："我也不瞒您说，我身怀壮志,不幸杀人犯罪,才逃到此处当了屠夫,为的是孝敬老母。老母在堂,不愿离开家到远方去,您一定会谅解我的苦衷。"

严遂依旧没有放弃,执意赠送,聂政却始终不肯接受。最后,严遂也不再勉强。接着,两人痛饮一场,俱喝个大醉。

又是几年过去了,聂政的母亲去世。身为孝子的聂政,将母亲埋葬并守孝3年。丧期满后,聂政又想起了严遂对自己的厚待,因此决心报答严遂。他对自己说:"我不过是平民百姓,拿着刀杀猪宰狗,而严遂是诸侯的卿相,却不远千里,委屈身份和我结交。我待人家的情谊太浅薄、太微不足道,没有什么大的功劳可以和他对我的恩情相抵,而严遂献上百金为老母祝寿,我虽然没有接受,可是通过这件事说明他特别了解我。贤德的人因感愤于一点小的仇恨,把我这个处于偏僻的穷困屠夫视为亲信,我怎么能一味地默不作声,就此完事了呢?况且以前来邀请我,我只是因为老母在世,才没有答应。而今老母享尽天年,我该要为了解我的人出力了。"

聂政的这种心态,已经表明了他准备冒着身死的居心,报答严遂的知遇之恩。于是,他辞别了姐姐,向西到濮阳找严遂。严遂没想到聂政会到他家来拜访,非常高兴,立刻请聂政到上厅,设宴款待。

宴席上,聂政直接开门见山道:"以前所以没答应您的邀请,仅仅是因为老母在世,如今不幸老母已享尽天年。您要报复的仇人是谁?请让我办这件事吧!"

严遂听闻,心中不由大喜。他将把自己的故事原原本本地告诉聂政,然后说:"我的仇人正是韩国相国侠累,侠累又是韩国国君的叔父,宗族旺盛,人丁众多,居住的地方士兵防卫严密,我要派人刺杀他,始终也没有得手。如今承蒙您不嫌弃我,应允下来,请增加车骑壮士作为您的助手。"

严遂的这个建议,被聂政直接否定了。他说:"韩国与卫国,距离不太远,如今刺杀人家的相国,相国又是国君的亲属,在这种情势下不能去很多人,人多了难免发生意外,发生意外就会走漏消息。走漏消息,那就等于整个韩国的人与您为仇,这难道不是太危险了吗?"于是,他谢绝车骑人众,只身辞别严遂,踏上了刺杀之路。

为报知遇之恩,聂政选择了一条不归路,这在春秋战国时期是众多侠士的选择,更是他们一生的辉煌时刻。但是,走上这条路,就意味着死亡离自己越来越近,聂政亦是如此。他的辉煌,体现在刺杀侠累之上;他的悲情,同样也体现在刺杀侠累之上。

悲情史

带着宝剑,聂政开始了自己的行刺之行。他到韩国都城,这时韩国相国侠累恰巧坐在堂上,持刀荷戟的护卫很多。

聂政为避开禁卫搜查,藏利刃于琴内,神态自若步入宫内。韩府的守卫不认识聂政,见他器宇不凡,一表人才,还以为是侠累的客人,没有防备。

聂政看着眼前的这个人,见无人阻拦自己,于是平静了片刻,然后抽出短剑,猛地一扑,侠累大喊一声,当场被刺死,侍从人员大乱。

侠累的侍卫一见主人被刺,这才过来和聂政交手。聂政剑术高超,连杀几十名侍卫,但终寡不敌众。他知道自己逃不出去,于是决定自杀,以报严遂知遇之恩。同时,他想到自己的姐姐,生怕她以后遭遇不测,于是先将自己脸戳了几下,再将眼睛挖了出来,然后自刺心脏,死在当场,无人再能辨别他的身份。

韩国把聂政的尸体陈列在街市上,出赏金查问凶手是谁家的人,可是没有谁知道。于是韩国悬赏征求,有人能说出杀死相国侠累的人,赏给千金。过了很久,仍没有人知道。

然而,聂政的悲情还没有结束,当他的姐姐聂荣得知了此事后,同样也表现出了侠士之情,与他一同共赴黄泉。

聂政的姐姐聂荣听说有人刺杀了韩国的相国,却不知道凶手到底是谁,就抽泣着说:"也许那个人就是我的弟弟!"于是,她马上动身,前往韩国的都城。

聂荣来到街市,看到死者果然是聂政,就趴在尸体上痛哭,极为哀伤,说:"这就是所谓轵深井里的聂政啊。"

看到有人过来,街上的行人们都说:"这个人残酷地杀害我国相国,君王悬赏千金询查他的姓名,夫人没听说吗?怎么敢来认尸啊?"

聂荣回答他们说:"我听说了。告诉你们,此人就是我的弟弟聂政!聂政之前之所以承受羞辱不惜混在屠猪贩肉的人中间,是因为老母健在,我还没有出嫁;老母享尽天年去世后,我已嫁人,严遂从穷困低贱的处境中把我弟弟挑选出来结交他,恩情深厚,我弟弟还能怎么办呢?他不但是一个孝子,也是一个英雄。英雄本来应该替知己的人牺牲性命,如今因为我还活在世上的缘故,重重地自行毁坏面容躯体,使人不能辨认,以免牵连别人,我怎么能害怕杀身之祸,永远埋没弟弟的名声呢!我因此前来认尸,让普天之下的人们都知道聂政的大名,使他死而无憾!"

聂荣说完这番话,又抱着弟弟的尸首放声痛哭,让这整个街市上的人都大为震惊。接着,聂荣高喊三声"天哪",拿出衣服里面藏好的匕首,自刎在弟弟聂政的身旁。

评说台

古人说,没有恒产却有恒心,这就是士。这句话的意思就是说,虽然没有地位财富,像聂政这样,但是对自己的心却能有高的原则要求,不放松要求。这样的人,就是士。因此,在聂政的身上,不仅表现出了侠气,更表现出了难能可贵的"士气"。侠士一词,应当是对聂荣一生最准确的评价。

更重要的是,在侠与士背后,聂政更彰显出了"孝义"的光辉。在聂政的身上,包含着中国传统的孝与义的观念。当严遂找到聂政的时候,聂政说:"臣有老母,家贫,客游以为狗屠,可旦夕得甘脆以养亲。亲供养备,义不敢当仲子之赐。"面对着严遂的知遇,及百金的赠礼,聂政说:"臣所以降志辱身,居市井者,徒幸而养老母。老母在，政身未敢以许人也。"严遂固让，聂政竟不肯受。可见在聂政心中，孝义比侠更重要。

当然，不可否认的是，聂政的悲情结局，是由当时的社会背景决定的。春秋战国时期，义气的侠义信条，是吞噬聂政的一张无形大网。实际上，他不过是政治斗争的工具和牺牲品。真所谓侠在江湖，却因江湖你争我夺，身不由己，悲惨而坎坷地度过一生。因此，聂政的一生是可敬的，但又是可悲的。

除了史学界，聂政在民间也有着优异的口碑。在聂政的家乡——济源市轵城镇泗涧村，父老乡亲为其修建了衣冠冢，以示纪念。至宋代，又在冢前建起聂政祠，历经几代修葺，保留至今。聂政的另一纪念地在河南禹州市，名曰聂政台。40年代郭沫若以聂政的事迹写了一篇著名的历史剧《棠棣之花》，他以诗人的激情，赋予了聂政、聂荣姐弟新的内涵，再现了两千多年前残酷的那一幕。

另外，东汉时蔡邕所作的名曲《广陵散》也是歌颂聂政的壮举的。聂政的侠义，是与忠孝结合的，又能明大是大非的，所以，他势必会在历史的长河中留下自己的足迹，更被后人所敬重。

第五卷

财富英雄，千金散尽亡命天涯

——商贾篇

　　尽管人们欣赏挥金如土的仗义疏财之举，但却对商人并没有足够的认识，因为在他们的骨子里，早就灌输了"无商不奸"的偏激认识，"重农抑商"的封建思维早已根深蒂固。其实，有好多商人，不但促进了社会的繁荣与进步，而且还从事了大量的公益事业，甚至还把毕生积累的财富重新还给社会。

　　可是，他们往往得不到社会应有的保护和评价，甚至成为官僚不断敲诈的对象，使得古代的商业运作一直在屈辱中蹒跚前行。因而，当这些商业巨子实在无法支撑下去的时候，只有以破财免灾的方法求得自保。可是，当他们将万贯财富散尽的时候，有时还搭上了生命……

沈万三

——因炫富而闯祸的传奇富翁

人物志

沈万三(公元 1330 年~公元 1398 年),元末明初人,字仲荣,俗称万三,为当时的大富豪。

元朝中叶,沈万三的父亲沈祐由吴兴(今浙江省湖州)南浔沈家漾迁徒至周东垞,后又迁至银子浜。

沈万三在民间的传说有很多,例如"沈万三聚宝盆"。传说,沈万三获得了一只聚宝盆,不管将什么东西放在盆内,都能变成珍宝。

风云榜

在中国历史上,沈万三是最著名的富翁,他"资巨万万,田产遍于天下"。

有人问,他的财富多到什么程度呢?如果明朝有"福布斯排行榜",沈氏家族一定能雄居财富榜首位数十年。

沈万三本名沈富,字仲荣。沈万三年少时,全家都在苏州周庄镇生活。起初,沈家在周庄耕种的是一片低洼地,只出产芦苇和茅草。但他们勤于耕作,使之成了产量颇高的熟地,随即"好广辟田宅,富累金玉",以致"资巨万万,田产遍于天下"。

苏州周庄原本是一个小村庄,沈万三在周庄安家后硬是把小村子建设成了一个闻名遐迩的集镇。后来,明朝人将花钱买的官都叫做"沈万三官";现在某些地方还有家长教育子女,"我家又没有沈万三,所以要勤俭持家"之类的说法。由此可见沈万三的影响力有多大。

那个时候,沈万三已经扛起了家族的重要责任,在经营土地的事情上已经表现出了过人的能力。而当时的苏州富室陆德源富甲江左,很欣赏沈万三的聪明才智和经商信用,觉得自己已经老了,也看破了红尘。

手里的巨额财产假如不传给别人,一旦时局动荡,反而会酿成祸害。于是全部赠送给沈万三,自己去澄湖边的开云馆当了道士,直到寿终。沈万三得到了陆德源的这笔巨资,如虎添翼。

有了陆德源的这笔资助,这让沈万三在商界可以更加自由地大展拳脚。元朝时,中国海运发达,外贸畅通,来中国进行贸易的外国人不少。他看准了这个机会,一方面继续开辟田宅,另一方面把"东走沪渎,南通浙境"、水路交通发达的周庄,作为商品贸易和流通的基地,把内地的丝绸、瓷器、粮食和手工艺品等运往海外,又将海外的珠宝、象牙、犀角、香料和药材运到中国,开始了"竞以求富为务"的对外贸易活动。由于沈万三实力雄厚,几乎垄断了当时的海外贸易,因此没过多久,他就成为了江南第一富豪。

沈万三究竟多有钱?让我们看看他的生活吧。发迹后的沈万三,常常在自己豪华的家里宴请达官贵人,除了山珍海味和醇酒美人外,还拥有三班女乐。杯觥交错之余,女乐们尽情表演音乐歌舞以欢娱嘉宾。她们既是歌伎,也是乐师,演奏的大都是沈万三与他的朋友们最爱听的昆曲音乐。观看的人们济济一堂。仅为华屋担任守卫、打更巡逻的更夫等就多达六十几人,每晚还供应点心酒肴,一个晚上要吃掉 10 瓮酒和 30 盘红烧蹄膀。如此排场,是当时的皇帝都很难做到的。

在民间,沈万三的致富起家显得更有"传奇色彩"。民间传说,沈万三贫时,见一农夫携蛙百余,他便好心买来放生。哪知第二天,看见众蛙聚在一瓦盆不散。沈

于是将瓦盆带回家，用来洗手。

一次，他妻子洗手时不慎将一支银钗掉在盆中，不料银钗一变二、二变四，不一会儿已是满满一盆，不可胜计，沈万三由是富甲天下。传说南京中华门（古称聚宝门）的名称也源出于此。

当然，"聚宝盆"的传说自然不是真实的。但从这个故事我们可以感受得到：沈万三的确富可敌国，否则老百姓怎么会编造出如此一则故事？也许在所有人的心里，都以为沈万三能拥有那么多的财富，自己奋斗绝无可能，那么就一定是通过某种神奇的手段得来的！

其实，沈万三能够迅速积累自己的财富，主要还是因为当时的经济环境造成的。元代，江南农业经济发展有两个明显突出的迹象：一是农田水利发展，带来水田种植发达，稻田面积日益扩大；二是土地高度集中，租佃关系逐渐蔓延。

沈万三这个家族，正是借着元末这种土地关系的变化，将一部分失去业主和佃户的土地占归己有，"粪治有方，潴泄有法"，改良土壤，兴修水利，并进一步兼并土地而发家致富。

有了土地，这给了沈万三立足之势。由于当时北方所需的粮食都需从南方引进，而苏州和杭嘉湖地区历来是闻名全国的"粮仓"，因此，拥有田产数千顷的沈万三，自然有大量的稻米作为商品出售。通过贩卖粮食，沈万三又一次积累了大量资本。

真正让沈万三富可敌国的原因，则是因为"通番"。当时，张士诚的政权所在地正在苏州，因此沈万三通过关系，和他成为了朋友。而张士诚自然也对沈万三大加关照，为他的海外贸易提供便利。所以，沈万三能够将中国的纺织品、瓷器等输往亚非各国，而回船进口大量的珍宝、香料和药材，一去一回从中赚取巨额差价。就在此背景下，沈万三自然就有了"暴富"的机会。

然而，令沈万三没想到的是，正是因为自己的财富越来越多，他的人生轨迹却呈现悲情的趋势。尤其是当他遇到明朝开国皇帝朱元璋时，这份悲情更达到了顶峰。

悲情史

中国素有"重农抑商"的习惯，即使在对外贸易十分发达的元明时期，这一点依旧没有改变。

朱元璋定鼎南京之初，国库空虚，但要筑东南诸城。这时候，朱元璋想到了沈万三，想要得到他的帮助。沈万三听完，自然不敢反驳，并且他也想巴结一下这个新皇帝。

于是，沈万三答应负责修筑聚宝门至水西门一段，还有廊房、街道、桥梁、水关和署邸等相关工程。他不仅延请一流的营造匠师，还整天在工地上督促进度，检查质量。尽管一些"检校"常去工地制造事端，捞取油水，沈万三却依然比皇家修筑的城墙提前 3 天完成。

城墙顺利完工，让朱元璋很满意，封了他两个儿子做官。谁知到这个时候，沈万三"拍马屁拍到了马蹄子上"，竟提出代替皇帝犒赏三军的请求。朱元璋听到此，感到自己被驳了面子，就想要刁难他一番。朱元璋说："朕有军百万，你能把所有军队都犒劳个遍吗？"沈万三听完，竟如此说道："虽然我的钱不多，但是这点钱还是付得起。我愿每军犒金一两！"

朱元璋一听，立刻勃然大怒。朱元璋素来胸襟狭小，听到沈万三敢向自己炫富，加上犒劳军队说不定就是为了培养亲信以求谋反，因此立刻决定将他斩杀。后来经过他人的劝说，朱元璋这才作罢，将其充军发配至云南。

他的女婿，也被流放潮州。这次打击不仅使沈家失去了沈万三这个当家人，而且富气也减去了大半，可谓人财两空。不仅如此，沈万三当时被捕时，周庄镇上株连甚多，有"尽诛周庄居者"之说。幸亏镇人徐民望不避斧钺，告御状至京城，才救下周庄全镇老小。

到了洪武十二年，沈万三又受到了第二次打击。"兄至以户役故。缧绁赴秋官时伯熙亦获庆京师，适与兄同系狱"。这次沈万三子沈旺的两个儿子沈至、沈庄（伯熙）又为田赋坐了牢，伯熙当年就死在牢中，后移葬于周庄杏村。这样，从根本上动摇了沈家的基业。

朱元璋之所以一次又一次地对沈氏家族下手，一方面是因为他知道沈万三的财富丰厚，倘若此人将来造反，那么规模一定不会小，严重影响朱家的大明统治；再有，朱元璋也很羡慕沈万三的那些财富，把他绊倒，这些不就都是自己的吗？

到了公元1398年，即洪武三十一年，朱元璋终于对沈万三下了狠心。当时，沈万三的女婿顾学文做了一个苏州府周庄的粮长。他财大气粗，终日跟凉国府里的凉国公蓝玉称兄道弟。走东窜西的顾学文，就那样待在南京，算来也有好长一段时间。当沈家众人发现，顾学文在南京攀到一个名震四方的凉国公，全家上下顿时欢欣鼓舞，总觉得沈家的巨额财富终于找到了一个政治靠山。

然而，沈万三不知道的是，蓝玉的亲家靖宁候正是"胡惟庸谋反案"的元凶，朝廷日夜撒网捕捉胡案同犯。对蓝玉昔日吩咐顾学文到周庄招兵买马之事，又让顾学文在周庄大肆炫耀张扬过一番。如此严重的举措，自然成了沈家"串通谋逆"的铁证。

果真过不多久，"胡惟庸谋反党案"还未结束，又引出了一起更大的叛逆案来。这起谋逆大案，就是明朝惊心动魄的"蓝玉案"。蓝玉的造反，让朱元璋大开杀戒，凡是同凉国公蓝玉有文字来往的人，一律牵涉在内。就是过去给凉国府画上题过字的书法大师，朱元璋也一律当做同党逆贼处死不免。

自然，沈家与蓝田走得很近，因此也难逃劫难。朱元璋不由分说，将沈万三女婿顾学文一家及沈家6口80余人满门抄斩，财产全部没收。就是沈家姻亲也都株连牵涉，没有一人幸免。号称江南第一豪富的周庄沈万三，就这样结束了自己的一生。沈万三苦心经营的巨大家业，也被朱元璋全部收去。

然而，沈万三的悲情还没有结束。从洪武二十六年春到三十一年春，整整经过了5年，其间明政府对沈氏家族的刑追逼供依旧在继续，最后实在没有油水了，沈万三的曾孙沈德全等人也就被处以凌迟极刑。

即便在朱元璋死后，洪武朝为数极多的冤案还是长期处于禁忌之列，沈氏家族的真实故事就逐渐被淡忘。从此，沈万三成了一个传奇，民众很难再看到他的真实面目。

评说台

如果沈万三生活于现代，那么他一定是非常富有的人，在商界呼风唤雨。但是生活在那样的封建社会中，他的命运只能如此，即使当朝皇帝不是朱元璋，他也难逃满门抄斩的命运。

所以说，沈万三的悲剧结局，不仅是他一个人的悲哀，更折射出了中国历史上农民革命的不彻底性。朱元璋夺位以后建立了明王朝，这是历史上一个进步，但他回过头来滥杀忠臣，在历史上也是出了名的。

他对沈万三，始用终弃，害怕民富，特别嫉妒他拥有"聚宝盆"。一听说他是"财星下凡"、"左脚生金"、"右脚生银"，财势夺人，就更加不能容忍。朱元璋将沈万三定为欺君之罪，发配云南，还杀掉他的5个儿子，以灭其种。

老百姓对这种事情是非常愤慨的，但他们敢怒而不敢言，只有借助与传说，一代又一代地流传下来。他们给沈万三头上加上光环，想用这样的方式来还历史本来面目。

在中国史书记载的汗牛充栋的历史事件中，朱元璋与沈万三的较劲故事可是唯一的一次大政治家与大商人的角斗。至高无上的皇权，必然地取得了胜利。

聪明的人，会从沈万三这一历史人物身上得到许多启发，特别是在民间传说中，它曲折地反映出人们的理想愿望、心理状态、思想感情，有非常深刻的内涵。

这些民间传说虽然受时代的局限,反映的是小生产者的意识,如迷信宿命的思想等并不足取,但只要我们能理解当时生活在贫困状态中的劳动人民对发家致富的强烈向往,也就瑕不掩瑜了。

虽然沈万三的结局很悲惨,不过在后世学者中,对他的评价却颇高。余秋雨先生曾说:沈万三是"中国 14 世纪杰出的理财大师"。其实沈万三也该庆幸了,至少他还能同自己的偶像陶朱公一起,携手步入中国商业史的扉页,而为今人所仰拜。

并且,当年他亲手在全国编织的商业贸易网络还在,市场信息和特殊的人脉还在。他大力发展马帮贸易,在滇黔古道上留下了浓墨重彩的辉煌一笔。至今,平坝的天龙屯堡依旧是当地重要的驿站,这更加凸显出了沈万三当年过人的商业头脑。

伍秉鉴

——富不过三代的"国际巨贾"

人物志

伍秉鉴(公元 1769 年~公元 1843 年),又名伍敦元,祖籍福建。

其先祖于康熙初年定居广东,开始经商。到伍秉鉴的父亲伍国莹时,伍家开始参与对外贸易。

1801 年,伍秉鉴怡和洋行被认为是当时的中国首富,财产有 2600 万银元。

英国商人称赞他"善于理财,聪明过人",又说他"天生有懦弱的性格"。在鸦片战争后,曾独自承担《南京条约》中外债300万中的100万元,同年在广州病逝。

风云榜

2001年,美国《华尔街日报》统计了1000年来世界上最富有的50人,其中有6名中国人,他们分别是成吉思汗、忽必烈、刘瑾、和珅、伍秉鉴和宋子文。而相对其他5个人,也许伍秉鉴会让我们感到一丝陌生。

其实,伍秉鉴正是清朝首富,是唯一一个凭借商业贸易成为世界首富的中国人。在国际上,伍秉鉴的地位要远比我们所熟知的沈万三和胡雪岩高得多。

伍秉鉴的起家,依靠的是对外贸易,以及广州这个世界著名的港口。从17世纪开始,广州就成了中国最大的对外贸易城市。

其中,广州——南海——印度洋——波斯湾——非洲东海岸诸国航线,途经90多个国家和地区,被称为"海上丝绸之路"。每年来往广州的外国商船多达40多艘。

1686年,为了更好地管理本地商人和外商,广东政府招募了13家有实力的行商,指定他们与外商做生意,并代海关征税。

1757年,清政府实行闭关锁国政策,仅保留广州一地作为对外通商港口,十三行则是唯一合法的外贸渠道。外商运来的货物要由十三行转卖给其他人,中国出口的货物要由十三行出口。

这就形成了"东南西北中,一齐到广东"的局面。国外进口的毛织品、棉花、香料等,以及中国出口的茶叶、丝绸和土布,都要经过十三行之手。到19世纪初,往来的船只已达一二百艘,贸易量之大可想而知。当时,仅海关收入就达100万两白银之多,十三行在对外贸易中的垄断地位使他们迅速致富。

正是在这种环境下,伍秉鉴走上了自己的经商之路。1801年,他从父亲手中继承了十三行中的怡和洋行，开始了长达 40 余年的外贸代理生涯。

但是，行商的身份只是致富的机会而非发达的充分条件。十三行首次被官府指定的外贸代理洋行有 13 家，此后，因贸易形势的起伏而变动不定，最多时有 26 家，最少时只有 4 家，可见这个行当的风险之大。

当伍秉鉴刚刚走上十三行的舞台时，潘振承创办的同文行是当时的总商。因为伍秉鉴的父亲也是靠曾在潘家担任账房，所以伍氏家族就与很多国外公司有联系，在英国东印度公司多有来往并在其扶植之下，他才创办了怡和洋行。而当伍秉鉴接手后，怡和洋行后来居上，取代潘氏成为行商总商，更让伍家的资产达到十三行的顶峰。

为什么伍秉鉴能有这份能力，关键就在于业务过硬，同时非常注重信誉，"征服"了洋商。有记载说，他从存放在英商行号的百余万元期票中计算出的利息，与英商兑付时的数目不差分毫，这让当时的外商极为惊讶。这也是双方相互信任的重要基础。

外商们都把精明而大度的伍秉鉴看成最可靠的贸易对手，尽管伍家的怡和洋行收费较高，但仍乐意与他交易。

更重要的是，伍秉鉴很懂得拉拢外商。据说，当时一个美国波士顿商人与伍秉鉴合作经营了一项生意，但由于经营不善，欠了伍秉鉴 7.2 万银元的债务。然而他又一直没有能力偿还这笔欠款，故也无法回到美国。

伍秉鉴知道此事后，并没有为难这个商人，而是叫人把借据拿出来，对波士顿商人说："你是我的第一号'老友'，你是一个最诚实的人，只不过不走运。"说完，他就把借据撕个粉碎，并向对方表示他们之间的账目已经结清，对方可以随时离开广州回国。

伍秉鉴这个惊人的举动，让伍浩官的豪爽名声在美国脍炙人口达半个世纪之久。而在一些外商的日记、笔记中，伍秉鉴是个不苟言笑的人，熟悉他的外商都说他"一辈子只讲过一句笑话"。不懂得幽默不要紧，伍秉鉴在外国人眼中仍然充满人格魅力，"在诚实和博爱方面享有无可指责的盛名"，被看作是一位非常值得信赖的商业伙伴。

当时与广州贸易往来的重要客户之一便是大名鼎鼎的英国东印度公司，公司大班在每年结束广州的交易前往澳门暂住时，总是将库款交给伍秉鉴经营，公司有时资金周转不灵，还向伍家借贷。正是给外商留下了好印象，伍秉鉴的事业才能越做越大。

当伍秉鉴的事业越做越大后，他又开始驾驭笼络其他行商。1811 年，伍秉鉴担任英国公司羽纱销售代理人，他将利润按比例分给全体行商。后来老行商刘德章因为得罪英国公司失去了贸易份额，伍秉鉴又出面斡旋，使公司恢复了他的份额。

另一位行商黎光远因经营不力破产，按当时朝廷的规定，要被充军伊犁，伍家便筹款捐助他在流放地的生活。从 1811 年到 1819 年，伍秉鉴向濒临破产的行商放债达 200 余万银元，使多数资金薄弱的行商不得不依附于他。

伍秉鉴就是这样在洋行中恩威并施，影响力举足轻重。随着自己的影响力越来越大，他也成为了行商领袖，即十三行公行的总商。

伍秉鉴究竟多有钱？具体数字已无法得知，但 1834 年据伍家自己的估计，他们的财产已有 2600 万银元（相当于今天的 50 亿元人民币），建在当时珠江岸边的伍家豪宅，据说可与《红楼梦》中的大观园相媲美。豪宅中央的大厅，可摆筵席数十桌，能容纳上千个和尚诵经礼佛，后花园还有水路直通珠江。

因此，洋人也把他看作是世界首富，著名的《华尔街日报》称他是"世界上最大的商业资产，天下第一大富翁"。美国波士顿的一艘商船，更是以他的商名伍浩官命名为"浩官号"。

更难能可贵的是，在当时内忧外患的情况下，伍秉鉴还号召十三行为国家捐款。1840 年 6 月，英国远征军封锁珠江口，鸦片战争爆发。战争甫一开始，伍秉鉴和十三行的行商们等就积极募捐，出资修建堡垒、建造战船、制造大炮。

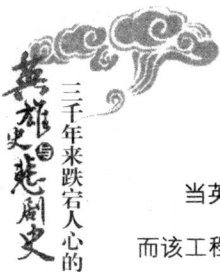

当英国军舰到达广东虎门外时，面对坚固的横档屿防御工程，竟无计可施。而该工程正是两年前伍家等行商自愿捐资 10 万两白银建设的。可以说，伍秉鉴的身上，既有商人的智慧，又有爱国的情操，因此把他称作"爱国商人"并不为过。

然而，正是因为这份"爱国"，让他成了清政府的国库，积蓄源源不断地外流。同时，因为他与外商关系密切，也被林则徐等人有所怀疑。也许活在 18 世纪的中国，正是伍秉鉴一生最大的悲剧。

悲情史

纵观中国历史上的大商人，都要受皇室和各级官员的盘剥，就像明朝的沈万三。伍秉鉴和十三行亦是如此。

在外人看来，十三行风光得很，而身在其中的商人则苦不堪言。十三行中最早的首领是潘家的同文行。同文行的老板潘正亨就说过"宁为一只狗，不为行商首"。十三行不仅要缴纳关税，给政府进贡国外的各种新奇珍宝，还要随时"主动拨款"或"捐输"。

每当国家发生灾难、战争，皇家和权贵们搞红白喜事，或者地方官员迎来送往、讨好上级，或搞形象工程，出钱的都是这些商人。据台湾学者陈国栋根据官方档案的统计，在 1773~1835 年间，十三行总共捐献了 508.5 万两银子。

所以在鸦片战争中，他们理所当然地继续为国家源源不断输血。作为商人的伍秉鉴对此也有所抱怨，在写给一位美国商人的信中，他说他们承受巨大负担，而这"对我这把可怜的老骨头来说实在是有些沉重"。

更让伍秉鉴感到为难的是，林则徐对自己的不信任。林则徐初到广州时，就把他认作是走私鸦片集团的同伙。伍秉鉴一直是做正经生意，但与伍秉鉴关系密切的洋人，如英商颠地、伍秉鉴的义子美商福布斯，都是鸦片大走私商。他们不愿放弃鸦片走私，拒绝与林则徐合作，不交出鸦片，也不具结放弃鸦片贸易。而林则徐的禁烟运动又很坚决，要伍秉鉴命令洋商缴烟具结。

一方面是多年合作的贸易伙伴、致富的财神，另一方面又是朝廷官府。双方无法合作，伍秉鉴又有什么办法呢？

为了化解这次危机，几天后，伍秉鉴的儿子伍绍荣将外商上缴的1037箱鸦片交给林则徐，希望能就此结案。但是，林则徐认定这1037箱鸦片是十三行行商与英商串通一气欺骗官府。

3月23日，林则徐派人锁拿伍绍荣等人到钦差大臣行辕审讯，伍家再次妥协，表示愿以家资报效。但是，林则徐下令将伍绍荣革去职衔，逮捕入狱。经过此番折腾，伍秉鉴颜面尽失，斯文扫地。

由于林则徐的强硬，鸦片战争就此爆发。伍秉鉴是个爱国人士，这时候自然又站了出来，带领商人捐款捐物。然而，清朝政府早已腐败无能，即使如此仍全线溃败。奇怪的是，英军并没有攻入广州城。

原来这个时候，清将军奕山统领的清军部队无力亦无心抵抗，于是想出了一条计策——令行商前往调停。由此可见当时的清政府已经无能到何种地步，这个时候居然拿商人当挡箭牌，做自己的遮羞布！

处于夹缝之中的十三行，既不能反驳朝廷的命令，广州城外，奉命行事的伍绍荣与英军首领义律展开了讨价还价——事实上，伍绍荣们并没有讨价还价的本钱。这有可能是伍家最无奈的一次生意。最终，双方签订《广州和约》，按协议，清军退出广州城外60里，并于一个星期内交出600万元赔款；英军则退至虎门炮台以外。

就这样，鸦片战争以这种方式结束了。以600万元巨额赔款，换来广州城的苟且之安，自然是悲哀。而这巨款，有1/3由十三行商人出资，其中伍秉鉴所出最多，计110万元。但反观清朝廷，自己几乎并未有任何行动，却换来了守城将军奕山的功勋。他在向清廷报告战况时隐瞒了乞降讲和的真相，只奏"外洋事务已经安定"，道光皇帝欣喜不已，称赞奕山办事得力。

令伍秉鉴和十三行众多商人痛苦的是，这次赎城之举，非但没有给自己带来荣誉和感激，反而带来了更多的非议。

因为从战争一开始，跟洋人做生意打交道的行商，就被国人蒙上了"汉奸"的阴影。不管他们捐献多少银两，也抹不去这个影子。而不战而降的赎城之举，当然不符合热血爱国者的意愿，这个耻辱，理所当然地被记在直接参与和谈的伍家和其他行商头上。

可以说，这不仅是伍秉鉴和十三行的悲哀，更是中华民族的悲哀。一群充满爱国情操的商人，得到的评论却是如此之低，这更加反映了清政府的腐败无能。

清政府战败后，随即与英国进入谈判阶段。在朝廷有关人员的举荐下，伍秉鉴之子伍绍荣因长期与英国人打交道富有经验，被召前往南京作为中方代表与英方谈判。伍绍荣接到命令后即刻北上。但就在他赶赴南京的途中，被吓破了胆的耆英代表清政府匆匆签下了极不平等的《南京条约》。

1842年，鸦片战争以中国战败结束。战败的恶果，还得由伍秉鉴和其他行商承担。《南京条约》第四至第七条规定，中国赔偿英国2100万银元，相当于1470万两白银，而此时清政府国库存银仅不到700万两，广东十三行首当其冲地成为清政府的榨取对象。这次赔款，伍家被勒缴100万元，行商公所认缴134万元，其他行商摊派66万元。

政治上，伍秉鉴被清政府当成了"玩具"，而原本固若金汤的商业领域，也遭到了近乎毁灭性的打击。正如伍秉鉴一开始所担心的那样，英国借机推翻了行商制度。《南京条约》规定，广州行商不得垄断贸易，开放五口对外通商，十三行的外贸特权不复存在。

鸦片战争结束后，受直接损害最大的并非是清政府，而是十三行。作为十三行之首的伍家，更遭受了巨大损失。据伍秉鉴自己估算，在战争中，伍家损失了不下200万两白银。但这笔数字，对于这位号称拥有2600万银元的世界首富来说，并不至于伤筋动骨。况且，深谋远虑的伍秉鉴早把生意拓展到了海外，行商生意已不是伍家唯一的生命线。

但是，面对这样的世风，面对一再压榨自己的清政府，伍秉鉴却是心灰意冷。1842 年 12 月 23 日，他写信给在马萨诸塞州的美国友人 J.P.Cushing 说："若不是年纪太大，经不起漂洋过海的折腾，我实在十分想移居美国。"由此可见，富可敌国的伍秉鉴不但对洋行的工作失望了，更对整个中国的社会制度失望了。

然而，清政府又怎会放他离开？有他在，清政府就等于有了一个"出气筒"。终于，在 1843 年 9 月，风烛残年的一代世界首富伍秉鉴，在内忧外患、谤颂不一中，于庞大宏伟的伍氏花园里溘然长逝，终年 74 岁。

评说台

伍秉鉴的成就毋庸多疑，他善于经商，使自己成了中国首富；他诚实守信，外国人也对其竖起大拇指；他爱国，无数次地捐助那个已经风雨摇摆的清王朝。

然而，伍秉鉴最终还是郁郁而亡了。他的悲情史，就是所有封建社会商人的悲剧。政府控制了所有资源，只有靠官员、商人才能成功。

政府给商人赚钱的机会，并不是为了国家经济振兴，仅仅是为了皇家和官员的私利，这就决定了伍秉鉴"成于官，也败于官"的结局。所以，尽管中国有过伍秉鉴这样的成功商人，但整个社会并没有摆脱落后和贫困。走出这个困境的唯一道路，是从传统的封建社会转向市场经济。

所以，后世在评价伍秉鉴时，都表现出了极大的同情。有人说：他的内心是寂寥的，他的内心是彷徨的，他的内心是忧患的。一个泱泱大国与世界通商的钥匙把持在自己手里的时候，他没有想过太多，他只是一个生意人。

晚清的政策、体制造就了伍秉鉴，即便没有伍秉鉴，仍然会有一个张秉鉴出现。一个世界首富的称谓，一个十三行领袖人物的头衔，已经让他承担了太多太多："国家南库"，40%的关税。是一个王朝将他送到了这场战争的最前沿，他竭尽所能来保全自己。他是爱国的，在自己的国家与英国人的对峙中旗帜鲜明。

然而，即使多有抱负，伍秉鉴始终只是一个商人，无力挽回一个封建体制下国家必然的衰败与灭亡。反之，正是伍秉鉴在最大程度上，通过海洋文明让世界了解了中国，是他让世界知道了一个东方古老国度的富庶与色彩斑斓。

所以说，他是那个时代的牺牲品，而正是他间接或多或少促进了一个国家的进程、中国近代史的生成。伍秉鉴所能抱怨的，也许只有"生错了时代"，让这个商界英雄在痛苦之中走完自己的一生，空留"一代世界首富"的名号在人间。

胡雪岩

——迅速衰退的红顶商人

人物志

胡雪岩（公元 1823 年~公元 1885 年），徽州绩溪人，先后经历清道光、咸丰、同治、光绪四朝，为著名徽商，开办胡庆余堂中药店。后入浙江巡抚幕，为清军筹运饷械。

1866 年，胡雪岩协助左宗棠创办福州船政局，在左宗棠调任陕甘总督后，主持上海采运局局务，为左大借外债，筹供军饷和订购军火，又依仗湘军权势，在各省设立阜康银号 20 余处，并经营中药、丝茶业务，操纵江浙商业，资产最高达两千万两以上。中法战争爆发后，由于资金周转困难，加上官僚压榨，胡雪岩最终破产，客死杭州。

风云榜

提起红顶商人，所有人都会想到一个名字——胡雪岩。其实，红顶商人是中国封建社会的普遍现象。那么，为什么胡雪岩能够从众多红顶商人中脱颖而出，被后人所铭记呢？

胡雪岩幼年时的家境不好，12 岁时，父亲就已撒手人寰。经亲友介绍，他到杭州一家钱庄当学徒。他机敏勤勉，深得老板的器重。

按当时钱庄的规矩，学徒必须在 5 年后，才能独立做一些业务，升任"跑街"（出门送账单、货物和一些文书），可胡雪岩 4 年后即当上了"跑街"。半年后，他又被"破格"提升为"出店"，可以出门接洽业务，并经手银钱，相当于现在的"业务主管"。

尽管那个时候胡雪岩还很年轻，但他已为自己定下了目标：成为人上人。有一天，他在街上结识了人生中第一个贵人——落魄文人王有龄。王有龄是官宦世家，但到他父亲时，家道中落。为替祖上"争气"，王家变卖了所有家当，为王有龄捐了个"盐大使"的虚衔。

与王有龄进行了一番接触后，胡雪岩觉得王有龄是个有知识、遇事有见地的人，言谈高雅、出口成章。胡雪岩觉得他是个人才，王有龄也佩服胡雪岩的机灵干练。不久，两人以兄弟相称。得知王有龄希望尽快进入政界，胡雪岩将一笔他讨回的"死账"500 两银子交给王有龄，对他说："知道你不是平庸之辈，祝你早日入仕，不愁没有归还之日。"

胡雪岩的大方，令王有龄大为感动，发誓要报答他。王有龄凭着这笔钱，"启动"了一个个"关节"，很快就被安排在浙江省海运局当"坐办"。

此官不大，但年收入较高。此后，他又听取胡雪岩的建议，将挣来的钱再投入到"打通关节"上，不久又被安排做"湖州知府"。而出于感激，王有龄也将工作中涉及到的所有钱粮之事，一律交给胡雪岩承办。胡雪岩也因此为钱庄老板挣了不少好处。

当然，胡雪岩自然不会满足于这种小打小闹。而王有龄因兵败自缢，更让他加速了接触达官贵人的行动。1862年，当王有龄自缢身亡后，经曾国藩保荐，左宗棠继任浙江巡抚一职。左宗棠的出现，掀开了胡雪岩腾飞的序幕。

当时，左宗棠的部队粮饷严重短缺，这让左宗棠很是苦恼。这件事被胡雪岩知道了，他认为自己的机会来了。他雪中送炭，在战争环境下，出色地完成了在3天之内筹齐10万石粮食的几乎不可能完成的任务，在左宗棠面前一展自己的才能，得到了左的赏识并被委以重任。

有了左宗棠这个靠山，胡雪岩在生意场上更加如鱼得水。在左宗棠任职期间，他设立粥厂、善堂、义塾，修复名寺古刹，收殓了数十万具暴骸；恢复了因战乱而一度终止的牛车，方便了百姓；向官绅大户"劝捐"，以解决战后财政危机等事务。

表面上看，这些工作都是为了左宗棠好，但事实上，胡雪岩也因此获得了不少利益，在商界的信誉度大大提高。这样，财源滚滚来也就不在话下。自清军攻取浙江后，大小将官将所掠之物不论大小，全数存在胡雪岩的钱庄中。胡以此为资本，从事贸易活动，在各市镇设立商号，利润颇丰，短短几年，家产已超过千万。

除了创办胡庆余堂以悬壶济世的义举之外，胡雪岩还为左宗棠的西征举借洋款，为左宗棠成功收复新疆，结束阿古柏在新疆10多年的野蛮统治立下了汗马功劳，又书写了他人生中精彩的一笔。

1866年，由于新疆地区出现叛乱，左宗棠调任陕甘总督，奉命出关西征。当时，清朝国库已很吃紧，因此西征军的经费成了一件大问题。不得已，左宗棠只好奏请借洋款救急。由于左宗棠很少与洋人打交道，所以，具体经办借洋款事务这一重任落在了胡雪岩肩上。

得到了左宗棠的指示后,胡雪岩开始积极行动了起来。首先,他通过在上海汇丰银行任帮办一职的朋友古应春的安排,打算向英国渣打银行借款。胡雪岩与该银行经理首次面谈便因在利息、借款期限等问题上无法达成一致,不欢而散。

后在胡雪岩的精心策划下,自称中国通的渣打银行驻中国地区总经理被收拾得服服帖帖,双方很快就利息、期限、偿还方式等细节达成一致。胡雪岩为西征筹得第一笔借款。此后,为助左宗棠西征,胡雪岩先后 6 次向洋人借款,累计金额为 1870 万两白银,而利息至少占总数的一半,可以说是非常惊人的高利贷。但从当时的情况来看,这一借款举动是值得的,为他赢得了左宗棠的格外器重。

当新疆叛乱结束后,左宗棠更是对胡雪岩青睐有加。他向朝廷请赏,认为胡雪岩的资助,对于平定新疆叛军起了不小的作用。请求朝廷"破格优奖,赏(胡雪岩)穿黄马褂,以示优异",朝廷竟然批准了左宗棠的这一请求。

清朝的"黄马褂",只有皇帝身边的侍卫人员,或建有特殊功勋的大臣才能穿。而在清朝,富商捐官有戴"红顶"的,但既戴红顶、又穿黄马褂的,只有胡雪岩一人。由此可见,胡雪岩在政界已经打响了自己的名气。

当然,胡雪岩是个商人,不会忘记打理生意场。同治十三年,他筹设胡庆余堂雪记国药号,光绪二年(公元 1876 年)于杭州涌金门外购地十余亩建成胶厂。胡庆余堂雪记国药号,以一个熟药局为基础,重金聘请浙江名医,收集古方,总结经验,选配出丸散膏丹及胶露油酒的验方 400 余个,精制成药,便于携带和服用。

凭借着"胡氏辟瘟丹"、"诸葛行军散"、"八宝红灵丹"等药品,他的名声越来越响,家资自然也是越来越丰厚。在 1880 年时,他的资本已达到 280 万两银子,与北京的百年老字号同仁堂南北辉映,有"北有同仁堂,南有庆余堂"之称。

这个时候的胡雪岩,已然成为了商界、官场最为瞩目的"明星",他自己也是喜不自禁。然而，正是因为身处于政界，很容易惹上是非，加上生意场上又要和洋人抗衡，这让他很难有精力照顾到全局。他没有看到，一场大劫难正在等着自己。

悲情史

当胡雪岩到了 50 多岁时，已集财富与权力于一身，可谓人生最辉煌时期，成为一名富可敌国的红顶商人。

然而，洋人的强势，让他在生意场上摔了个大跟头。多年来，洋人与胡雪岩的商场争斗从来也没有停止过。胡雪岩凭借官方"铁硬"的靠山，几乎收尽了江南上等生丝，洋人无处再买到一点货。这样，洋人不得不来找胡雪岩买丝，而达不到胡雪岩提出的价格，他是一段一节也不出手。总是一味被打压，洋人联合起来，一致不买胡雪岩的生丝。

时隔一年，眼看生丝变质，胡雪岩依旧不松口。这时，洋人又开始做别的丝行老板的工作，请求他们出售手中的生丝。有些丝行出于一己之利，开始"放水"，胡雪岩的陈丝遂成废品。事已如此，胡雪岩已无回天之力。次年夏，被迫贱卖，亏耗1000 万两，家资去半。

"屋漏偏逢连阴雨"，生意场上溃败，在政界他也举步维艰。当时清朝的两位重臣——左宗棠和李鸿章的明争暗斗却越来越激烈。李鸿章发现，左宗棠之所以能为朝廷立下那么多的功劳，都是因为胡雪岩在后面的支持，所以提出"倒左先倒胡"。

1883 年，中法战争爆发，这给了李鸿章打击他的机会。因为，他的生意对手，此时已经成了李鸿章的属下。于是，李鸿章通过电报掌握胡雪岩生丝买卖的情况，一边收购生丝，向胡雪岩的客户出售，一边联络各地商人和洋行买办，这就有了胡雪岩生意场落魄的那件事。

正当胡雪岩为生意场溃败大为恼火之际，胡雪岩历年为左宗棠行军打仗所筹集的 80 万两借款也到了还款期。虽然这笔款是清廷借的，但经手人却是胡雪岩,外国银行只管找胡雪岩要钱。

通常,这笔借款每年由各省协饷来补偿给胡雪岩,然而,由于李鸿章背后使计,盛宣怀在此却动了手脚,他找到上海道台邵友濂,直言李鸿章有意缓发这笔协饷。同时,李鸿章又把胡雪岩向外国银行贷款时,多加利息的事情抖了出来,慈禧太后得知后大怒。此后,盛宣怀又串通好外国银行向胡雪岩催款。

面对这样的情形,胡雪岩只好吃了哑巴亏,他从阜康银行各地钱庄调来80万两银子,先补上这个窟窿。他认为虽然缓发,但协饷不久后总归可以拿到。然而李鸿章和盛宣怀却给了胡雪岩致命一击,他们估计胡雪岩的阜康银行资金已经调空之时,就托人到钱庄提款挤兑。

由于盛宣怀在上海坐镇,所以上海地区的挤兑,声势非常浩大。胡雪岩再也坐不住了,这才想起左宗棠,赶快去发电报求救。然而,盛宣怀暗中叫人将电报扣下,左宗棠始终没能收到这份电报。

见到左宗棠毫无音讯,胡雪岩只好把自己的地契和房产押了出去,同时廉价卖掉积存的蚕丝,希望能够捱过挤兑风潮。但是,这次风潮竟是愈演愈烈,各地阜康钱庄早已经人山人海。胡雪岩这才如梦方醒,当他知道是盛宣怀和李鸿章有意算计时,明白自己这一回是彻底完了。

紧接着,左宗棠也病逝于福建,这让胡雪岩的处境更加艰难,各地钱庄纷纷破产。先前那些为其钱财嫁入胡家的美妾们,一改往日争先恐后巴结胡氏的嘴脸,温情顿失,纷纷要求携带自己的私房钱离开。

留在胡氏身边的,只有罗四太太。在罗四太太的陪伴下,靠着胡庆余堂的微薄收入,胡雪岩凄凉地度过了他的晚年,终于在公元1885年黯然离世,享年62岁。

表面上看,胡雪岩虽聪明一世,但是对于政治斗争,他却显得有些"门外汉"。他不谙官理、刚愎自用、不懂变通而成为左宗棠与李鸿章政治斗争的牺牲品,成为李鸿章"排左先排胡,倒左先倒胡"策略的牺牲者,实在令人为之扼腕叹惜。

评说台

胡雪岩虽为商人，但却与我们想象中的"奸商"大不相同。有学者评价胡雪岩，赢了这样的一个词——"性情中人"。

的确，胡雪岩在功成名就之后，并未忘记他的发迹之地——杭州，为杭州百姓做了许多义举。他开设钱塘江义渡，方便了"上八府"与"下三府"的联系，并设船为候渡乘客提供方便，因此博得了"胡大善人的美名"。

除了关心自己的家乡，他还极其热心于慈善事业，乐善好施，多次向直隶、陕西、河南、山西等涝旱地区捐款赈灾。到 1878 年，除了胡雪岩捐运给西征军的药材外，他向各地捐赠的赈灾款估计达 20 万两白银。更鲜为人知的是，在轰动朝野的杨乃武与小白菜一案中，他利用自己的声誉活动京官，赞助钱财，为此案最终昭雪立下了汗马功劳，并借此案使他的义声善名更加深入人心。

对于民族问题，胡雪岩同样也是决不退让。他曾经两赴日本，高价购回流失在日本的中国文物。从这一切举动中可以看出，胡雪岩具有行侠仗义的仁厚之心和拳拳爱国之心。

当然，任何人都有好坏两面，胡雪岩也不例外。他未能摆脱商人以利益为第一位的俗套，且在生活方面极尽奢靡，这就是为什么他落魄后，曾经的那些美妾纷纷离他而去。但人无完人，胡雪岩能够从一贫如洗的小伙计，最终成为显赫一时的红顶富豪，这本身就已证明了胡雪岩的能力不简单。

更重要的是，通过胡雪岩，我们更加清晰地了解到了那个时代，从中揭示出一个普通而又重要的道理：商人荣枯，系于国运。况且，胡雪岩在经营管理上主张"戒欺"、"顾客乃养命之源"、"真不二价"、"采办务真，修制务精"，这是值得当代经营者借鉴的一份经营文化遗产。对于如今这个物欲横流的社会，也许多一些胡雪岩这样的商人，中国会更加和谐，展现出更加昌盛的国力！

盛宣怀

——游走于政商两界的红人

人物志

盛宣怀(公元 1844 年~公元 1916 年),字杏荪,清末政治家、企业家和福利事业家。

1870 年,盛宣怀入李鸿章幕,深得器重,从一个军营文秘成长为掌握国家十几个垄断企业的实业界巨子。

在中国近代史上,盛宣怀是洋务运动中一个重要的人物,中国近代实业发展中众多的"第一"与盛宣怀的名字联系在一起。1916 年 4 月 27 日,盛宣怀于上海病逝。

风云榜

在中国近代工商业发展史上,有很多值得我们铭记的人物:唐廷枢、徐润、李鸿章、周学熙……这其中,清末游走于政商两界的红人盛宣怀占有极其重要的位置。

盛宣怀是上海交通大学、天津大学创办者,同时,中国近代的轮船、矿山、电报、铁路、纺织等产业的建立和发展,无一不是在他的直接控制或参与下完成的。而他的一生,自然也充满了各种起伏。

相比较其他实业家从小的艰苦，盛宣怀童年时幸福了许多。盛宣怀的祖父盛隆是举人出身，当过浙江海宁州知州；父亲盛康，进士出身，当过布政使。

不过虽然成长在书香门第，但祖父两人都比较注重社会实际问题的研究，对盛宣怀的"学历"教育抓得不是很紧，盛宣怀有时随父亲居住官邸，开阔眼界，增长见识；有时回到老家盛氏府第，攻读经书，接受传统教育。其间，他也并非心无旁骛，而是经常参与设义庄、增祭田、建义学、修宗谱等具体事务的规划。

一个不是特别爱读书的孩子，怎么可能在科举上有所建树？所以，盛宣怀在1866年考中秀才后，乡试3次不中。然而，盛宣怀落榜不落志，慨然以匡时济世自期，从此绝意科举，积极致力于"有用之学"，对天下之事，均"事事研求"。

要是换做其他人，这样的想法无异于痴人说梦。但是对于盛宣怀，这并非天方夜谭。毕竟，他的家里有一定背景，"找工作"并非难事。1870年经人推荐，盛宣怀来到湖广总督李鸿章幕府做了机要秘书。

一方面有贵人提携，另一方面盛宣怀也确有真才实学，所以随侍李鸿章期间，他"磨盾草檄，顷刻千言，同官皆联手推服。历练日深，声誉日起。"受到垂青的盛宣怀在亦官亦商的道路上，特别是洋务事业中如鱼得水，其匡时济世的抱负也得以施展。

1870年，盛宣怀开始协助李鸿章"防剿"回民起义。他十分勤勉，据说"盛夏炎暑，日驰骋数十百里"而不畏劳苦。当然，正是这份勤劳，他的才华也开始崭露头角，据说草拟文稿有"万言立就"的功夫。不久，天津教案发生，列强陈兵海上威胁清廷，李鸿章及其所部淮军从西北调往直隶拱卫海疆。

盛宣怀亦步亦趋，随李氏赴天津。熟知军务的他很快被李鸿章任命为会办陕甘后路粮台，又在淮军后路营务处工作，往来天津上海等地采办军需。李鸿章见他做事牢靠，因此非常欣赏他，不断地提拔他的职位。结果，盛宣怀从军才一年多，即保升知府，升道员，赏花翎二品顶戴。

这个时候的盛宣怀，已经在政坛上初显锋芒，很多人也都认为，他会成为李鸿章的左膀右臂，在官场上成就一番事业。李鸿章自然了解他的才能，于是给了他越来越多的权力，让他成为了洋务派的核心人物。

成为李鸿章集团的核心人物后，盛宣怀立刻开始了自己的政治与事业计划。1872年，他建议李鸿章用建造商船来提供建造兵舰的费用，被李采纳，李委任盛办理中国第一家轮船航运企业轮船招商局，这是盛办理轮船航运的开始。1873年，轮船招商局正式营业，盛宣怀担任会办，从此他开始正式成为清末洋务运动的核心人物之一。

从这一年开始，盛宣怀的实业运动发展得越来越快，而其中的很多项目，都是中国第一次开展的：

1875年，李鸿章委托盛宣怀办理湖北煤铁矿务，从此盛宣怀开始办理矿业；

1879年，盛建议李建立电报事业，李采纳之，又命盛督办，1881年盛宣怀被任命为津沪电报陆线的总办，从此进入电讯业；

1882年，为了阻止外国人在中国沿海建立电报网，李鸿章委任盛宣怀建立上海至广东、宁波、福州、厦门等地的电报线；

1892年起，盛宣怀又开始在上海督办纺织业；

1894年，盛宣怀开办华盛纺织总厂。随后，他又以官督商办及官商合办名义，控制大纯、裕春、裕晋诸多纱厂；

1895年10月2日，盛宣怀通过直隶总督王文韶，禀奏光绪皇帝设立新式学堂。光绪帝御笔钦准，成立天津北洋西学学堂。后更名为北洋大学，此为中国近代史上的第一所官办大学，也是天津大学的前身；1896年起盛宣怀开始督办铁路；

1896年，盛宣怀在上海创办南洋公学，这是上海交通大学的前身；1897年5月27日，盛宣怀在上海外滩开办了中国通商银行，先后与比利时、英国、美国签订铁路借款合同草约。1898年，盛开办萍乡煤矿，并在1908年将它与汉阳铁厂、大冶铁矿合并成立中国第一家钢铁煤联合企业——汉冶萍煤铁厂矿公司……

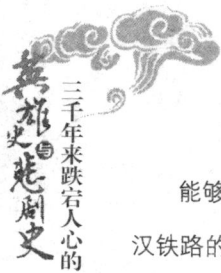

能够取得这么多的功绩,盛宣怀不愧为清朝洋务运动的核心人物。尤其是京汉铁路的修通,更是他的主要功绩之一。京汉铁路最早称之卢汉铁路,全长1311.4公里。甲午战争以后,清廷颁布上谕,要"力行实政",修铁路被置于实政的首位。

1895年12月,清廷政府谕令卢汉铁路商办。但张之洞在募集商股的过程中多方受阻,不得不把修筑卢汉铁路的任务交给盛宣怀。盛宣怀承办卢汉铁路的款源主要是借洋债。比利时一举夺得了卢汉铁路的贷款权,1898年6月,《卢汉铁路比利时借款详细合同》和《卢汉铁路行车合同》在上海签订,借比利时款112.5万法郎,息5厘,九扣,期限30年。卢汉铁路于1898年开始修筑,直到1906年全线正式通车,并改名为京汉铁路。2006年,正好这条铁路,也是中国铁路诞辰100年。

而中国的第一个电话局,也是由盛宣怀建立的。1899年11月,督办电政大臣盛宣怀上书奏请开办电话业务,区区一本488字的奏折,却涵盖了开办电话业务的意义、电信业务发展的趋势以及电信业务经营管理的方式等。之后经过4年多的努力,1904年1月,清政府终于在北京东单二条安装了100门磁石式电话交换机,开办第一个官办电话局。在100多年以前,就有人提出这样的设想,就足见盛宣怀的前瞻性无人可及。

除了在政界和实业领域一展拳脚,盛宣怀还表现出了难能可贵的慈善之心。在上海图书馆保存的近18万件《盛宣怀档案》中,有两万多件档案都与中国近代社会的慈善事业相关。光绪三年至四年(公元1877年~公元1878年),华北遭遇极其严重的旱灾,饿殍千万,史称"丁戊奇荒"。在直隶总督李鸿章的指派下,盛宣怀在献县主持赈灾,并提出"劝捐"。

所谓"劝捐",就是在民间开展募捐义赈。此后,依托上海工商界的财力,通过绅商集资和社会募捐来进行义赈,成为盛宣怀赈济灾民的主要途径。

从1900到1901年,陕西又暴发旱灾。这时候,盛宣怀与严信厚、施则敬等人在上海募集善款,组织义赈。1906 年,苏北水灾,灾情奇重。盛宣怀同吕海寰一道全面主持了对苏北的义赈,一方面筹措赈灾款,一方面选派义绅前往赈济。在这次救济中,盛宣怀前后捐助铜钱达 1000 万串。

直到晚年时,盛宣怀依然保持着高度的公益心,对江南地区的绅商长期以来乐于参与灾赈活动屡有褒言:"江南义赈,闻于天下,垂四十年,凡遇各省荒歉偏灾,一经官绅布告,靡不竭力集资,四出拯济。"

这是基于他数十年来主持义赈活动事实的基本结论。正是因为热衷公益活动,1910 年,清廷降旨,任命盛宣怀为"红十字会会长",这是对他慈善事业最高的褒奖。他的一系列成绩,让他在官场中荣膺邮传部尚书,成为省部级高官;而商场上,清末最著名的各大企业、金融机构均为其所控制。可以说,在中国数千年的历史上,能够如此轻松行走于政商两界的,盛宣怀是第一人。

从这些事情中我们可以看到,盛宣怀对于当时的洋务运动产生了多么重要的影响。如果没有他,也许中国的近代工业发展还要再晚上几年。

不过,盛宣怀实业兴国的愿望是好,但是对于已经病入膏肓的清政府,仅凭他和几个洋务派领袖,是不可能挽救大局的。再说,他的自己的某些行为也谈不上优秀,例如贪污。这,正是他一生最大的悲哀。

悲情史

盛宣怀在实业方面的能力,这一点毋庸置疑。如果他也能做好其他方面,那么他一定会成为众所周知的大英雄,而不是引来众多非议。因此,有人说为何盛宣怀不如他的对手胡雪岩出名,关键就在于他的爱贪、善贪,以至于让自己的英明毁于一旦。

清末年间,由于清政府腐败无能,所以从上至下各个部门贪污腐败之风日益滋长。虽然盛宣怀有振兴民族之梦想,然而身处这种环境之中,他也无法免俗。每每巨额交易，盛宣怀都会大吃回扣，可一夜暴富、天天翻番，以至硕鼠大如虎。

不过，盛宣怀虽然贪得无厌，但是他却很懂得关系学。每有进项，他首先向李鸿章孝敬一部分，以此巩固官场上的铁杆靠山，然后用金钱打通四面八方的人脉，与许多要员造成一荣俱荣、一损俱损的局面，形成暗中存在的关系网。有史料记载，在盛宣怀执掌上海招商局的 19 年，全局有股金 2 万股，他一人就占有 11000 股。

无论在哪个朝代，巨贪都是被有识之士所鄙夷的。因此，两江总督刘坤一多次弹劾盛宣怀，但就是扳不动他，可见官商巧妙的结合是何等难以攻破。同时，这件事从另一个侧面也反映出：清朝的病早已深入骨髓。贪官横行，就意味着政权即将颠覆。

比招商局更有"油水"的，自然就是铁路局。盛宣怀作为铁路督办大臣干了 9 年，这期间同样敛财无数。据台湾学者凌鸿勋先生所著《盛宣怀与中国铁路》一书中统计，从光绪二十二年至三十一年，盛宣怀共修筑铁路 2200 公里，他从英国借了 1065 万英镑，盛宣怀吃回扣 5%，折合中国的白银 440 万两，如此巨贪，世罕其俦。

盛宣怀之所以敢如此"贪"，关键就在于清政府知道他的重要性，所以有的时候不免对他"睁一只眼闭一只眼"。然而也正是因为他，导致大清王朝的覆灭导火索被点燃。宣统三年四月，时任邮传部大臣的盛宣怀突然下令，把"官督商办"的铁路收归国有。

这样一来，投资粤汉、川汉铁路的股东们，一下子被剥夺得两手空空，由此引发了四川剧烈的"保路运动"。绰号"屠夫"的四川总督赵尔丰实行武力镇压，引起了更加激烈的反抗。四川兵力不足，清廷则派湖北的新军到四川参与镇压，由此造成湖北军备空虚。这一年农历八月十九武昌发生兵变，辛亥革命爆发。如此说来，盛宣怀无意中点燃了辛亥革命的导火线，他成了大清王朝的第一个掘墓人。贪官危及政权，这是一个生动的历史证明。

辛亥革命后，清朝宣布灭亡，而盛宣怀的社会地位自然也是一落千丈，他在常州、苏州、杭州一带的地产、当铺均被没收。逃往日本避难后，他致函各地的亲朋为他藏匿财产，真是爱财如命。盛宣怀死时有一份冗长的遗产清单，仅其家乡的一处住宅就有 240 间，一个田庄有地 3000 亩。他在上海的租界内的房产价值白银 1000 余万两。由此可见，在他任官的那些年里，他贪污了多少巨款！

不过，盛宣怀的实业能力还是有目共睹的，这一点孙中山先生也无比佩服。1912 年秋，中华民国建立后，盛宣怀受孙中山之邀回到上海，在上海租界中继续主持轮船招商局和汉冶萍公司。1915 年日本曾试图拉拢盛，但遭到盛的拒绝。

1916 年 4 月 27 日，盛宣怀病逝于上海。他的葬礼极其盛大，耗资 30 万两白银，送葬队伍从斜桥弄（吴江路）一直排到外滩，为此租界当局专门安排了交通管制。也许九泉之下的盛宣怀得知此事，一定会很后悔自己的贪污行为。否则，自己在后人的心中，一定是完美无瑕，而不是被扣上"贪官"的帽子！

评说台

对于盛宣怀的评价，史学界和舆论界一直有着激烈的争论。但长期以来，对他的评价主要是负面的。

还有的人说，盛宣怀只不过是一个商人，与其他商人没什么不同，仅仅是一个彻底的逐利者。他会通过官商的身份牟利，甚至牺牲民间商人的利益，从经济发展的角度看，盛宣怀作为一个高层官员不算太失败，在当时内外交困的窘境下，他灵活利用手中的资源，同时也采取一些具有超前意义的做法，突破保守派的阻拦，引进了许多新生事物，使近代工业逐渐深入中国。

但是，从企业家道德的角度看，盛宣怀为自己牟取利润的方式和数额是有污点的行为。即便排除意识形态的因素，这些污点也足以使盛宣怀始终无法摆脱被批评和诟病的阴影。

不过近年来，盛宣怀渐有被平反之势，这主要还是因为他的实业之举。盛宣怀一生致力于资本主义工商业的经营，对中国资本主义发生发展起了积极的作用。盛宣怀之所以积极地创办和经营洋务企事业，是由于他认识到中国一定要变贫弱为富强，变落后为先进，才能不受外国资本主义的侵略。

为此，必须引进先进的科学技术发展资本主义工商业，并根据"将本求利"的原则，按照客观经济规律经营企业。所以，盛宣怀举办了中国近代社会非常需要的资本主义工商业，是适应了时势的要求；他在经济上强调商办，强调与洋商争利，是符合了民族利益和客观经济规律的。

盛宣怀所经营的近代企业及与之相适应的新式教育文化等事业，在中国当时都是前人所未做过的新鲜事，因此，可以说，盛宣怀是处于非常之世，做了非常之事的非常之人。

总的来说，盛宣怀的一生既有辉煌的一面，也有阴暗的一面。作为现代人的我们，应当学习他的那种积极进取、科技兴国的态度，以此振兴中华。但是，他的那种贪得无厌，我们也应果断摒弃。

乔致庸

——悲喜交加的晋商传奇

人物志

乔致庸(公元 1818 年~公元 1907 年),字仲登,出身商贾世家。

乔致庸自幼父母双亡,本欲走入仕途,刚考中秀才,兄长故去,只得弃文从商。在他的经营下,"在中堂"的事业突飞猛进,有了很大的发展;又有大德通、大德恒两大票号活跃于全国各大商埠及水陆码头,一时间乔致庸成为晋商代表。

20 世纪初,随着列强入侵中国,大笔银子流向海外,乔致庸意识到国将不国,于是一改往日不治家宅的习惯,于同治初年耗费重金扩建祖宅,修建了著名的乔家大院,被专家学者誉为"清代北方民居建筑的一颗明珠"。1907 年,89 岁的乔致庸去世。

风云榜

提起乔致庸,看过《乔家大院》这部电视剧的朋友不会陌生。由陈建斌主演的乔致庸,为我们展现了一位晋商在清末时期的风云兴衰史。历史上的乔致庸正是如此。

乔致庸出生于商业世家,他的祖上乔贵发在乾隆年间,就已开始商业之路。当时,乔贵发为做生意走西口,在包头一个当铺当店员。十余年后,乔贵发开了小字号广盛公。后来生意不景气，广盛公面临破产。但广盛公的许多生意伙伴认为广盛公东家为人处世不错，不忍看他们破产，相约 3 年后再来收欠账。3 年后，乔贵发不但还清欠款，生意还重新复兴，把广盛公改名为复盛公。而乔致庸，正是乔贵发的孙子。

经过祖父和父亲的共同努力，到乔致庸出生时，乔家家境已经比较富裕。乔致庸青年时代已经考中了秀才，他的生活本来应该与商道无关的。

然而在咸丰初年，北方捻军和南方太平军起义，南北茶路断绝，乔家当时在祁县的大德兴丝茶庄主营生意就是丝茶。乔致庸的大哥因战乱对生意的重大打击而一病不起，本来将以一介儒生终了的乔致庸，不得不接手家族生意。

尽管是不得已而为之，但是初进商场的乔致庸却展现出了过人的商业头脑。乔致庸做的第一件事，就是疏通南方的茶路、丝路。

接着，他又准备涉足票号生意。当时，全国票号很少，整个中国只有 5 家，其中最大的日升昌也只有 7 个分号，且不和中小商人打交道，影响非常有限，一般的小商人还必须带着银子做生意。

正是看到这个行业充满了广阔的前景，乔致庸果断将家族生意改成汇兑为主，茶叶为辅。光绪十年，乔致庸把大德兴改为大德通，同年专门成立了大德丰票号，专营汇兑。在乔致庸经营下，后来大德通和大德丰都成为全国屈指可数的大票号。有统计显示，光绪十年大德丰成立时的资本是 6 万两，没几年就变成 12 万两，到光绪十几年的时候资本已经增加到 35 万两。

正是由于乔致庸的审时度势，乔家的商业得到了突飞猛进的发展：在包头，在原有"复盛公"、"复盛全"两大老字号基础上，于同治三年(公元 1864 年)投资 6 万两白银开设"复盛西"典当铺，此后又开设了"复盛西"、"复盛兴"、"复盛和"粮店，"复盛协"、"复盛锦"钱铺等"复"字号；另外，还以"在中堂"的名义开设"通和店"粮店、"广顺恒"钱铺、"法中庸"钱铺。

除此之外，乔致庸还于光绪年间先后在归化城开设了主营日用百货的"通顺南店"、主营绒毛皮张的"通顺北店"、主营粮食的"大德店"与"德兴店"、主营米面的"德兴长";在太原开设了"晋泉涌"钱铺,在太谷开设了"恒豫"钱铺,在祁县开设了"义中恒"钱铺,在乔家堡开设了主营日用百货、兼营饭庄酒馆的"万川汇"等。

就这样,乔致庸的生意越做越大,买卖字号在他手中繁衍发展,仿佛鸡下蛋、蛋生鸡一般,日积月累,让他变成了一个在全国屈指可数的豪门巨商。

难能可贵的是,乔致庸在经商过程中,一直秉承着以"义、信、利"的信念,把义、信放在首位。当时,有人向他介绍说开烟馆有大利,但他认为大烟对社会有害,因此不赚这种黑心钱。当他发现麻油掺假,便严令一律退货加补偿,在消费者中树立了坚实的可信形象。正因为如此,乔致庸在晋商中的地位越来越高,收入自然越来越多。

乔致庸的商业帝国之所以能够如此迅速发展,关键就在于他不拘一格用人才。例如马公甫,本是复盛公字号里的小伙计,雄才大略的乔致庸识出他是个人才,在大掌柜告老后,让他当上了复盛公的大掌柜,给包头商界留下谚语:马公甫一步登天。再如马荀,本是复盛西字号下属粮店里的小掌柜,不识字,但经营有方,盈利不小。

乔致庸便给他资本,让粮店独立经营,他成为大掌柜后也给乔家赚回不少银子。大德通票号总经理高钰也是如此,后来为乔家收进几十万两白银的红利。

对于阎维藩,乔致庸更是表现出了十足的敬意。阎维藩原为平遥福州分庄经理,与年轻武官恩寿交往密切。当恩寿为升迁需银两时,阎维藩自行作主曾为恩寿垫支银 10 万两。为此阎维藩被人告发,并受到总号斥责。

乔致庸知道阎维藩是个商界难得的人才,便派其子备了八抬大轿、两班人马在阎维藩返乡必经路口迎接。一班人马在路口一连等了数日,终于见到阎维藩,乔致庸之子说明来意和父亲的殷切之情。

乔致庸的这种举动,使得阎维藩大为感动。他想:"乔家富甲三晋,财势赫赫,对自己如此礼遇，实在三生有幸！"乔致庸之子又让阎坐八抬大轿，自己骑马驱驰左右，并说明此乃家父特地嘱咐。

这更使阎氏感动不已。二人相让不已，最后只好让八抬大轿抬着阎氏衣帽，算是代阎坐轿，而二人则并马而行。

阎氏来到乔家，乔致庸盛情款待。乔致庸见阎维藩举止有度，精明稳健，精通业务，感叹他年轻有为，是难得之经济人才，当即聘请阎氏出任乔家大德恒票号经理。阎氏对照在蔚长厚的境况，深感乔家对他的知遇之恩，表示愿殚精竭虑，效犬马之劳。

自阎氏主持大德恒票号以来的 26 年间，使票号日益兴隆，逢账期按股分红均在 8000 到 1 万两之间，阎氏为乔家的商业发展立下了卓越功劳。

正是凭借着这些优秀的商业人才，乔致庸才建立了属于自己的商业帝国。而他兴建的乔家大院，更是建筑史上的一朵奇葩。可惜的是，乔致庸生活在晚清时代，因此，他也不可避免地被卷入当时已经无比动荡的时局之中。

悲情史

乔致庸是晋商的代表，家资在国内数一数二，因此自然会受到朝廷一定的欺诈。由于为江南四省办理官银汇兑，他被朝廷圈禁了 20 多年，20 多年里，乔致庸龙困浅滩，始终被"汇通天下、货通天下"的理想所烧灼，根本无法实现自己的梦想。

1900 年，八国联军侵占北京，西太后逃亡经过祁县，由于乔家资助了西太后，贿赂了李莲英，乔家与朝廷几十年的过节总算揭过去了，西太后金口一开，废除了"禁止民间涉足官银汇兑"的旨意，乔致庸"汇通天下、货通天下"的理想终于实现了。然而，表面上的成功，却不能掩饰背后的悲情。

当时，汇通天下办理的恰恰是中国《马关条约》和《辛丑条约》给列强的赔款，在大宗的赔款汇兑中，乔家发了一笔横财，家底有两千多万两白银，合清政府 3

年的财政收入。

但是,天文数字的民脂民膏则流到了列强手中,这就使乔致庸的一生充满了浓重的悲剧色彩,就像唐·吉诃德千辛万苦打败敌人后,却发现对手不过是一架风车!

乔致庸是清醒的,他明白权力的威力,他不能逃脱专制权力的绳索,等待他的下场必然是可悲的。因此在他身上,同样有着结交官府、抬高身价之追求。有一年,北洋大臣李鸿章搞洋务运动,组建北洋舰队,因国库空虚、财力拮据,向"海内最富"的山西募款时,乔家一举捐银 10 万两,购得军舰一艘。

李鸿章感念之余,欣然撰写一副对联:"子孙贤,族将大;兄弟睦,家之肥"制成铜板,赠予乔家。其实乔致庸明白,如果自己不拿出这笔钱,那么等待自己的也许就是一场牢狱之灾。所以,他不得不在经商的同时,花巨资巴结政府。因此,尽管乔家人世代经商与读书治学,但从不为官,因为他们深知官场的黑暗。

光绪年间,当左宗棠任钦差大臣、督办新疆军务时,与乔家的大德通、大德恒票号结成密切关系,他所需军费,多由乔家票号存取汇兑,有时军费急缺时则向乔家票号借支透支。当西北安定下来,朝廷调左氏回京任军机大臣时,路上费用均由乔家票号经管。恰好乔家所在地山西祁县位于川陕往京城官道,所以左宗棠在途经祁县时,便特地拜访乔致庸。乔致庸当然十分欣喜,做了迎接左氏的充分准备。当左宗棠来到乔宅见到乔致庸时,直称:"亮大哥,久仰了。"乔致庸更是受宠若惊。在乔宅叙话时,左宗棠一再表示,在西北有所作为,均仰仗亮大哥票号支持。表面上看,乔致庸这样做使自己有了地位,然而,对于一个颇有抱负的商人来说,这种行为恰恰被自己不齿。面对这样的现实,乔致庸自然有苦说不出。

至于乔致庸的"在中堂"败落,直接原因正是战争爆发。1938 年,大片国土沦陷于日寇侵略者的铁蹄下,"在中堂"自然在所难免,覆巢之下焉有完卵?"在中堂"合家老小数十人弃家出走,避难于平津等地,从此再没回来。当时,乔致庸已经离世多年,倘若九泉之下有知,一定会悔恨自己及家族的崛起生不逢时。

乔致庸在世时，就已意识到了自己的悲剧，因此，面对堆积如山的金银，他不仅没有高兴，反而敞开了自己的内心："觉得有个厉鬼的手捏住我的脖子"，痛苦地发出最后的哀鸣："祸害人的东西！"乔致庸已经深刻地意识到：专制权力下的商家只能巴结权力，只能满足权力对金钱的追求。商家成也官府，败也官府，这就是一条必然的规律。

看到现实如此，更看到清朝灭亡势在必然，乔致庸自然有些失望，因此他将自己的精力转移至乔家大院的建设上，他期望通过这种方式来保护自己的家族。

这时候，他对六子宠爱至极，偏袒极甚，因而在他的幼子去世后，恸哭不起，染病卧床，于1907年离开人间。在无尽的悲凉中，乔致庸落下他人生的帷幕，结束了他的传奇人生。

评说台

一介儒生创造出了令人咂舌的财富，乔致庸正可谓商业奇才。他能有如此成就，除了天赋，把儒家的宽厚和仁义精神带进商业，这正是他崛起的核心关键。

作为商人的乔致庸，手头仍然常备有四书五经和《史记》等书籍，对于社会上的灾祸，他都会挺身而出赈灾。"民为贵，君为轻"，乔致庸内心就存有这样一个民本主义的思想。

与此同时，乔致庸也为乔家立下了很多严格的家教。山西有很多大家族的宅院都有戏台，但乔家没有，怕的是后人玩物丧志。乔家还有一个规矩，家里不用年轻的丫环而用中年妇女，为的是避免年轻的男主人出现不雅的事情。这样的举动，在中国传统富豪家族中是非常少见的，也是难能可贵的。

可以说，乔致庸的一生是完美的，唯一的一个缺陷就是：生错了时代。倘若换作和平的开明盛世，那么他也许会创造出更多的财富。这个遗憾，不仅是乔致庸的，更属于清朝众多商人。不过尽管如此，乔致庸的经营之道、用人之道还是值得后人借鉴的，甚至他的经营方式，如今已经成为现代经济学的研究课题。

第六卷
辞章传千古，悲壮志难酬

——文豪篇

历史上的知识分子，大多都想以仕途为依归，以此来施展自己的政治抱负，但因为他们身上都洋溢着清高与自负，即使遇到甚至拥有了施展政治抱负的空间，也往往终无建树；有的虽然满腹经纶，但却因和拥有权力者的政治主张产生分歧而和权力擦肩而过，逐渐成为政治边缘的落魄群伍。

在没有机会的情况下，有的知识分子就拿起手中的笔作为利器，得以风云际会，成为政治集团中的重要智士或颇有建树的政治家。但是，知识分子的命运大多途殊同归，缺乏判断时事的深刻洞见与处理人际关系的练达胸襟，等等，往往使他们以梦碎的结局而收场。

屈 原

——投江自尽的中华诗祖

人物志

屈原(约公元前 339 年~约公元前 278 年),名平,字灵均,战国末期楚国丹阳(今湖北秭归)人,楚武王熊通之子屈瑕的后代。

屈原自幼勤奋好学,胸怀大志,26 岁担任楚国左徒兼三闾大夫。公元前278 年,秦国大将白起带兵南下,攻破楚国国都,屈原的政治思想破灭,对前途感到绝望,虽有心报国,却无力回天,只得以死明志,就在同年五月五日这天投汨罗江自杀。

屈原是中国最伟大的浪漫主义诗人之一,也是我国已知最早的著名诗人,创立了"楚辞"文体,代表作品有《离骚》、《九歌》等。

风云榜

屈原的一生历尽磨难,曾先后经历了楚威王、楚怀王、顷襄王三个阶段,主要活动则是在楚怀王时期。

当时,周王朝的统治制度已不能驾驭当时的政治情势,诸侯各国纷纷另立门庭,相互争霸,楚国的形势与中原各国几乎一样,但由于其凭借优越的地理位置和鲜明的政治主张,而迅速发展成新兴大国。

经过连年的征杀,当时的诸侯各国并最终形成了秦、楚、齐、燕、赵、韩、魏七雄并峙的局面,其中又以秦、楚最为强大。

屈原辅佐楚怀王之时,正是七雄角逐的关键时刻。七国之间争城夺地,互相杀伐,连年混战不断。那时,楚国的大诗人屈原正当青年,为楚怀王的左徒官。他见百姓受到战争灾难,十分痛心,就立志报国为民,劝楚怀王任用贤能,爱护百姓。

当时的屈原也踌躇满志,他凭借自己对各国局势的剖析以及对楚国政治嗅觉的敏锐把握,再加上他强烈的以振兴楚国为己任的历史使命感,博得了楚怀王的垂青与赏识。而屈原本人也自感天降大任,要伸出援手挽救楚国于衰微,其政治理想也不仅仅满足于内政外交的常规治理,而是在他的脑海里还有更宏大的"美政"计划,并把此作为终生努力的目标追求。

屈原凭借博闻强识、明于治乱、娴于辞令等超人才华而被楚怀王委以重任,并常与楚怀王商议国事,并参与国家法律的制定,主张章明法度、举贤任能、改革政治、联合抗秦。当时的楚怀王也发誓想做一番大事业,可当时的秦国最为强大,时常攻击六国。因此,屈原亲自到各国去联络,主张用多国力量共同对付秦国。

楚怀王十一年,屈原的外交获得巨大成功。经过屈原的巧妙斡旋,楚、齐、燕、赵、韩、魏六国君王齐集楚国的京城郢都,结成联盟,楚怀王成了联盟的领袖。联盟的力量,在很大程度上制止了强秦的扩张。屈原也因此更加得到了楚怀王的重用,很多内政、外交大事,都由屈原作主。

正是因为得到了楚怀王的青睐,楚国以公子子兰为首的一班贵族对屈原的才华非常嫉妒和忌恨,常在楚怀王面前说屈原的坏话,污蔑屈原独断专权,根本不把楚怀王放在眼里。楚怀王一开始并不相信,但挑拨的人越来越多,楚怀王也渐渐对屈原开始不满起来。

而此时秦国的间谍又把这一情况报告给了秦王,因秦王早想进攻齐国,只是

碍于六国联盟,不敢轻易动手,可一听到这个消息就喜出望外,连忙把相国张仪召进宫来商议对策。张仪分析认为六国联盟中,齐楚两国最为强大,只要离间这两个国家,联盟就会自动瓦解。然后张仪再趁楚国内部不和的机会,进一步嫁祸屈原,拆散六国联盟便指日可待。

秦王听了张仪的分析十分高兴,就准备了金银财宝交给张仪。张仪便将相印交还秦王,假装辞去秦国相位,向楚国出发。张仪到了楚国的国都郢都,首先拜访屈原,向屈原说明了秦国的强大程度以及秦楚联合对双方的好处,可屈原却一口回绝张仪,说:"楚国不能为了自己的好处而背信弃义,更不能改变六国联盟的主张。"

张仪见拉拢屈原不成,就暗中与反对屈原的政治对手公子子兰联系,并对子兰说:"屈原之所以在楚怀王面前吃香,就是因为有了六国联盟,假如拆散了联盟,屈原便丧失了许多值得炫耀的地方。"子兰听了,豁然开朗。

于是,楚国的贵族就和张仪结成了联盟,随后子兰又带领张仪拜见了楚怀王最宠爱的王后郑袖,并献上一双价值万金的白璧,郑袖看到白璧后眼都直了。于是郑袖当场答应,愿意帮助他们促成秦楚联盟。

随后张仪、子兰等人分析认为:"如要促成秦楚联合,就要首先废除六国联盟;而要拆散联盟,就先要楚怀王丧失对屈原的信任。"为了破坏楚怀王对屈原的信任,子兰苦思冥想后,终于想出了一条对付屈原的毒辣之计:诬陷屈原向张仪索取贿赂,再由郑袖在楚怀王面前透出这个风声。

张仪将一切都安排井然有序后,就在公子子兰的引荐下拜访楚怀王。他力劝楚怀王绝齐联秦,并列举了很多实际的好处。张仪见楚怀王有些动心,就进一步诱惑道:"只要大王同意联合条件,秦王就将早已准备好的 600 里土地献给楚国作为礼物。"

楚怀王是个贪心的人,得知不费一兵一卒就可白捡 600 里土地便十分高兴,回到宫中便高兴地告诉了郑袖。郑袖在向他道喜的同时,又双眉紧皱:"听说屈原向张仪讨要一双白璧未成,怕他要反对这事呢!"楚怀王听了,半信半疑。

第二天,楚怀王大摆宴席,招待张仪。席间讨论起秦楚友好之事,屈原果然强烈反对,并与子兰、靳尚等人进行了激烈的辩论。屈原慷慨陈词:"放弃六国联盟,就等于背信弃义,而楚秦联盟更是荒谬,这不但给秦国可趁之机,还等于把楚国推向绝路!"

不仅如此,屈原还痛斥张仪、子兰、靳尚等人,并走到楚怀王跟前大声说:"大王,现在事关国家的生死存亡,您千万不要轻易相信啊!张仪是秦国派来拆散联盟、孤立楚国的,万万使不得!"

这时,楚怀王突然想起郑袖的话,果然屈原如她所言,出来竭力反对秦楚和好,再加上自己又贪图秦国的土地,顿时怒从心头起,大声呵斥道:"难道楚国的600里土地还抵不上你一双白璧?"说完不容屈原辩解,就叫武士把他拉出宫门。

屈原满腹委屈,站在宫门外面久久不愿离去,期盼着楚怀王能醒悟过来,改变主意,从而避免给国家带来灾难性的后果。可当他从中午站到晚上,却看见张仪、子兰、靳尚等人欢笑着出宫门,才彻底绝望。他无奈地自语道:"楚国啊,你又要蒙难了……"

屈原回到家中大病一场,可他一想到楚国的前程就感慨不已。替他看家的姐姐知他遭到了小人的陷害,就劝他不要再发议论了,可屈原却说:"作为楚国人,就是搭上我的命,也不想看到楚国遇到危险啊!"

屈原坚持认为楚怀王终究会醒悟,也一定会分清是非。只要楚怀王回心转意,楚国就有救了。可是楚怀王却不再召见他,屈原越来越愁,常常整夜整夜地睡不着觉。在巨大的忧国忧民的思想驱使下,他就写了一篇名叫《离骚》的长诗,把对楚国的感受全都写了进去。

在《离骚》中,屈原用饱蘸感情的笔墨塑造了坚持正义、追求真理、热爱乡土和人民的人物形象。尤其是《离骚》在艺术上所取得的高度成就,与它丰富深刻的思想内容完美地结合在一起,使它成为中国文学史上光照千古的绝唱,并对后世

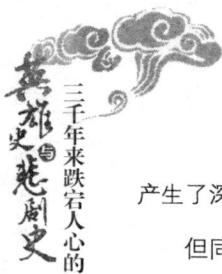

产生了深远的影响，屈原也因此而赢得了中华诗祖的美誉。

但同时，也因为《离骚》中，屈原运用了大量的比喻，无情地揭露了统治集团的丑恶，抨击了统治集团的奸邪、纵欲、贪婪、淫荡和强暴，为他最终被统治阶级彻底边缘化埋下了伏笔，也为个人的悲剧拉开了序幕。

悲情史

当子兰、靳尚等人获悉屈原写了直抒胸臆的力作《离骚》后，就如获至宝，立即将此作为攻击屈原的最新材料，并添油加醋地在楚怀王面前胡说一通，谎称屈原把楚怀王比作桀纣。楚怀王一怒之下，不问青红皂白，便撤掉了屈原的官职。

公元前 304 年，张仪在重金收买的靳尚、子兰、郑袖等内奸协助下，并以"献商于之地 600 里"为诱饵，诱骗楚怀王与齐断交。利令智昏的楚怀王就把相印授予张仪，还派人跟张仪去秦国受地。

当楚怀王终于看清"赏地 600 里"只不过是张仪等精心设置的一场骗局后，便恼羞成怒，两度向秦出兵，但均遭惨败。这时楚怀王稍有醒悟，才后悔当初不采纳屈原之策，于是屈原又被重新起用，让他出使齐国，重修楚齐之盟。

秦两次大败楚军之后士气大振，但获悉屈原出使齐国的消息，也怕齐、楚复交，便主动提出退还汉中之地的一半以求和。但楚怀王对张仪恨之入骨，提出不要汉中地，只要张仪头。秦惠王本不同意，可张仪却胸有成竹。

张仪到楚以后，再次用贿赂郑袖、靳尚等人的手段，让他们在楚怀王面前花言巧语一番，糊涂的楚怀王不但把张仪给放了，还和秦王结下婚姻关系。等屈原从齐回来陈述利害，楚怀王再次后悔，想追回张仪早已晚了。就这样，楚国对齐国再次失信，令屈原尴尬不已。

公元前 303 年，楚怀王还与秦王会于黄棘，并接受了秦退还的上庸之地。屈原因反对而被流放到了汉北地区。随后，齐、韩、魏三国因楚违约而发动攻楚，楚向秦求救,还把太子送到秦国做人质,结果楚太子杀掉秦大夫逃回楚国。秦就以此为借口,先后数次联合齐、韩、魏攻楚,给楚国造成重创。同时,秦昭王还对楚怀王发出"邀请",让其在武关相会。

在楚怀王去与不去的犹豫之间,楚怀王的幼子子兰怕失去秦王欢心,竭力怂恿楚怀王务必前去。楚怀王回到后宫,又听了郑袖一番劝说,便打定了主意,马上写了回信,同意去武关会谈。楚怀王经过几天的准备,便和靳尚带了500人马动身。可离开郢都不久,就在途中碰到了骑一匹快马人的拦截。

骑马人从马上跳下,伏在车前,大声痛哭。楚怀王一看,原来是刚刚被流放返回的屈原,只听到屈原哭着说:"大王啊!秦国如虎口,万万去不得!你要替江山社稷和黎明百姓考虑啊!不能偏信小人的谗言!"10多年不见,屈原明显憔悴许多。

楚怀王看到他这般光景,又想起这10多年来国家颓废的形势,心里也十分伤怀。在楚怀王沉思之时,靳尚却恶狠狠地对屈原说:"今天是大王出门的好日子,你说这些倒霉话是什么用心?"

屈原气得浑身发抖,颤声对靳尚说道:"上官大夫!你是楚国人,怎么不替楚国想想,怎么能把大王往虎口送啊?"

靳尚大怒,连声大骂屈原,让其让开。屈原双手抓住车辕不肯放手。靳尚便令人把屈原推倒在地,扬鞭催马,簇拥着楚怀王走了。屈原从地上爬起来,疯了一般地骑马狂追。可靳尚却怕楚怀王心里动摇,也快马加鞭。屈原追了一段,眼睁睁地望着向西而去的人马不见了踪影。

果不出屈原所料,不到半个月,只有靳尚一人一马逃回郢都。而楚怀王和500人马一到武关,就被秦国扣留,并送往咸阳。

噩耗传来,震惊全国。为了安定人心,郑袖便立太子熊横为顷襄王,而自己则掌握国政,并同时任命子兰做管理全国军政的令尹。

屈原赶到郢都,要求顷襄王恢复六国联盟,再用强大的实力向秦国讨回楚怀王。但子兰等人是劝楚怀王去秦国的,怕楚怀王回来问罪,又怕得罪秦国,因此不

但不听屈原的主张，还立刻将屈原驱逐出郢都。他们将屈原赶走后，过起了醉生梦死的日子，3年后传来楚怀王的死讯。

当秦国把楚怀王的尸骨送回楚国后，楚国百姓都感到是奇耻大辱，这件事把屈原的心也击碎了，他本来一直把复兴楚国的希望寄托在楚怀王的身上，现在什么都没有了。

他就回到郢都，在楚怀王灵柩前痛哭，并向顷襄王建议，趁现在各国都在怨恨秦国的机会，组织起来一同对付秦国，但顷襄王不予理睬。屈原就日夜在宫门前痛哭，期望打动顷襄王。但他的这个举动却惹恼了郑袖，叫顷襄王立刻革掉屈原的职位，把他流放到江南，永远不准过江。

屈原到了流放的陵阳地方，整天心烦意乱、度日如年，就这样，他在陵阳住了9年，既没有回郢都的希望，又不断听到楚国越来越坏的消息。一日，他突然想起楚怀王是因为拒绝割让黔中才死在秦国的，就决意到那块地方去看看，来到黔中郡溆浦地方住了下来。爱国的火焰在他心里熊熊燃烧，可自己又无能为力，他只能每天将满腹的忧愁愤恨都写成诗篇。

屈原的年龄虽然越来越大，但复兴楚国的希望却一天也没有熄灭过。顷襄王二十一年，一个从天而降的消息把他击昏了：秦将白起进攻楚国，占领了郢都，楚国快要灭亡了！他决定无论如何也要回到郢都去，即便是死也要死在那片生他养他的土地上。就这样他昏昏沉沉地走了几天，来到了汨罗江边。

屈原在江边踱着步，回想起自己艰难坎坷的一生。他虽然爱着这片脚下的土地以及天下的百姓，可是他的才华却无法施展，后来他决定用自己的生命去警告卖国的小人，激发全国百姓的爱国热忱。

于是，他解下衣服，抱着江边的石头，用带子紧紧捆绑在自己身上，奋力向江心一跳，很快便沉了下去。就这样，伟大的爱国诗人走完了他一生凄美又悲壮的一生。

这一天，是五月五日，后来就成了祭奠屈原的永恒节日——端午节。每到这天,百姓们都会挂起昌蒲剑,喝着雄黄酒,包上粽子,祭奠这位名垂千古的伟大诗人,因为他的爱国精神已经根植在了中国人民心中。

评说台

屈原充满坎坷的一生,是伟大爱国者的悲剧,也是改革家的悲剧,更是正义毁于邪恶的悲剧。作为政治家和改革家,他彻底失败了。但他的理想和事业、信念和追求,却永远为后人所敬仰。

但是,作为一个伟大的思想家和文学家,他成功了,成为与日月同辉的中华诗祖。他忧国忧民、高风亮节的人品被誉为后世的楷模,他气魄宏伟、辞章瑰丽的作品堪称世界文学殿堂的艺术精品,他所创造的"楚辞"文体更是在中国文学史上熠熠生辉、光芒四射。

作为才华横溢的智者屈原,当政治前程彻底毁灭之后,不是还有诗歌楚辞相伴吗?为什么要选择自杀这种方式?甚至还可以离国出走,到他国高就。但屈原毕竟是屈原,他一生虽然艰难坎坷,两次被流放,但却无法撼动他的爱国热情,因为他的骨子里已经灌输了爱国爱民的坚定信念,绝非等闲之辈所能品味出他的绝世情操。不要说叛国求荣,就是苟且偷生,像蝼蚁一样活着,对较高情操的屈原来说也是一种耻辱,因而他选择了毁灭生命,旨在警告无耻的卖国者和唤起百姓们对国家的热忱。

屈原所处的时代,就决定了他的政治半径,因为国家的政权主要掌握在贵族重臣手中,他们为了保持个人禄位而反对屈原。楚怀王又不辨忠奸,疏远屈原。其实,屈原的被疏远,最根本原因就在于他的政治改革计划触犯了贵族利益,遭到旧贵族们的中伤打击。

另外,屈原和旧贵族集团的斗争还表现在对外政策上,屈原原本联齐抗秦的正确主张,却不断被目光短浅的楚怀王所耍弄,结果使楚国在政治上、外交上都吃

了大亏。

客观地讲,秦国统一天下,六国破灭,是历史的选择,楚国也难逃厄运。屈原的理想虽然没有实现,但他一生为国家利益、为人民利益所进行的斗争绝不会因为楚国的破灭而被抹杀。在那个特定的历史环境中,屈原选择死是既无奈又明智的做法,凭他一个人的力量和一颗赤胆忠心是远远不足以改变社会现实的。因为君主昏庸,奸臣当道,与其坐等国家消亡,看着自己的赤胆忠心被无情地揉碎,还不如让给他滋养家乡圣水将他沉没。这是伟大智者的选择,因为他宁愿选择死亡也不愿同流合污,更不愿让自己高尚的品德受到污染,他爱自己的国家胜于爱自己的生命。直到今天仍作为坚定的爱国者而受到顶礼膜拜的评价。虽然他的爱国和忠君是联系在一起的,但他并不背离所处时代和社会的基本道德原则,但同时也可看到,屈原又具有较为强烈的自我意识和叛逆精神,他并不把自己仅仅看作是君主的奴仆,而是以国家的引路人自居。他对自己的政治信仰与人生理想有坚定的信念,为追求自己的理想不惜与自身所属社会集团的大多数人对抗,且宁死不屈。这显然在忠君爱国的公认道德前提下保存了自己的独立思考。作为理想的殉难者,后人曾从他身上受到巨大感召;他立身处世的方式,也被后世正直的文人引为仿效的榜样。

值得一提的是,屈原政治上的落难,却意外地促成了文学上的造诣,并使得屈原精神得到了升华,并形成中华民族的宝贵财富。尤其是他的《离骚》等诗作,更是文学史中的璀璨明珠,将永垂万世、光照千古。

由屈原开创的楚辞同《诗经》共同构成中国诗歌乃至整个中国文学的两大源头,对后世文学形成无穷的影响,并成为全世界纪念的世界四大文化名人之一。

司马迁

——忍辱负重演绎史家绝唱

人物志

司马迁(公元前 145 年~公元前 87 年后),字子长,西汉夏阳人。

公元前 108 年,司马迁继承其父司马谈之职,任太史令,掌管天文历法及皇家图籍,因而得读史官所藏图书。公元前 104 年,司马迁与唐都、落下闳等共订《太初历》,以代替由秦沿袭下来的《颛顼历》,新历适应了当时社会的需要。

随后,司马迁开始撰写史学名著《史记》。又因替投降匈奴的李陵辩护,获罪下狱,受腐刑。出狱后任中书令,继续发愤著书,终于完成了《史记》的撰写。

风云榜

在中国历史上,有一个出类拔萃的伟大英雄,他不但用自己的神奇思维穿越了历史的隧道,还用自己手中的笔,为世界、为后人拓宽了一条贯穿两千多年的华夏文明,这个人就是司马迁。

那么,这样一个神奇的文化英雄,是如何达到这一高度的?

两千多年前的司马迁并非是什么达官贵人,他只是一位普通的史官,一位遭受了莫大的屈辱,却"不堕凌云之志",以血做墨,以心灵为纸,才完成了堪称"史家之绝唱,无韵之离骚"的鸿篇巨制——《史记》。

司马迁生于汉景帝时代,出身书香门第,10 岁便开始学习古文书传。约在汉武帝元光、元朔年间,拜当时的大思想家、儒学家董仲舒为师,学习《公羊春秋》,后又向古文家孔安国学《古文尚书》。20 岁左右的时候,便成为满腹经纶、才华横溢的大学问家。

为了进一步开阔自己的视野,司马迁便从京师长安南下漫游,足迹遍及江淮流域和中原地区,所到之处考察风俗,采集传说。返回长安不久,就被任命为郎中,成为汉武帝的侍卫和扈从,多次随驾西巡,曾出使巴蜀等地。

公元前 108 年,司马迁继承父亲司马谈的遗志,当上了太史令,开始从皇家藏书馆中整理选录历史典籍。司马迁的祖先并不十分显赫,其家族只是世代掌管太史的官职。但是司马迁和他的父亲都以此为荣,因为在他们的心目中,修史是一项崇高的事业。

司马迁的父亲司马谈一直准备写一部贯通古今的史书,但由于各种原因,却未能完成其夙愿。司马迁的父亲病危时,拉着儿子司马迁的手,流着眼泪说:"我快走到了人生的尽头,你是我看着长大的,你具备了一个史学者的基本素养,我死了以后,你不要过分悲伤,为父唯一求你的就是,你接着做太史,千万不要忘记我一生想写一部通史的愿望。你务必要继承我的事业,千万记住啊!"

这番临终嘱托,极大地震撼了司马迁,他看到了父亲作为一名史学家难能可贵的使命感和责任感,知道父亲已将自己毕生未竟的事业寄托在了自己的身上。于是,司马迁忍着巨大的悲痛,坚定地答道:"父亲,您尽管放心,儿子我虽然才疏学浅,但我一定会全力以赴,完成您的志愿。"

司马迁做了太史令后,有机会阅读到更多之前看不到的书籍和重要资料,这为他以后著《史记》提供了得天独厚的条件。可是,资料整理工作却非常的繁琐复杂。

由于当时的那些藏书和国家档案都杂乱无序,甚至连一个可以查考的目录都没有,司马迁就必须从一大堆的木简和绢书中仔细寻找线索,然后再对照着去整理和考证史料。即便是如此枯燥,司马迁仍是几年如一日,绞尽脑汁,费尽心血,几乎将所有的精力都用在了资料的整理和史料的考证上。

经过多年的考证积累,司马迁对古代的中国终于理出了个大致的轮廓,也充实了基本的资料,于是决定开始实施父亲的遗愿,他决心效法孔子编纂《春秋》,写出一部同样能永垂不朽的史著。

公元前104年,司马迁在主持历法修改工作的同时,便准备动手写他的伟大著作《史记》。但司马迁同时认为,有了第一手的翔实资料,还不足以动笔,必须先确立这本书的走向和框架,即不能为了迎合时政而作人为的拔高,也不能因对某个人缺乏好感而肆意歪曲,必须站在历史的主轴线上,本着对古人和后人高度负责的态度来仔细梳理脉络,抢救性地挖掘曾经发生的那些惊心动魄的故事。这便为确保这本史书的权威性和影响力,给自己定下了一般人难以企及的苛刻标准:

1.力求真实

司马迁认为,撰写《史记》,态度一定严谨认真,实录精神是基本特色。因而要准确把握每一个历史人物或历史事件,要在大量调查研究的基础上,对史实再反复核对。而坚持"实录"的精神,就会不可避免地发生"忌讳"的问题。因此,在作人物传记时,要突破传统历史记载的成规所拘束,而要按照自己对历史事实的思想感情来进行忠实的记录。

2.爱憎分明

司马迁认为,作为史记工作者,就必须坚持爱憎分明立场,对于推动社会进步的力量和事件要给予充分的肯定;对于忠于祖国、热爱人民的英雄人物,要大加赞赏,即便是他们出身贫贱,也要弘扬他们无畏的正气。而与此相反,对于那些阻碍社会发展、与人民目标背离的封建统治者要进行无情的鞭挞。

3.别具一格

司马迁认为,《史记》不仅是对历史的再现,而且在文笔上一定要讲究精美,措辞要精准,增加趣味性和可阅读性,要使其成为一部优秀的文学作品。

正是这三条近似苛刻的写作基调,让司马迁为这部横空出世的伟大作品打下了坚实的基础,从而确保了这部鸿篇巨制"再现历史"的史学价值和"酣畅淋漓"的文学色彩。

司马迁的博学多才和宽广胸襟,赋予了他宏大的眼界和超凡的能量,他在全面提炼历史人物,将触觉深入历史内核,以独特的视角对重大历史事件剖析的基础上,促使他深刻地思考人生,并继承先秦的史官传统和诸子文化,最后司马迁确立了不屈服于君主淫威的相对独立和批判性的写作立场。

正是在一个特殊的历史阶段和特殊的个人遭遇中,才最终产生了伟大的《史记》;在这部伟大的《史记》中,又表现出司马迁对人类历史与社会的多方面的独特理解。

正是司马迁拥有了这样不畏权势的执著精神,才使他保持了史学家的道德良知,也正是因为司马迁的身上拥有了尊重历史的超人禀赋,才使他踩上了政治地雷;同样,正是因为他有不畏权势的执著精神和尊重历史的超人禀赋,才使他忍受了作为男人的奇耻大辱——腐刑,并最终催生了雄浑厚重的伟大作品——《史记》的面世。

悲情史

司马迁之所以能够成功,除了个人出类拔萃的天赋外,还有他锲而不舍的执著精神,为了父亲未竟的梦想和自己的事业,他已经把一切耻辱和伤痛置之度外,这就铸造了一个铮铮铁骨的史学大家。

公元前99年,正当司马迁全力以赴、奋笔疾书撰写《史记》的时候,一场飞来的横祸，打破了司马迁固有的生活——李陵事件。

这一年的夏天，汉武帝为了北部边疆的安宁，便委派了自己的宠妃李夫人的哥哥、贰师将军李广利领兵3万讨伐匈奴，另派汉朝功臣李广的孙子、别将李陵作为随从押运辎重。李陵带领5000名弓箭手出居延，孤军深入浚稽山，不料却与单于狭路相逢。

匈奴凭借3万骑兵的优势对李陵展开全面围剿。但生性勇猛的李陵毫不畏缩，率领5000名弓箭手与凶猛强悍的对手展开厮杀，经过8天8夜的鏖战，李陵所率部队斩杀了1万多匈奴，但由于他得不到主力部队的后援，结果弹尽粮绝，不幸被俘。

李陵兵败的消息传到长安后，汉武帝有些错愕，本来他希望李陵兵败战死，却没想到他却投降了匈奴，气得他暴跳如雷，那帮善于察言观色的文武大臣，在几天前还争先恐后地竖指称赞李陵的英勇，可现在却附和汉武帝，纷纷指责李陵的罪过。

汉武帝询问太史令司马迁的看法，司马迁秉持史学家中立客观的立场，他一方面安慰汉武帝，又同时谴责那些见风使舵的大臣，尽量为李陵辩护。司马迁认为李陵平时忠君爱国，爱惜士兵，关键时刻总能以国家利益为重，有国士之风范。

司马迁痛斥那些只知道阳奉阴违的大臣，他们见李陵出兵不利，就开始落井下石。他充满感情地对汉武帝说："李陵只率五千步兵，深入匈奴，孤军奋战，杀掉了那么多敌人，立下赫赫战功。在救兵不至、弹尽粮绝、走投无路的情况下，仍然奋勇杀敌，就是古代名将也无非如此。他之所以屈辱地投降了匈奴，一定是想等待机会报答汉室。"

汉武帝一听，司马迁的矛头显然指向了他的内兄李广利，这使得汉武帝勃然大怒，认为司马迁在为李陵辩护，而讽刺劳师远征、战败而归的李广利，于是便下令将司马迁打入大牢。

司马迁被关进监狱后，便落到了名声极臭的酷吏杜周手中，他对司马迁进行严刑拷打。面对酷吏在肉体和精神上的双重折磨，司马迁也始终坚贞不屈，更不认罪，而是反复争辩："这是我的罪吗？我一个做臣子的，难道不能发表自己的看法吗？"不久，有传闻说李陵带匈奴兵攻打汉朝。汉武帝信以为真，便草率地处死了李陵的家人。司马迁也因此而被判了死刑。

根据汉朝的刑法，死刑有两种方法可以减免：一是用五十万钱赎罪，二是受"腐刑"。司马迁官小家贫，拿不出这么多钱赎罪。可"腐刑"既残酷地摧残人体和精神，也是对人格的极大侮辱。清高的司马迁当然不愿意忍受这样的奇耻大辱，他甚至在一瞬间想到了自杀。

可他又想到，如果就这样窝窝囊囊地"伏法而死"，是毫无价值的，反而不如像孔子、左丘明和孙膑等人一样，用成就洗刷侮辱。于是，司马毅然决定选择"腐刑"。面对即将到来的残酷刑罚，司马迁痛苦到了极点。

但他只有一个信念，无论如何要活下去，一定要把《史记》写完，否则，不但葬送了自己满腹的学问，也将无颜面见九泉之下的父亲，就这样他硬是靠强大的信念支撑着自己，屈辱地接受了"腐刑"。

这对于司马迁来说，无疑是人生的奇耻大辱，因为"腐刑"远比死刑更为痛苦。通过这件事，他对专制君主不可理喻的权力又有了新的认识。尽管在随后，也曾不止一次想到自杀，但他最终还是选择了"隐忍苟活"，并在著述历史的最高价值中获取平衡，这也正是一位学者对君主的淫威和残酷的命运所能采取的有效的反抗形式。

"腐刑"后，汉武帝出于对他才学的欣赏，又任命他为中书令。中书令是一个离皇帝很近的官职，掌管政府的诏书、表章等机密文件，地位应当说还是比较显赫的，俸禄也相对较高。

但这也是一个让人蒙羞的任命，因为中书令经常需要出入后宫，生理正常的人，皇帝是不会让他出任此职的，事实上，司马迁与太监没有任何区别。一时间，朝野上下议论纷纷，有嫉妒的，也有嘲讽的。司马迁忍辱负重，他将所有愤怒、耻辱都化为写作的动力,全身心地投入到《史记》的写作中去。

大凡一个人在遭遇迫害后,通常会有两种选择:要么悲观消沉,要么发愤图强。司马迁显然选择了后一条路。他秉着史家的道德和良知,将自己心中所有的"愤"全部倾注到《史记》的创作中去,并以奇耻大辱来不断地鞭策和激励自己,终于完成了鸿篇巨制。

评说台

司马迁凄美悲壮的一生,毫无疑问是应当值得充分肯定的,其洋洋洒洒的《史记》无疑是他心血的结晶、汗水的提炼。不论其史学价值还是文学境界,都达到了一个至高的水平,因为《史记》作为二十四史之首,与其他各史相比明显技高一筹。

《史记》,以翔实的资料,展现了当时的中国通史,凝聚了司马迁对史学和历史的深刻理解与独到的认识。直到今天,人们依然赞叹它、研究它,就足以证明它有巨大的魅力和不朽的地位。对于这样一部宏伟的历史著作所展示的历史长卷来说,司马迁倾注了他毕生的心血,也忍受了常人难以忍受的奇耻大辱,才最终铸造了这部史学的丰碑。

但是在掩卷之余,人们除了对司马迁才学的欣赏和对其执著的精神佩服外,更多的是对他人格的敬仰。

因为司马迁从史学家的角度,冷静地观察那些经过历史潮流汹涌澎湃冲刷之后,仍然没有逝去的历史人物,并对他们的精神世界、社会活动进行分析和综合,从而提炼出了撰写历史人物的基本原则;这原则既是他评价历史人物的标准,又是他告诫后人如何做人的准则。然而,司马迁却又并不是用绝对的观点来对待这个准则;在他的笔下,也勾勒出了一些世俗小人,而正因为有这些小人的存在,才更衬托出那些写入历史书的杰出人物的真正本色。从这里,人们也可以品味到司马迁对于后人所寄予的希望,后人更应以史为镜,做一个正派的、适应历史潮流的人。

司马迁作为长时间在汉武帝身边工作的人，他自然知道汉武帝的喜怒哀乐，也能够准确把握汉武帝的政治脉搏，更能借助手中之笔来讨好当朝执政者，故意用美化或者粉饰汉朝的先祖和当代的朝政，就可以累积他自己足够的政治资本来获取汉武帝的大力褒奖，可是，司马迁这个纯粹的文化硬汉，却把再现历史作为己任，不能拿歪曲历史作为个人的交易。

于是，当李陵事件出来后，他还是秉持一个史学家的道德良知，宁愿闯祸也要仗义执言，因为这是一个史学工作者必须坚持的道德操守和行为良知，这就为他导致奇耻大辱埋下了伏笔。司马迁始终认为，如果简单地将李陵投降的原因归结于其贪生怕死，根本让人难以信服。

作为近十倍强敌于己而能苦战近十日而毫无惧色的一代名将，不会因生死而变节。李陵之所以不死而受降，明明是被人算计，而功业不成，如此赴死于国事无补，他自己也难以瞑目，投降只不过是其权宜之计，更多的因素是诈降。可汉武帝见司马迁将矛头指向了他的内兄，就自然不容分辩，将司马迁打入大牢。再加上汉武帝后来又听信李陵攻汉的谗言，就把司马迁逼到了绝境。

即便是在这种情况下，完全可以借助自己的智慧，把身段放下，来博取汉武帝的同情，来避免奇耻大辱的"腐刑"，可是司马迁没有这样做，因为他一旦有求于汉武帝，就势必会在史书的书写上受到个人感情色彩的影响，因此，司马迁选择了"腐刑"，彰显了一代文人和史学家高尚的道德情操，也确保了史书的公正与权威。这正是一个史学家所坚守的底线。

虽然，司马迁接受了常人难以接受的"腐刑"，也招致了让人难堪的讥讽和挖苦，但他把这都变成了精神动力，终于向世人奉送了一部前无古人的史书，因而也赢得了史圣的美誉，这也许是司马迁最值得欣慰的地方。

苏东坡

——虎落平阳的一代大家

人物志

苏东坡(公元 1037 年~公元 1101 年),本名苏轼,字子瞻,又字和仲,号"东坡居士"。北宋著名文学家、书画家、词人、诗人,父苏洵、弟苏辙都是著名的散文家。

苏东坡是唐宋八大家之一、豪放派词人代表。其诗、词、赋、散文,均成就极高,且善书法和绘画,是中国文学艺术史上罕见的全才,也是中国数千年历史上被公认文学艺术造诣最杰出的大家之一。

苏东坡是宋仁宗嘉祐二年(公元 1057 年)的进士,官至翰林学士、知制诰、礼部尚书。曾上书力言王安石新法之弊,后因作诗刺新法下御史狱,遭贬。卒后追谥文忠。

风云榜

唐宋时期,中国诞生了一批伟大的诗人和词人,成就了一场中国古代文学发展的巅峰。苏东坡就毫无疑义地是其中为数不多的几座奇峰之一。

苏东坡自幼便在文学上有着过人的天赋。1056 年,苏东坡首次出川赴京应举,次年与弟苏辙中同榜进士,深受主考官欧阳修赏识。从这以后,他的诗词创作进入了大爆发时期,行文风格自成一家。

与前人相比，苏东坡更强调文学的独创性、表现力和艺术价，提倡"有为而作"，崇尚自然，摆脱束缚，"出新意于法度之中，寄妙理于豪放之外"。他认为作文应达到"如行云流水，初无定质，但常行于所当行，常止于所不可不止。文理自然，姿态横生"的艺术境界。

正是因为苏东坡对文学有着独特的理解性，这让他的名气逐渐增大，与柳宗元和欧阳修在当时形成了"三家并称"的局面。而欧阳修对他有提携之恩，所以，他们两人的关系非常亲密。

同时，两人的文学造诣又很高，所以他与欧阳修并称"欧苏"，是"唐宋八大家"之一。苏东坡是继欧阳修之后主持北宋文坛的领袖人物，在当时的作家中享有巨大的声誉，一时与之交游或接受他的指导者甚多，黄庭坚、秦观、晁补之和张耒4人都曾得到他的培养、奖掖和荐拔，称苏门四学士。这4个人后来在文学史上也留下了不朽的佳作，由此可见苏东坡的文学地位与能力。

真正让苏东坡扬名天下的，还是他的豪放派诗歌。苏东坡的豪放诗笔力纵横，穷极变幻，具有浪漫主义色彩，为宋诗的发展开辟了新的道路。豪放派特点大体是创作视野较为广阔，气象恢弘雄放，喜用诗文的手法、句法写词，语词宏博，用事较多，不拘守音律，然而有时失之平直，甚至涉于狂怪叫嚣。

它不仅描写花间、月下、男欢、女爱，而且更喜摄取军情国事那样的重大题材入词，境界宏大、气势恢弘、不拘格律、汪洋恣意、崇尚直率，使词能像诗文一样地反映生活，所谓"无言不可入，无事不可入"。

当然，由于苏东坡的仕途之路并不平坦，因此，他的诗词也呈现出了不同的特点。首先，在题材上，前期的作品主要反映了苏东坡的"具体的政治忧患"，而后期作品则将侧重点放在了"宽广的人生忧患"，嫉恶如仇，遇有邪恶，则"如蝇在台，吐之乃已"。其行云流水之作引发了乌台诗案。黄州贬谪生活，使他讽刺的苛酷、笔锋的尖锐以及紧张与愤怒全已消失，代之而出现的，则是一种光辉温暖、亲切宽和的识谐。醇甜而成熟，透彻而深入。

除了诗词方面,苏东坡在书法领域也有着极深的造诣。当时,他与黄庭坚、米芾、蔡襄并称"宋四家"。他曾遍学晋、唐、五代名家,得力于王僧虔、李邕、徐浩、颜真卿、杨凝式,而自成一家。自云:"我书造意本无法";又云:"自出新意,不践古人。"

苏东坡的书法成就,让与他齐名的黄庭坚也自叹不如。黄庭坚曾说:"早年用笔精到,不及老大渐近自然";又云:"到黄州后掣笔极有力。"晚年又挟有海外风涛之势,加之学问、胸襟、见识处处过人,而一生又屡经坎坷,其书法风格丰腴跌宕,天真浩瀚,观其书法即可想象其为人。

人书并尊,在当时其弟兄子侄子由、迈、过,友人王定国、赵令畤均向他学习;其后历史名人如李纲、韩世忠、陆游,以及明代的吴宽、清代的张之洞,亦均向他学习,可见影响之大。

在绘画方面,尤其是对于画墨竹,苏东坡更是开创了自己的湖州流派。米芾说他:"作墨竹,从地一直起至顶。"余问:"何不逐节分?"曰:"竹生时,何尝逐节生?"同时,他也擅长作古木怪石,米芾又云:"作枯木枝干,虬曲无端;石皴硬,亦怪怪奇奇无端,如其胸中盘郁也。"均可见其作画很有奇想远寄。

其论书画均有卓见,论画影响更为深远。如重视神似,主张画外有情,画要有寄托,反对形似,反对程式束缚,提倡"诗画本一律,天工与清新",并明确提出"士人画"的概念等,为其后"文人画"的发展奠定了理论基础。存世书迹有《黄州寒食诗》、《赤壁赋》、《答谢民师论文》与《祭黄几道文》等。存世画迹有《古木怪石图卷》;又近年发现的《潇湘竹石图卷》也系他的作品。

诗、文、词、书、画,在文学的各个领域,苏东坡都取得了登峰造极的成就,是中国历史上少有的文学和艺术天才。他的风云史,折射出了中国文学领域的朝气蓬勃与辉煌成就。不过,这样的一位大文学家,却在仕途之路上磕磕绊绊,又造就了他的另一段悲情史。

苏东坡生活的宋朝，是中国历史上非常特殊的一个时代。文人获得了极大的重视，进入仕途的机会大大增加，一大批寒士通过科举进入仕途。

正因为如此，众多文学大家本身就是各级官僚，官位甚至高至宰相，如文学大家王安石，就是当时的一品宰相，并以改革闻名史册。

苏东坡也不例外，除了文学家的身份，他还有一个身份就是"官员"。不过，他的仕途之路并不轻松，一生在政治上备受打击。

1056年，只有20岁的苏东坡第一次参加了科举考试。他才华横溢，以一篇《刑赏忠厚之至论》获得主考官欧阳修的赏识。然而，欧阳修误认为这是自己的弟子曾巩所作，为了避嫌，使其只得第二。就这样，原本属于自己的第一名，就与苏东坡擦肩而过。"开门不利"，也许这已经暗示了他的未来并不会顺利。

1061年，苏东坡应中制科考试，入第三等，为"百年第一"，授大理评事、签书凤翔府判官。他以为，自己的辉煌时期就要来了，因此不免兴奋不已。然而就在这个时候，他的父亲于汴京病故，他不得不忧扶丧归里。这一回乡，就是8年的时间，他把最好的官场发展时机耽误了。

直到1069年，苏东坡终于服丧期满，回朝廷仍授本职。这个时候，北宋已经出现了政治危机，繁荣的背后隐藏着没落。

而宋神宗即位，又任用王安石支持变法，让朝廷一时纷乱无比。苏东坡的许多师友，包括当初赏识他的恩师欧阳修在内，因在新法的施行上与新任宰相王安石政见不合，被迫离京。朝野旧雨凋零，苏东坡眼中所见，已不是他20岁时所见的"平和世界"。

苏东坡见自己的友人与恩师被贬，自然对王安石颇有意见。加上在返京的途中，他又见到新法对普通老百姓的损害，因此更加不同意参知政事王安石的做法，认为新法不能便民，便上书反对。然而他没料到的是，这样做的结果，便是像他的那些被迫离京的师友一样，不容于朝廷。毕竟，王安石已掌握了朝廷的大权，怎可能容忍异己者存在？

见自己的上书没有效果，苏东坡就自求外放，调任杭州通判。从此，苏轼终其一生都对王安石等变法派存有某种误解。苏东坡在杭州待了3年，任满后，被调往密州、徐州、湖州等地任知州。在这些地方，他政绩显赫，深得民心。

在各地奔波的这段日子内，苏东坡度过了较为平静的一段时期。然而到了第十年，他遇到生平第一祸事。当时李定等人故意把他的诗句扭曲，以讽刺新法为名大做文章。1079年，苏东坡到任湖州还不到3个月，就因为作诗讽刺新法，网织"文字毁谤君相"的网罗罪名，被捕入狱，史称"乌台诗案"。

在狱中，苏东坡一共待了103天，期间险象环生，几次濒临被砍头的境地。幸亏，北宋在太祖赵匡胤年间即定下不杀士大夫的国策，苏东坡这才算躲过一劫。出狱以后，苏东坡被降职为黄州（今湖北黄冈县）团练副使。这个职位相当低微，并无实权。

面对这样的境地，苏东坡一时间心灰意冷，对政治失去了兴趣。到任后，他以旅游来放松自己的心情，曾多次到黄州城外的赤壁矶游览，写下了《赤壁赋》、《后赤壁赋》和《念奴娇·赤壁怀古》等千古名作，以此来寄托他谪居时的思乡感情。闲暇之时，他还带领家人开垦城东的一块坡地，种田帮补生计。"东坡居士"的别号，便是他在这时起的。

1084年，苏东坡再次离任，前往汝州任知府。黄州与汝州距离遥远，因此一路波折很多，他的幼儿也不幸夭折。汝州路途遥远，丧子之痛，让苏东坡更加悲伤，于是上书朝廷，请求暂时不去汝州，先到常州居住，后被批准。

就在苏东坡还未到常州时，神宗驾崩。年幼的哲宗即位，高太后听政，以王安石为首，新党被打压，司马光重新被起用为相。就这样，苏东坡的仕途明朗了起

来，以礼部郎中的官职被召还朝。在朝半月，升起居舍人，3个月后，升中书舍人，不久又升翰林学士知制诰(为皇帝起草诏书的秘书)。

然而就在这个时候，苏东坡的一个行为，把自己再次逼上绝路。当他看到新兴势力拼命压制王安石集团的人物及尽废新法后，认为其与所谓的"王党"不过一丘之貉，再次向皇帝提出谏议。他的这个做法，使自己既不能容于新党，又不能见谅于旧党，因而再度自求外调。

这一次，苏东坡以龙图阁学士的身份，再次来到阔别了16年的杭州当太守。苏东坡在杭州修了一项重大的水利建设，疏浚西湖，用挖出的泥在西湖旁边筑了一道堤坝，也就是著名的"苏堤"。也许杭州真的是他的福地，这期间他过得很惬意，自比唐代的白居易。

好景不长，到了1091年，苏东坡又一次被召回朝。但不久又因为政见不合，被外放颍州。1093年新党再度执政，苏东坡再次被贬至惠阳(今广东惠州市)。而后，他又被再贬至更远的儋州(今海南)。

流放至海南，意味着此生他与政治彻底无缘。因为在宋朝，放逐海南是仅比满门抄斩罪轻一等的处罚。后徽宗即位，调廉州安置、舒州团练副使、永州安置。

1100年，宋徽宗即位，大赦天下。当年的五月，苏东坡被赦免了流放之罪。但长期的劳顿困苦，他早已染病在身。

第二年六月，在回归的路上，苏东坡病逝于扬州，时年64岁。可怜一代大文豪，为后世留下了数百首诗词书画，却在政坛上总是郁郁不得志，以至于至死也没能回到四川老家。

评说台

苏东坡在文学上的建树，千百年来都被后人所敬仰。叶燮星期《原诗》说："苏轼之诗，其境界皆开辟古今之所未有，天地万物，嬉笑怒骂，无不鼓舞于笔端。"

赵翼《瓯北诗话》说："以文为诗，自昌黎始，至东坡益大放厥词，别开生面，成一代之大观……尤其不可及者，天生健笔一枝，爽如哀梨，快为并剪，有必达之隐，无难显之情，此所以继李、杜后为一大家也，而其不如李、杜处亦在此。"他的诗词清新豪健，善用夸张比喻，在艺术表现方面独具风格。少数诗篇也能反映民间疾苦，指责统治者的奢侈骄纵。词开豪放一派，对后代很有影响。李白以后，古代大约没有人赶得上苏东坡这种"豪放"。

但反观苏东坡的仕途，却远没有他的文学道路来得显赫坦荡。由于他始终身处新旧党争的漩涡之中，而他处世立身，自有本末，不会以一己之私或政治好恶而有所趋附，以至于他一生之中总是充满了小人的讪谤与迫害。

不过，苏东坡却始终故我。在他身上充分地体现出了士大夫的人格力量与主体精神。诚如王国维所言："即使无文学之天才，其人格亦自足千古。"对于世上的人，他相信他们都是好人，他以一颗善心看待世界，哪怕是政治上与他不和的人，私下里仍可成为朋友。

纵观苏东坡的政治路程，他可谓尽心尽力。对于百姓，他一刻也不曾忘过，无论是在京城、在杭州、在黄州，还是最后被贬海南，无论他有权力还是没权力，他都尽力为百姓做事，造福一方，自称是"伫立望原野，悲歌为黎民"。尤其是在杭州，他更表现出了强烈的爱民之心。他兴修苏堤，将水草变废为宝，还疏浚了运河，兴建我国第一座公办医院。正是他的努力，杭州西湖才有今天这样美轮美奂的面貌。

评价苏东坡的一生，也许这样一句话，最能体现后世对他的敬仰——宋代文坛一个光荣的名字，历史长河里一颗璀璨的明珠！

辛弃疾

——壮志难酬的悲壮词人

人物志

辛弃疾(公元 1140 年~公元 1207 年),字坦夫,改字幼安,号稼轩,济南历城人。他是我国历史上伟大的豪放派词人、爱国者、军事家和政治家。

辛弃疾的一生仕途颇为波折,多次被罢官。

1207 年秋,67 岁的辛弃疾身染重病,被任为枢密都承旨,令他速到临安(杭州)赴任。诏令到达铅山,辛弃疾已病重卧床不起。他带着忧愤的心情和没有实现的遗愿离开了人世,葬于瓢泉瓜山山后的阳原山。

风云榜

"醉里挑灯看剑,梦回吹角连营。八百里分麾下炙,五十弦翻塞外声,沙场秋点兵。"辛弃疾虽有这样的大志,但现实却很不如意。

辛弃疾的始祖辛维叶,曾任唐朝大理寺评事。高祖辛师古,曾任儒林郎。曾祖辛寂,曾任宾州司户参军。出生于这样的家庭,他自然对政治格外关注。

不过,在辛弃疾出生时,北方已沦陷金人之手,因父早亡,他自幼就随祖父辛赞生活。祖父辛赞虽在金国任职,但却向他不断灌输"不忘故国"的精神,希望他"投衅而起,以纾君父所不共戴天之愤",辛弃疾也亲眼目睹了汉人在金人统治下所遭受的屈辱与痛苦,这一切都促使他在青少年时代就立下了"恢复中原、报国雪耻"的远大志向。

高宗绍兴三十一年(公元 1161 年),金海陵王完颜亮杀掉金熙宗自立为王,并亟欲统一南北,就亲率大军大举南侵。当金军抵达长江北岸的采石矶时,因遭到宋军的顽强抵抗而致兵败,在金军混乱之际,完颜亮被人杀掉。

这时,山东沦陷区的仁人志士就顺势而起,纷纷扯起抗金大旗,其中耿京的队伍声势浩大。可时年只有 21 岁的辛弃疾却有战略家的眼光,他认为各自为政的义军,很难与兵败但依然强大的金军抗衡,就不如整合各方抗金力量协同作战,于是就率领自己组织起来的 2000 余人的队伍投奔耿京,并担任掌书记。他趁机向耿京提出归顺南宋朝廷的设想。

耿京被辛弃疾的卓识和忠义所感动,就派遣他为特别代表,过江和南宋朝廷洽商。

南宋政权迫于当时的政治情势和辛弃疾的出色表现,很快地答应了辛弃疾提出的联合抗金的谈判主张。谁知当辛弃疾完成使命回到北方时,北方的形势已经发生了逆转,抗金首领耿京不幸被叛徒张安国杀害,而且部分义军也被张安国带走归顺了金国,张安国也因此成了金国要员。

辛弃疾认为事关重大,不宜迟疑,就决定必须采取断然措施,否则后果将不堪设想。于是在悲愤之余,立即集合了 50 多名忠义军,直驱叛徒张安国军营,将其生擒,并迅速控制了局面,紧接着就靠其出众的口才当场说服了上万士兵起而反正,投奔南方,并将叛徒押回南宋首都建康,交给朝廷处决。

辛弃疾在关键时刻所表现出来的惊人的勇敢和果断,造就了他传奇式的英雄壮举,从而名声大震。因而,这位初出茅庐的英雄,便给后人留下了"慷慨纵横,有不可一世之概"的美好赞誉。鉴于他的非凡建树,宋高宗便破例任命他为江阴签判,从此开始了他在南宋的仕宦生涯,而这时他只有 23 岁。

几次宦海沉浮,辛弃疾虽然最终未能实现他"恢复中原,报仇雪耻"的梦想。

但他与命运抗争的精神，以及冒险闯敌营的豪迈壮举还是永远地定格在历史的坐标上，成为映照千古、矢志不移的一代英雄。

悲情史

由于南宋朝廷的目光短视，认为凭借长江天堑，金人不可能会再次渡江入侵，因此偏安临安。而从小就生长在沦陷区的辛弃疾，对金人一统南北的野心深有体会。

他就把"恢复中原"作为毕生的追求，因而屡次上书，主张武力抗金，并表明愿为国家效力的坚定决心。可惜这样原本正确的主张，却被南宋朝廷一次次否决。

由于辛弃疾秉性耿直、才情奔放，因此容易遭人嫉恨和陷害。而在现实生活中，他也逐渐体会到举朝上下皆已高枕无忧，绝无恢复中原之意，而且南北分离之势已渐形成，人人苟且偷生，个个讳言抗金。辛弃疾在心理上受到重创，无奈之下，只得借词抒怀，把现实中根本无法实现的壮志情怀寄托在文学创作中。

这一时期，他写了《美芹十论》、《九议》等大量作品，分析了对金人作战的重要意义，同时还利用职位有限的影响力为百姓做了大量的工作，并树立了朝廷的威望。可没想到，这同样也会遭人嫉妒，说他是"奸贪凶暴"，可不辨忠奸的朝廷就听信谗言，将他削职为民。这一罢官就是10年，10年之中，辛弃疾虽置身山水，却始终没有忘记家国之忧，并广泛涉猎诸子百家，寻找"雪耻图强、光复神州"的治国之道，可他看到国家正处于风雨飘摇之中，常常心急如焚、耿耿难眠。

后来朝廷终于良心发现，邀请他第二次出任官员，但因他性格倔强，依然没有受到重用，即便是这样，可为官不到3年，还是被再次罢免，这一退又是8年。

但对他打击最大的不是官场的沉浮，而是志同道合的至交——陈亮的突然去世，因为从此他再也没有了共鸣和弦的神交。但祸不单行，恰在这时，他上饶的住所又被一场大火化为灰烬。心灰意冷的辛弃疾无奈之下就搬到了铅山期思市之瓜山下,过着居无定所的艰难日子,饱受生活的蹂躏。

但苍天似乎再次开眼,朝廷第三次招辛弃疾任镇江知府,年迈的词人精神为之一振,虽年事已高,但斗志尚在,依然想努力把握这最后的机会,来实施恢复中原的夙愿,甚至常常以廉颇自比。但老英雄曲高和寡,应者寥寥,心情再次遭受打击。

面对自己的报国无门,辛弃疾真的有些心灰意冷了,在登临北固亭时,凭高望远,抚今追昔,感慨万千,就写下了他的千古名篇《永遇乐》,该词通过怀古的形式,把自身坚决抗金而反对冒进的主张刻意地表露出来,发出英雄失意的无限感慨。

没想到,亦是暮年的老英雄依然还遭人嫉妒诽谤,于是就愤然辞职。两年后,虽被朝廷征召,但未上任便因病而亡,直到临死前还大喊杀贼,在悲愤和遗憾中走完他不同寻常的一生,享年67岁。

评说台

辛弃疾作为热血男儿,当愿望在现实中屡屡碰壁,他就拿起文学创作这个犀利的武器,借词言志、挥洒豪情,虽然没能从根本上改变南宋腐败朝廷的态度,但辛弃疾的屡屡回召,就表明他在统治者心目中的地位。

也正是辛弃疾的桀骜不驯的性格、玉树临风的才气和宦海沉浮的感慨,才造就了他挥洒自如、气吞山河的词坛大家地位。

纵观辛弃疾的作品,抗金复国是其作品之主旋律,其中不乏英雄失路的悲叹与壮士闲置的愤懑,具有鲜明的时代特色。还以生动细腻的笔触描绘江南农村四时的田园风光、世情民俗。其词题材广阔,又善化用前人典故入词。风格沉雄豪迈又不乏细腻柔媚之处。在苏轼的基础上,大大开拓了词的思想意境,提高了词的文学地位。后人遂以"苏、辛"并称。其诗文亦有足称道者,特别是其文"笔势浩荡,智略辐凑,有权书衡论之风"。

　　辛弃疾的仕途无疑是失败的，他多次被贬，多次复用，却很难实现自己"收复失地"的梦想。但也许正是这份波折，让他在文学领域取得了傲人的成绩。假如，辛弃疾没有经历如此多的、诡柔多变的人生磨难，那么就会缺少辛氏荡气回肠、喷涌磅礴的豪迈之气，中国词坛将会大为逊色。

　　因此说，辛弃疾是屡遭磨难的文化英雄。是生活的残酷、人生的失意才成就了他名垂千古的辉煌篇章，才给浩如烟海的文化中多了酣畅淋漓的精神快餐，从这个角度讲，应该感谢生活的磨难。

　　因为，中国历史上虽然少了一个顶天立地的大英雄，却多了一个享誉世界的词坛大家。辛弃疾的政治生涯也许会被我们逐渐淡忘，但他的激昂诗词却永远留在人们的心间！

第七卷
巾帼不让须眉，却被历史打入另册

—— 巾帼篇

　　中国古代君主时代，大多推崇奴性教育，尤其对女性群体存在很大的歧视，甚至叫嚣"女子无才便是德"，尽管她们在某一领域取得了惊人成就，也很难被社会认同。至于女人参政，则更被视为大逆不道，似乎政治游戏就是男人的专利，使得女性的政治光芒被严重扭曲。甚至，掌握政治的男人把女人的漂亮也当做洪水猛兽，用"红颜祸水"来形容。

　　其实，古代政治女性的悲哀，不是缺少谋略和智慧，而是因为传统"性别文化"的偏见致使其被视作异端，男权时代，游戏规则都是由男人制定的。古代女人的悲哀，就是因为她们生在了不被接纳的时代。

吕 雉

——亦正亦邪的"执刀"者

人物志

吕雉(公元前241年~公元前180年),汉高祖刘邦之妻。

刘邦死后,吕太后临朝称制,站到了权力的顶峰。为了争夺权力,她杀害戚夫人和赵王的手段极其残酷,对待功臣也有过赶尽杀绝的打算。她大量提拔娘家人,给他们封王封侯,开了外戚专权的先例。

公元前180年,吕后病逝于未央宫,终年61岁。新朝末年,高祖长陵被赤眉军掘开,同陵异穴的吕雉尸体遭侮辱。

风云榜

刘邦的建国史,常被后世津津乐道。项羽、萧何、韩信,都给后世留下了一个个凄美且神秘的故事。而在这些历史人物中,有一位女性更是被后人所熟知,那就是刘邦的妻子——吕雉。

吕雉的家乡是今山东单县,她的父亲姓吕名文,字叔平,平常喜欢招揽四海英雄,因此被人称为"吕公"。后来为了躲避仇人,就暂住在至交好友沛县县令家里。

由于吕公对沛县感觉不错,便把家安顿在了沛县。在沛县,他结识了萧何与刘邦。他对刘邦的印象很好，认定他将来一定能成就大事，所以，就把女儿嫁给了他。

不过，刘邦年轻时，是一个游手好闲的"混混"。常戴一项自制的竹帽到处闲逛，骗吃骗喝，三天两头不见人影，织布耕田，烧饭洗衣，孝顺父母及养育儿女的责任，都一股脑地落在吕雉一人身上。因此，吕雉的婚姻，算不上幸福，但"嫁鸡随鸡，嫁狗随狗"，吕雉也只好忍耐。然而他不知道，自己的磨难，还没有到头，丈夫给自己带来的，是源源不断的磨难。

楚汉战争，刘邦和项羽打得天昏地暗，吕雉甚至还成了项羽的俘虏，在项羽把吕后押到两军阵前，以烹杀吕后威胁刘邦时，刘邦居然笑嘻嘻地说，你爱杀就杀，悉听尊便。可想当时的吕雉，一定是心寒如冰，透骨冰凉。

4年的楚汉战争中，吕雉一直被囚在楚军之中做人质，受尽了折磨、凌辱，挣扎在生死边缘，使其心理和精神受到了严重打击，也造成了以后多疑与缺乏安全感的后遗症，变成心地狭隘、紧张恐怖、阴狠毒辣，以及凡事先下手为强的性情和办事手法。

"百忍能成精"，多年的忍耐终于带来了好结果：公元前203年秋，吕雉终于被救出，留守关中。这时候的刘邦，意识到妻子为自己付出了很多，因此心怀内疚，将她册封为王妃。刘邦称帝后，吕雉又被立为皇后，子刘盈为太子，以表彰这些年来她对自己的忠心耿耿。

公元前195年，刘邦出征讨伐英布。在战场上，他被一箭射中，并且伤势日渐加深。他担心自己活不多久，想废太子刘盈，立赵王如意。

吕后得知此消息，自然是坐立不宁。她为刘邦牺牲了那么多，就是为了能够当上皇后，让儿子继承皇位。于是，她先找到了自己的哥哥吕释之，又找到张良想办法。

张良虽然足智多谋，但一开始，他并不愿出主意。后来在吕释之的胁迫下，他才献出一计："改立太子之事很难用口舌去争辩取胜。秦末时有4位老人，逃匿山中，誓不为汉朝的臣。然则皇帝对此4人却很敬重。如果太子能亲书一封，去请他们来。请来之后，让他们时时随太子入朝，让皇帝知道了有这4人辅佐太子，就不会再改立太子了。"

有了张良的建议，吕后大喜。于是，她把4位老人请到太子府。当时，刘邦在未央宫前殿举行家宴，太子刘盈自然在座。刘邦看见有4个鬓发斑白、衣冠楚楚的老者在太子左右侍奉，问他们是干什么的。

4位老人上前各自报了姓名：东园公、甪里先生、绮里季、夏黄公。刘邦一听，惊异得瞪大了眼睛，这4个老人正是自己追求了许久的"商山四皓"！见有这4个谋士辅佐刘盈，从此之后，刘邦再也不提废立太子之事。

吕后用计保住了自己儿子的太子地位，让她悬着的心放了下来。也许是通过这件事，她对政治管理产生了兴趣，于是开始逐渐扩大自己的势力，既保护儿子的皇位，又满足自己的从政心理。尤其是在除彭越和韩信这件事上，她表现出了更加老练的政治手段。

为了巩固自己的地位，吕后首先对彭越下了手。彭越是刘邦手下的著名大将，被封为梁王。有人诬告彭越伙同部将合谋造反，又因无证据，皇上只得免于死罪，废为庶人，发配蜀中。吕后得知此消息，立即赶往洛阳来见刘邦。车驾走到郑县，恰巧与发配途中的彭越相遇。吕后装出十分惊讶的神色，说道："彭将军所犯何罪，竟至于此？"彭越向她诉说了自己的冤屈。

彭越天真地以为吕后会真的同情自己，帮自己在刘邦面前美言几句。谁知当吕后回到洛阳后立即去见刘邦，对他说："臣妾在长安闻报梁王彭越谋反，陛下不加以重罪，恐有放虎归山之患。"刘邦说："梁王谋反，查无实据。姑念他立功卓越，才饶他一死。"吕后连连摇头道："彭越乃一大丈夫，岂肯就此伏罪？若将他发配蜀中，万一再图谋反，只怕陛下无良将可抵御！"

吕后的话，让刘邦觉得有几分道理，于是同意了吕后的建议。满心欢喜的彭越一心等着吕后说情，不料诏令下来却是"判死罪，立即枭首示众，夷三族"。彭越死后,他的尸体被剁成肉酱。

接着,厄运又降到了韩信的身上。韩信为刘邦打天下立过大功,被封为楚王。不过,刘邦一直对他有所怀疑。为此,他首先把韩信由齐王改封为楚王,又由楚王贬为淮阴侯,又用陈平的计谋捉住韩信,废为平民,但汉高祖刘邦一直没有杀韩信,因为高祖曾与韩信有约:见天不杀,见地不杀,见铁器不杀。

不过,吕后可不吃这一套,因为她总担心韩信迟早会起兵造反。于是,她与萧何设计,把韩信骗入宫中,然后用布把他兜起来,用竹签刺死。

刘邦听到韩信被吕后杀后,"且喜且哀之",既对吕后欣赏,又感到了一丝恐惧。而吕后的这一招,的确收到了杀鸡儆猴的作用,朝中大臣看到她连韩信这样的人都敢杀,不免都对她畏惧几分。

此后几年,吕后又先后歼灭了英布、卢绾等异姓诸侯王,这样,刘盈的皇位得到了更加巩固,而她自己的势力也是越来越大。

当刘邦死后,刘盈即位,吕后更是要保障自己的地位不受威胁。因此,她对刘邦的子孙们痛下杀手。刘邦共有 8 个儿子,分别是刘肥、刘盈(即汉惠帝或称孝惠帝)、刘如意、刘恒、刘恢、刘友、刘长、刘建,其中只有刘盈是吕后亲生。

吕后掌权后,先是毒杀了刘如意,然后又因小事想对刘肥故伎重演,被刘肥识破,刘肥设计自保逃过一劫。后来,吕后又设计饿杀刘友,迫使刘恢自杀,刘建病死只留下一个儿子,也被吕后派人杀掉。没有受到吕后威胁的只有刘恒和刘长二人。

吕后既有贤惠的一面,在刘邦年轻时始终不离不弃,为他打理身后事;而成为皇后时,她又表现出了心狠手辣的一面,为了保住自己的地位,她不惜采用各种手段,甚至将汉朝的开国将领——斩杀。

吕后是个强势的女人,这是她能够名垂千古的重要原因,但正是这份强势,让她走上了一条悲情的路。

汉高祖十二年(公元前195年),刘邦驾崩,17岁的刘盈即帝位,吕雉为太后。刘盈年幼羸弱,因此大权操在吕太后手中。

吕后为剪除异己,吕后毒杀赵王如意、砍断戚夫人手足,挖眼烧耳,给她吃哑药使她变哑,并置之厕中,任其哀号,名为"人彘"。

见到自己的母后如此凶残,刘盈心里有一种说不出的不痛快,因此弃理朝政,变得郁郁寡欢。

公元前188年,刘盈终于在忧郁中病逝。少帝刘恭成为新皇帝,吕太后临朝称制,行使皇帝职权,为中国皇后专政的第一人。

公元前184年,因童稚口无遮拦,刘恭因为触犯了吕后的忌讳,吕后遂杀少帝刘恭,立刘弘为(后)少帝,吕太后照旧临朝天下,所以刘弘不称元年。

独掌大权后,吕后为了强化自己的统治,采取"无为而治",巩固西汉政权的同时,首先打击诸侯王和政治上的反对派,重用其宠臣审食其。

接着,她又布置党羽,大封诸吕及所爱后宫美人之子为王侯。随后杀掉赵王刘友和梁王刘恢。同时,她追封她已故的两个哥哥为悼武王和赵昭王,以此作封立诸吕为王的开端。

吕后元年(公元前187年),封侄吕台为吕王,吕产为梁王,吕禄为赵王,侄孙吕通为燕王,追尊父吕文为吕宣王,封女儿鲁元公主的儿子张偃为鲁王,将吕禄的女儿嫁给刘章,封刘章为朱虚侯,封吕释之的儿子吕种为沛侯,封外甥吕平为扶柳侯。

吕后二年,吕王吕台去世,谥号肃王,封其子吕嘉代吕台为吕王。吕后四年,又封其妹吕嬃为临光侯,侄子吕他为俞侯,吕更始为赘其侯,吕忿为吕城侯。吕后先后分封吕氏家族十几人为王为侯。

吕后这种行为,自然引起了一些官吏的不满。这其中,右丞相王陵就坚决反对封诸吕为王的政策，坚持高祖与大臣的盟约，"非刘氏而王，天下共击之。"吕太后不高兴，就让他担任皇帝的太傅，夺了他的丞相职权。

不得已，王陵只得告病回家。随后，吕后又让审食其为左丞相，居中用事。陈平、周勃虽然不服，也只好顺从。审食其不处理左丞相职权范围内的事情，专门监督管理宫中的事务，像个郎中令，吕太后常与他决断大事，公卿大臣处理事务都要通过审食其才能决定。

吕后这些做法，遭到刘氏宗室和大臣的激烈反对。因此，自然有些地方出现了一定的骚乱。朱虚侯刘璋和周勃、陈平等先发制人，发动兵变，这是吕后不曾料到的结果，这让她一下子病倒了。

公元前 180 年，吕后病重，她临终前仍没有忘记巩固吕氏天下。在她病危之时，下令任命侄子赵王吕禄为上将军，统领北军；吕王吕产统领南军，并且告诫他们："高帝平定天下以后，与大臣订立盟约，'不是刘氏宗族称王的，天下共诛之。'现在吕氏称王，刘氏和大臣愤愤不平，我很快就要死了，皇帝年轻，大臣们可能发生兵变。所以你们要牢牢掌握军队，守卫宫殿，千万不要离开皇宫为我送葬，不要被人扼制！"

公元前 180 年 8 月 1 日，吕太后病死，终年 62 岁。不过，她的悲剧并未到此为止。虽然她的兄弟，侄子吕禄、吕产等人手握重兵，但都不堪一击，并且内部也产生了一定混乱。最终这场战役，以皇族集团的胜利而告终。

然而，吕后的悲情还远远没有结束。有谁能知道，她的尸首竟然遭到了赤眉军的侮辱这一惊心动魄的事件。

赤眉军是西汉末年的农民起义军，他们贪图财物，所到之处，大肆抢掠。将京城洗劫一空之后，起义军纵火焚烧宫室，扬长而去。他们浩浩荡荡地来到南郊，兵马极盛，号称百万，声震四野。刘盆子乘坐着帝王之车，驾着 3 匹骏马纵横奔驰，身后跟随着数百精骑。他们从南山直奔城邑，在郊外与更始将军严春展开激战，尸横遍野，最后大败严春。

他们占领安定、北地，来到阳城，突然天降大雪，寒风刺骨，冰天雪地，许多起义军在冰雪中冻死。他们两眼血红，满腔仇恨，浩浩荡荡地回到城郊帝陵，疯狂地挖掘皇帝、后妃陵墓。他们惊奇地发现，汉高祖皇后吕雉的尸体，由玉匣装殓，珠宝如山，尸体鲜活如生。起义军疯狂了起来，他们一个接一个地奸淫了吕雉的尸体！

尽管这个故事没有得到史学家的一致认同，却反映出，吕后的墓曾经遭到过极大的破坏，这对于渴望得到后世安宁的故人来说，莫不是一场奇耻大辱！为什么起义军会破坏吕后的陵墓？

也许是因为吕雉的形象，早已被定为"心狠手辣、篡位夺权"，这与古代的道义完全相悖，因此起义军才要以这种方式来发泄心中的愤怒。纵横政坛数十年的吕雉，一定会对这样的事情羞愧难安！

🌀 评说台

虽然后世对吕雉的评价毁誉参半，但无论如何，更多看到的是她在当时为她的子民所作出的成绩为定论的。所以仅在这一方面，对她的评价应该是正面的。

首先，吕雉在当权时期内，进一步推行"修养生息"的政策。刘邦临终前，吕后问刘邦身后的安排。她问萧何相国后谁可继任，刘邦嘱曹参可继任；曹参后有王陵、陈平，但不能独任；周勃忠诚老实，文化不高，刘家天下如有危机，安刘氏天下的必是周勃，可任太尉。

吕后虽实际掌握大权，但她是遵守刘邦临终前所作的重要人士安排遗嘱的，相继重用萧何、曹参、王陵、陈平、周勃等开国功臣。而这些大臣们都以无为而治，从民之欲，从不劳民。在经济上，实行轻赋税，对工商实行自由政策。在吕后统治时期，不论政治、法制、经济和思想文化各个领域，均全面为"文景之治"奠定了坚实的基础。

此外，吕雉还有政治家的风度。刘邦死后，匈奴冒顿单于曾下书羞辱吕雉，说："你死了丈夫，我死了妻子，两主不乐，无以自虞，愿以所有，易其所无。"吕后采纳季布的主张，压住怒火，平心静气复书说："我已年老体衰，发齿也坠落了，步行也不方便。"然后赠与车马，婉言谢绝，终于化干戈为玉帛，匈奴自愧失礼，遣使向汉朝认错。这件事，可以看出吕雉对待外交事务时的镇定与冷静，彰显出了大国风范。

对于斩杀彭越、韩信的事情，如果我们换一个角度，也会得出不一样的结果。吕雉采取的这种暴力手段，使许多封国都没有能够充分发展壮大起来，实质冲击了分封制赖以存在的时空条件，严重削弱了分封制度，为汉景帝削藩和汉武帝推恩令并剥夺王侯军政大权等行动奠定了基础。

从汉武帝时期开始，分封制度发生本质变化，被封王侯只享受其封地上的税赋，没有对其封地的行政管理权。如果没有吕后的这一番作为，纵然是雄才大略的汉武帝，怕也难以完成中央集权制大帝国的构建工程。所以，我们可以这么说：吕雉就是中国分封制的掘墓人。

正是因为对中国历史有如此多的功绩，许多文人墨客对吕雉的评价都颇高。司马迁著《史记》，这样评价吕雉："吕后为人刚毅，佐高祖定天下。"

王昭君
——为家国，忍辱负重释大义

人物志

王昭君（约公元前 52 年~公元前 20 年），西汉南郡秭归（今湖北省兴山县）人，与西施、貂婵、杨玉环并称为中国古代四大美女。

王昭君的一生诸多波折，先是入选宫廷，因无钱贿赂画师，长期不得恩宠。公元前 33 年，匈奴欲与汉和亲，朝廷将王昭君许给匈奴王。

汉元帝见到王昭君的相貌后心生悔意，但已是无奈。王昭君到匈奴后，积极发展两国关系，为国家的和平作出了巨大的贡献。

风云榜

昭君出塞、昭君和亲、四大美女之一……可以说，王昭君在民众心中的地位，绝不亚于武则天这样的政治风云人物。

王昭君出生在三峡一个叫秭归的地方。虽然当时正值汉朝盛世，但这里却比较荒僻，因此王昭君的父亲带着两子一女，和妻子一道，耕种小得可怜的几块山坡地，种些杂粮维持生计，仍然过着勉强温饱的艰苦生活。有时，家人还要替溯江而上的船只拉纤贴补家用。

也许正是因为秭归这个地方人烟稀少，因此王昭君幼年时全家和乐，与世无争,始终保持先人的传统,没有忘记他们也曾是受人尊敬的诗礼门第。

由于王昭君是女孩,她又有两个哥哥,因此出力的活儿轮不到她。她除了跟着母亲娴习女红之外,更在父亲的督促下读书习字,虽然生长在穷乡僻壤,却饶有大家闺秀的风范。

当王昭君渐渐长至豆蔻年华时,汉元帝下诏征集天下美女补充后宫。王昭君是十里八乡出了名的美人,因此自然被选入宫。不过,从全国各地挑选入宫的美女数以千计,皇帝无法一一见面,只好让画工毛延寿各画肖像一幅呈奉御览。

能让自己家的女子入宫,这是多少家庭奢望的事情!所以,那些出身富贵人家,或有亲友支援的,莫不运用各种渠道贿赂画工。而王昭君家境贫寒,更自恃美冠群芳,既无力贿赂,也不屑于欺瞒天子,因此什么礼物也没有送。

毛延寿见自己没有拿到王昭君的贿赂,心中自然不快,不但把她画得十分平庸,而且更在面颊上点了一颗硕大的黑痣。等到汉元帝看到王昭君的画像时,嫌恶之余,更以为她是个不实在的女人。因此,5年过去了,她仍是个待诏的宫女身份。

王昭君原以为,自己一辈子只能如此,在凄凉和卑微中度过一生。然而,事实上命运总是"触底反弹",王昭君也是如此。汉元帝竟宁元年,南匈奴单于呼韩邪前来朝觐,王昭君的命运无意间起了突破性的变化。

早在汉宣帝时,匈奴发生内乱,5个单于分立,相互攻打不休。其中有一个呼韩邪单于,被别的单于打败,逃到汉朝来,亲自朝见汉宣帝。呼韩邪单于是第一个到中原来朝见的单于,汉宣帝亲自到长安郊外去迎接他,为他举行了盛大的宴会。

呼韩邪单于在长安一住就是一个多月。等到他回去的时候,汉宣帝派了两个将军带领1万人护送他到漠南。这时候,匈奴正缺粮食,汉宣帝送去了34000斛粮食。呼韩邪单于非常感激。西域各国看见汉朝对呼韩邪单于这么好,也都争先恐后地同汉朝打交道。

公元前33年,呼韩邪再一次携带大批皮毛及骏马作为贡品来到长安,对汉元帝执礼甚恭。汉元帝大为高兴,大摆筵席,招待这位远道而来的"贵宾"。席中,呼韩邪提出"愿为天朝之婿"的请求。汉元帝乐得以此羁绊住呼韩邪,于是就答应了他的要求。

然而,该选谁去和亲呢?这让汉元帝犯了难。让公主去吧,自己非常舍不得,他不愿看到自己的妹妹去遥远的塞外生活。这时候,石显提出建议说:"后宫那么多女子,何不选上一个,赐给封号,着其和亲,岂不是好?"

元帝闻之大喜,急忙与其他大臣商量。见大臣们也没有相反意见,于是就下了一道圣旨,命愿意和亲者自行请行。

一开始,当后宫宫女们听闻此消息,犹如鸟儿在樊笼,都争着想出去,但一听是去荒漠遥远的匈奴,一个个就像霜打的茄子垂头丧气,然而,王昭君却突然感到,自己的人生转机就要来了。于是,她不顾姐妹们的规劝和阻拦,慨然提出请求:自愿赴匈奴和亲,以加深两国友情。

王昭君的主动请缨,自然令朝廷万分激动。甚至,汉元帝当即召见了王昭君。当汉元帝见到王昭君后,立刻被王昭君的容貌惊呆了,他想不到居然在宫廷待了5年,竟然没有发现如此漂亮的女性!汉元帝心中快快地回到后宫,找出了待诏宫女图册,翻到王昭君的画像,只见画像与本人有天壤之别,而粉颊秀靥上,何曾有什么黑痣。

刹那间,汉元帝把失去王昭君的懊悔心理,转化成对画工毛延寿的愤怒,当即传命让人彻底追查,才知道都是毛延寿索贿不成,故意将王昭君的花容月貌绘成泥塑木雕的平庸女人,于是将毛延寿以欺君之罪斩首。

但是,汉元帝的泄愤,并不能将王昭君挽留。因为,他已经答应了匈奴呼韩邪单于。身为皇帝,怎能出尔反尔?而呼韩邪单于看到王昭君乃绝世美女,心中也大为高兴,整天饮酒作乐,并遣使致送大批玉器、珠宝及骏马,以报答汉天子的特别恩遇,甚至上书愿保境安民,请罢边卒,以休天子之民。

王昭君的历史功绩,不仅仅是她主动出塞和亲,更主要的是她出塞之后,使汉朝与匈奴和好,边塞的烽烟熄灭了50年,增强了汉族与匈奴民族之间的民族团结,是符合汉族和匈奴族人民的利益的。

抱得美女归,这自然令呼韩邪单于感激汉朝廷的慷慨大方。因此,在他在位期间,匈奴第一次结束了与汉族之间的敌对状态,改变了两族紧张而不正常的关系,使之转入和平、友好的关系,开创了汉匈两族团结合作的新局面。

不仅如此,依据王昭君的建议,呼韩邪单于还打破了旧传统,首开了我国北部地方政权接受汉朝中央领导的先河,促进了塞北与中原的统一。

呼韩邪单于的一系列举动,自然也得到了汉朝的支持,帮助他结束了匈奴20余年以来的分裂状态,为匈奴恢复社会生产和增长人口提供了前提条件。呼韩邪单于的政绩表明他是匈奴族的一位杰出首领,而这一切都与王昭君的努力分不开。

然而,王昭君真的幸福吗?答案自然是否定的。王昭君身为汉室女子,自然不愿孤身到塞北生活,但是面对现实的残酷,她又不得不做出如此选择。

所以,纵使王昭君的历史地位再高,也不能掩饰她个人悲情的一面。

悲情史

中国历史上的美貌女子,似乎都很难得到命运女神的眷顾。王昭君也不例外,即使当她嫁给呼韩邪单于之后。

到了塞外第二年,王昭君为呼韩邪单于生下一子,取名伊督智牙师,封为右逐日王。又过了一年,呼韩邪单于病逝了。这一年,王昭君才二十三四岁,正是风华正茂的年龄,并已生有一子。刚出塞才两年的她,举目无亲,既感到悲伤,又分外地觉得茫然无计。

偏偏在这个时候,按照胡人"父死,妻其后母"的习俗,她必须改嫁给丈夫的大儿子。而这一点,对于自幼受汉族传统伦理教育和知书达礼的她,是怎么也不能接受的。于是,她万般无奈,不得不致信汉朝廷,希望能得到朝廷的援助。然而,

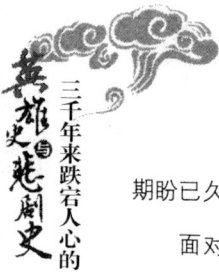

期盼已久所得到朝廷的回复则是：随胡俗。

面对汉王朝的如此答复，王昭君不得不含泪忍辱。为了国家的利益，她违背伦理道德，嫁给曾经是自己儿子的复株累新单于。这对于汉族来说，可谓最大逆不道的事情！稍值庆幸的是，与新单于婚后，感情还算不错，之后又生育了两女。

然而，也许王昭君的命运注定是悲惨的。11 年后，在王昭君大概 35 岁时，复株累单于又去世了。此时，她从 16 岁离开湖北秭归家乡，至此时已是近 20 年。思乡心切，梦牵魂绕的故乡和爹娘，时时困扰着她，她多么盼望能回家乡看看。

于是，她又致信汉朝，要求回乡省亲。但是，就是连这么一点儿正当的小小要求，竟然也遭到了汉王朝的拒绝。这更令她柔肠寸断，悲愤难平，倍觉孤独。之后的 10 多年间，她在思乡和悲愤中捱过。年复一年，老了红颜，华发早生。

王昭君身在塞外，却依然难逃政治的变幻莫测。由于王昭君为汉匈两族的和平共处立下汗马之劳，所以她身在中原的亲戚被加封晋爵。王昭君的哥哥被朝廷封为侯爵，多次奉命出使匈奴，与妹妹见面；王昭君的两个女儿也曾到长安还入宫侍候过太皇太后。

而这位太皇太后，正是汉元帝的皇后，她有个著名的侄子王莽，先谦恭下士博取虚名，后玩了一套所谓尧、舜、禹时代的"禅让制"，夺取西汉政权，建立"新"。

这件事，引起了匈奴族强烈的不满，认为王莽"不是刘氏子孙，何以可为中国皇帝？"于是边衅迭起，祸乱无穷。就这样，王昭君努力建立的汉匈友好关系，终于毁于一旦。

眼看自己创造的和平岁月灰飞烟灭，王昭君越来越忧郁悲伤。终于，在她 50 岁左右，一代佳丽在永不瞑目中逝去了，葬在大黑河南岸。王昭君的墓地至今尚在，在今内蒙古包头西南 25 公里的黄河岸边。据说入秋以后塞外草色丰卉黄，唯王昭君墓上草色青葱一片，所以叫"青冢"。

可悲可叹，为西汉政局稳定作出了极大牺牲的女子，竟然最终以这种凄凉的方式告别了自己的一生。

评说台

虽然王昭君生活的年代距今已有两千多年，然而，她却是最蜚声史简的女性历史人物。近两千年来，诗坛大家、史学巨擘乃至老一辈革命家都同她结下了不解之缘。这其中有杜甫、江淹、王安石、马致远等，在今人中有董必武、郭沫若、范文澜、翦伯赞、曹禺、吕振羽、翁独健等。文学家们选韵赋诗、擘笺觅句，要塑造出一个绮年玉貌的汉朝女子别乡去国、和亲匈奴的形象，讴歌那段民族融合的历史佳话。

除了文人墨客，史学界对王昭君的评价也很高。汉朝在立国之初，便与匈奴兵戎相见，烽烟蔽日，鼙鼓震空。"自从兵戈动，遂觉天地窄。"百姓流离，田园丘墟，北方边陲迨无宁岁。自昭君和亲后，双方化干戈为玉帛，铸刀剑为犁锄，北方边陲出现了"边城晏闭，牛马布野，三世无犬吠之警，黎庶无干戈之役"的和平景象。

1954 年，在包头汉墓出土的"单于和亲"、"千秋万岁"、"长乐未央"等瓦当残片便是这一段历史的见证。秦汉之前，北方少数民族不受中原王朝管辖，"自三代之盛，胡、越不与受正朔"，自呼韩邪归汉开始，边疆王朝才置于中央王朝的领导之下，从而为祖国的统一打下了基础。这一切，都是王昭君的政治功绩。

史学家翦伯赞曾经这样评价王昭君："比起历史上的大人物来，王昭君确实是个渺小的人物，她当时不过是汉元帝掖廷中待诏的一个宫女，但历史上往往有一些渺小人物，扮演着重要的角色，王昭君正是一个扮演重要角色的渺小人物。"

的确，作为汉元帝掖廷中一个宫女，王昭君不过是封建专制皇帝脚下的一粒沙子，但作为一个被汉王朝选定的前往匈奴和亲的姑娘，她就像征代表了一个王朝、一个帝国、一个民族,并且承担了这个王朝帝国民族寄托在她身上的政治使命。

正是有鉴于此,老一辈革命家董必武才写出了"昭君自有千秋在,胡汉和亲见识高"的诗句。王昭君的形象与精神,从而成为中国传统文化中的瑰宝!

武则天

——开元盛世"奠基者"

人物志

武则天(公元 624 年~公元 705 年),汉族。贞观十一年(公元 637 年)被唐太宗选入宫中,唐高宗时为皇后(公元 655 年~公元 683 年),唐中宗和唐睿宗时为皇太后(公元 683 年~公元 690 年),后自立为武周皇帝(公元 690 年~公元 705 年),改国号"唐"为"周",定都洛阳,并号其为"神都"。

称帝期间,武则天治理下的国家社会秩序安定,生产发展,虽比不上贞观时期,却为唐玄宗的"开元盛世"奠定了基础。同时,重视农桑,选拔人才不拘资历门第。

她极有耐心地经营了 50 年,终于打破皇位男性化传统格局,成为中国历史上唯一的女皇帝。

风云榜

在男性为主导的封建社会中,武则天犹如一道霹雳,让所有人都瞠目结舌。

武则天名媚娘,自幼美貌动人,而当时唐朝正值贞观之治,国内一片繁华安定。因此，唐玄宗也开始大招美女，为后宫增添佳丽。

借着这样的机会，贞观十一年（公元 637 年）春，14 岁的武则天因美貌应召入宫，始为才女，赐号武媚。当时，武才人正是豆蔻年华，柔情缠绵，很会讨皇上喜欢。初幸之日，唐太宗便为之倾倒。此后，几乎夜夜召她侍寝，并把她安置在福绥宫，派出自己贴身的宫人前去服侍。

不过，因为种种原因，武媚娘虽打动了唐太宗，却终究未能晋位皇后。为什么会如此? 这是因为她在宫中的 12 个春秋，没为太宗生养子嗣，自己也没有得到升迁。同时，深宫的生活也很寂寞，让她慢慢体味到宫廷生活的方方面面，这对于一个不安于现状的人来说，倒成了一种受用不尽的财富。

然而，就在武媚娘还未彻底考虑好自己的未来时，太宗突然驾崩了。太宗死后，她同其他未生养子女的宫人们一起被剃度落发，到了感业寺。从这之后，武媚娘开始了她的青灯古佛为伴的尼姑生涯。

虽然身居寺院，但是武媚娘的美貌还是没能被宫里的人忘记。当时，王皇后正与萧淑妃争宠，决计利用武媚娘的美貌，转移高宗对萧氏的厚宠。于是，她令武氏暗中蓄发，献给高宗，封为宸妃。

终于，武媚娘等到了回宫的机会。那一天，高宗特地置了一席丰盛的御宴，为她接风。王皇后更是把她当成知音，一有机会便在皇上面前夸奖她。在王皇后的协助下，不久皇上降旨册封武媚娘为昭仪，与此同时，对萧淑妃的百般恩爱也在消逝，宠极一时的萧淑妃尝到了失意的苦头。

王皇后原以为，自己的手段高明，除掉了萧淑妃就可以独领后宫，谁知她很快就发现，自己的良苦用心却换来一个新的对手。在入宫后的第二年，武媚娘生了一个儿子，高宗给他取名弘。武昭仪有子，高宗正式册封她为"昭仪"，地位仅次于皇后。这样一来，武媚的地位骤然上升了。

这个时候的武媚娘，已经对权力有所向往。她决定，要让自己的儿子当太子。不过她也明白，要想让自己的儿子能被立为太子，首要的是自己须登上后位。

也许是上天眷顾,武媚娘的皇后梦想很快就实现了。永徽五年(公元 654 年)十二月十七日,武媚娘为唐高宗生下第二个龙子,取名贤,封潞王。

潞王贤 4 个月的时候,有一天,高宗来看他的儿子。武昭仪亲自抱着孩子在宫门迎候,极尽殷勤。高宗见武媚娘美丽动人,同时又连为自己生了两个儿子,心中不禁大悦。公元 656 年十一月一日,唐宫举行了隆重的册后仪式。至此,武昭仪登上了皇后宝座。

这一年的武媚娘,年纪只有 32 岁,可谓正值黄金年龄。而她被册封皇后的第二年,高宗便开始疏于国事,实际上军国大事的处置权落在武后之手。至封后的第五年,高宗基本上不再过问朝政。公元 660 年,由于高宗身体渐弱,又患上了风疾,因此更加不理国事,让武后处理部分政务。

从此,武后参与朝政,处事都符合高宗之意。在此期间,出于天时、地利、人和等因素,朝政十分顺利,特别是在隋末唐初屡屡受挫的高丽战场,自显庆五年后频频告捷,唐朝疆域也得到扩大。

此时的高宗,身体也越来越差了,再也顾不得朝政的问题。因此,武媚娘独自处理朝政的机会越来越多,在朝廷上慢慢有了公开的势力,但这引起了唐高宗的不满。

麟德元年(公元 664 年),唐高宗和宰相上官仪商议对策,决定废掉武则天,这件谋划最后因为武则天反应敏捷、处理得法而流产了。

武媚娘自然不甘心放弃已经得到的权力,所以从这一年起,武媚娘开始垂帘听政。时人把她与唐高宗并称"二圣"。不是高宗愿意如此,而是他明白,武媚娘已经负责朝政多时,有了一定的经验与能力,朝廷离不开她;再说,自己已是病怏怏的身体,又怎么能管得了这么多?

公元 666 年 10 月,武媚娘参加了泰山封禅,随后还提议高宗给大臣赐爵加位。通过这些举动,武则天扩大了政治影响力,收买了人心。

公元 674 年,武媚娘的权力更大了。因此,她将唐高宗的皇帝称号改为"天皇"，自己则称"天后"，进一步提高了自己的政治地位。此后，她开始扶植外戚，为改朝换代做准备。同时武则天针对当时情况向唐高宗提了 12 条建议，史称"建言十二事"，这是武则天第一次独立提出自己的施政纲领。公元 683 年，高宗终于去世，中宗李显即位，武氏为皇太后。

成为皇太后的武媚娘，地位更加稳固。公元 684 年，她废李显为庐陵王，立李旦为帝。武后临朝称制，从此武则天开始了真正独断朝纲的时代。同年九月，徐敬业（李勣的孙子）在扬州会聚了 10 万人马，发动了一场针对武则天的叛乱，武则天派遣 30 万大军迅速平定了叛乱；与此同时，武则天诛杀了顾命大臣裴炎等人，基本清除了朝中的反对派；她还设计逼反李唐宗室，借机大开杀戒；扫除称帝的障碍。为了打击潜在的对武则天不满的人，垂拱二年（公元 686 年）三月起，武则天开始奖励告密，任用酷吏。

对异己的沉重打击，是武媚娘称帝扫清障碍的第一步。与此同时，她还造祥瑞，建明堂，并在佛教经典《大云经》中找到了女人称帝的依据，为自己称帝大造舆论。

公元 688 年 5 月 18 日，武太后加尊号"圣母神皇"，向称帝试探性地迈出了一步。见无人反对，她在 690 年废睿宗，自称圣神皇帝，改国号为周，定东都洛阳为神都，史称"武周"。武则天以 67 岁的高龄君临天下，成为中国历史上唯一一位女皇帝。

成为皇帝后的武则天，在政治上颇有建树。她以知人善任著称，一朝号称"君子满朝"，娄师德，狄仁杰等著名的贤臣均在其列，后来的"开元贤相"姚崇和宋璟也是武则天时期提拔起来的。同时，她也平定边患，保证了社会的稳定，这都是她一生荣耀的政绩。

公元 705 年，大周爆发"神龙政变"，张柬之、桓彦范、崔玄、敬晖等人联合右羽林大将军李多祚发动政变，逼武则天退位，迎中宗复位。同年十一月，武则天去世，享年 82 岁。

一个漂亮的女人，从一个普通的才人，最终走上皇帝的宝座，这在中国历史上是绝无仅有的，可谓"前无古人，后无来者"。

悲情史

中国古代讲究"男尊女卑"，因此，看到一个女人成为皇帝，自然会引来很多麻烦。

武则天不是不懂这个道理，所以在通往皇帝宝座的路上，她必须采用心狠手辣的手段排除异己。

武则天第一次采取强制手段，竟然是对自己的儿子。当时，高宗已经体弱多病，虽然她已独揽大权，但是她明白，自己能如此呼风唤雨，是因为可以打着高宗的旗号稳坐龙廷。但高宗死后，自己还能发号施令、一呼百应吗？因此，要想永远把持大权，就得把太子控制在自己手里。

正是她的那种强势，让长子弘闷闷不乐，最后郁闷而死。他死后，武则天的次子贤被武后立为太子。太子贤亦非百依百顺的人，而武后决不允许自己的意志和权威受到任何冒犯。结果，太子贤又很快失欢于母后，被废为庶人。

于是，第三子显被立为太子。公元683年12月4日，56岁的高宗李治驾崩于东都贞观殿，遗诏太子柩前即位。高宗明白，武则天已经大权在握，于是对太子显说："军国大事有不决的，都兼取天后意见。"

太子显即位，名号唐中宗，尊天后为皇太后。中宗性情柔顺，也深知母后对朝政有很大的控制力，因此很惧怕自己的母亲，一切政事均归太后裁决。但即便如此，他能没有讨得武则天的欢心。

公元685年2月5日，武则天又以中宗与韦氏密谋反叛为由废中宗，立李旦为皇帝，是为睿宗。实际上，睿宗他不过得了个皇帝名号，毫无实权。李旦被安置于别殿，不许干预国家大事，大权完全控制在武则天手中。

就这样，通过对几个儿子"下狠手"，武则天终于在61岁时掌握了大唐的最高权力。但是,她并没有停止巩固地位的脚步。

公元 684 年,武则天不断接到来自全国各地报祥瑞的奏章,但在这"吉祥"的颂扬声中,竟有人胆大妄为地反叛她,那就是徐敬业在扬州的叛乱。对于叛乱军,武则天自然不会轻易饶恕,派大军进行镇压。与此同时,剪除肘腋之患的斗争也在进行着。由于徐敬业的叛乱,宰相裴炎受到牵连,被斩于洛阳都亭。

武则天的一系列举动,使大臣们无不满头是汗,不由自主地俯伏在地,深深地认识到这个女强人的威严和不可冒犯。他们没有想到,一个美丽动人的女人,竟会有如此冷酷的一面!

公元 690 年,武则天正式登基,改国号周。为了巩固政权,她另创官制,另制朝服,立武氏宗庙,甚至命庐陵王李显改姓武,李唐王朝全面演变为周王朝,并且她还放手任用酷吏,酷吏们在审讯犯人之前,都先把刑具摆在地下。

犯人们等不到酷刑加身,已是魂飞魄散,于是随口诬供,以逃避重刑之苦。每有赦令,来俊臣等都先派狱卒尽杀重囚,然后才宣示赦令。

这种审案方式,自然树立起了武则天强硬的形象,很少有人敢对她提出反对。因此,武则天很满意酷吏们的做法,多次给予赏赐,官吏们争相效仿,酷吏越来越多。李唐宗室是酷吏们打击的主要对象,他们不甘心先帝的事业落在异族女性手里,极端仇视武则天,反抗越烈,打击越重。

除了打击李唐宗室,那些元老大臣也不会被武则天放过。这些人每每以唐家老臣自居,以匡救社稷为己任,对武则天的倒行逆施深恶痛绝。因此,武则天对他们防范甚严,只要稍露形迹,甚至只凭诬告,就对他们下手。

当时,有一个酷吏名叫周兴,他工于心计且非常残忍,自垂拱以来,被他陷害的多达数千人。但正是因为如此,他得到了武则天的宠信,因此地位也越升越高。

残害无辜,恶贯满盈,这种统治方法引得朝野上下一阵不满,当时甚至有官员说:"我恨不能吃周兴的肉,喝他的血!"公元 691 年,御史中丞李嗣真向女皇上了一道奏疏,历数酷吏之罪,请求制止滥刑。

没过多久，有人告发周兴与丘神绩通谋，武则天令来俊臣审理此案，来俊臣用"请君入瓮"的方式让周兴认罪。按法律，周兴当判死罪。武则天宽宥了他，改处流刑。天授二年（公元691年）二月，周兴被解送流放地岭南。刚到半路，就被仇人拦住杀死了。

冷酷对待儿子，残忍杀害异己，这是武则天不能回避的"凶残一面"。也许她这么做，只是因为身不由己，因为对于男性占主导的封建社会，自己越是懦弱，下场就会越是悲惨。所以，与其被男人摆弄，倒不如先下手为强，即使是自己的儿子，只要威胁到自己的权力，那么也必须痛下狠手！这，就是武则天的悲哀。

评说台

武则天是中国历史上杰出的女皇，因此，后世对武则天的评价也非常多。而纵观这些评价，绝大多数是以赞扬为主。因为，在武则天当政时期，她的一系列行为，都促进了社会的发展：

武则天非常重视重视农业生产，认为"建国之本，必在于农"。她推行均田制，在边远地区实行军事性屯田、营田，成效显著。同时，武则天也很重视和提倡兴修水利，在她独掌政权的21年里，地方水利工程有19项。

武则天的这些措施，对当时的农业生产有着积极的作用。其一，国家仓库里储满了粮食；其二，地方储粮亦很丰富；其三，户口显著增加。

对于手工业，武则天也很重视，这主要表现在采矿业、铸造业和纺织业上。农业、手工业的发展，又促进了商业的繁荣。主要表现在"市"的增加或城市贸易的发达。武周时期的交业事业，亦相应发达。

除了促进经济发展之外，武则天阶段的社会还是比较开明的。

武则天的开明之处，着重体现在用人方面。在她统治的时期，她进一步发展了科举制，创立了殿试和武举，并下令九品以上民吏及百年自举。武则天通过科举、自举和别人推荐，选拔了一批杰出的人才，成为武周政权的中流砥柱。

例如，大家熟知的狄仁杰、姚崇、宋璟，这都是武则天时期的名臣，后来都成为了开元时期的贤相。因此，唐中期的宰相赞扬武则天善于用人，赏罚分明。北宋史学家司马光亦认为，武则天"政由己出，明察善断"。

不可否认的是，在武则天掌权的过程内，她也出现了不少过失。例如，武则天执政后多疑臣民不忠于己，遂任用索元礼、周兴及来俊臣等酷吏，广事罗织，严酷逼供，奖励告密，虽然消灭了一些政敌，但也滥杀无辜。

虽然这种方式对武周政权的巩固起过一些作用，但是，使统治集团内部矛盾激化，人人自危，必然影响国家的治理和生产的发展。她放手选官，使官僚集团急剧增大，官僚机构膨胀，必然要加重人民的负担。

总的来说，武则天虽有过错，但仍不失为杰出的女政治家，为开元盛世奠定了基础。诚如宋庆龄对她的诚恳评价，武则天是"封建时代杰出的女政治家"。她的历史功过，恰如她给自己立下的那块"无字碑"一样，只能由历史去作出评论和判断。

孝庄皇太后

——辅立三帝，后宫智者第一人

人物志

孝庄皇太后，(公元 1613 年~公元 1688 年)，博尔济吉特氏，名布木布泰，亦作本布泰，蒙古科尔沁部(今通辽)贝勒寨桑之次女、清太宗爱新觉罗·皇太极之妃、孝端文皇后的侄女、顺治帝爱新觉罗·福临的生母。

孝庄皇太后一生饱经沧桑，波澜壮阔，历经三朝，辅立三帝，运筹后宫而不临朝擅权，劝降洪承畴、协助孙子擒鳌拜、平三藩、击溃布尔尼叛乱等一系列重大事件中都有她的参与，为拯救大清作出贡献的杰出女子。

风云榜

孝庄姓博尔济吉特氏，生于 1613 年三月二十八日，是蒙古科尔沁部贝勒寨桑的二女儿。科尔沁蒙古在努尔哈赤时代即已归附后金，并与后金贵族相互联姻，以巩固政治上的联盟关系。

1625 年 2 月，年仅 12 岁的孝庄嫁给了努尔哈赤的第八子皇太极为侧福晋。尽管这次婚姻仅仅是因为政治目的，但这让孝庄有了进入政界的机会。

1636 年，皇太极改国号为大清，称帝于盛京(沈阳)，同时建立后宫制度，在其众多的妻妾中分封了有名位的五宫后妃。孝庄被封为庄妃，居次西宫——永福宫。

成为皇妃的孝庄,很快就展现出了自己的政治能力。1641 年,皇太极派将领率军围困明关外重镇锦州,明朝急派洪承畴率军迎战。洪承畴与清军初战,势不能挡,锦州之围眼看可解。皇太极亲率大军从盛京(今沈阳)增援。

他利用明军分散之际,抓住战机,消灭明军 5 万余人。将洪承畴残部数万人围困在松山堡(今辽宁锦县西南)中。第二年三月,洪承畴被俘。皇太极对洪承畴十分器重,派谋士范文程等人多次劝降,但洪毫无降意。皇太极甚至许下诺言:有谁能劝降洪承畴,可得重赏或高官厚禄。

为了收服洪承畴,皇太极想出了许多办法,但都没能成功。洪承畴的仆人金升被皇太极收买,他对皇太极献计说:"我主人赋性沉毅,唯有见到美女,或可动其心志。"皇太极立即选派几个美女前去侍候,但仍不见明显效果。

这个时候,孝庄站了出来,请求皇太极让自己见洪承畴。看见自己的老婆要去服待别人,皇太极自然有些不高兴,但他也没其他办法,只好同意了孝庄的要求。于是,孝庄来到了洪承畴的牢前。此时洪承畴已经绝食 7 天,猛然闻见有一股清香溢满小囚室,不由得慢慢睁开眼睛。

眼前的景象,让洪承畴惊呆了:一个手提灯笼、身着盛装的年轻满洲女子,手里提着一个青瓷暖罐,另一只手拿一个青瓷龙纹花碗。她站到洪承畴床边:"洪先生,洪先生。"洪承畴再慢慢睁开眼睛,他正偎在年轻女子的怀里,使女正在给他喂人参鸡汤。

他想挣脱出来,可是,他又舍不得。洪承畴抽泣起来,囚室里只有洪承畴断断续续的呜咽。年轻女子一动不动地拥着他,紧紧握着手,轻轻地抚摸着他的头发,任他发泄自己的情感。

洪承畴的呜咽声越来越小。蒙古使女倒了一碗人参汤,递给他。洪承畴起来,狼吞虎咽地喝了起来。喝完之后,女子扶着洪承畴躺了下来说:"洪先生好好睡一觉,明天请先生搬到自己的宅子里去住。皇上已经为先生准备好了一处住宅。"洪承畴听话地点点头。这时听到门外侍卫的喊声:"送西宫庄妃娘娘!"

听到眼前的这位姑娘为王妃,洪承畴终于低头了,认为皇太极的确欣赏自己。第二天,他即表示愿意降清。在清军入关以后,洪承畴不仅积极为清军出谋划策,更是充当清军急先锋。

智收洪承畴,这只是孝庄所做的第一件事。接下来,她开始了辅佐三朝的人生。

1643年8月9日,皇太极突然昏倒,一时间宫中乱成一片,东西宫的妃子们都来到清宁宫,围在他身边。睿亲王多尔衮、郑亲王济尔哈朗和礼亲王代善也匆匆赶来,他们抚着太宗皇帝痛哭失声。

这个时候,皇后哲哲说:"请亲王早作安排,办好太宗皇帝的丧事。"皇太极贴身侍卫鳌拜进来向皇后附耳说了几句,让她有些急躁,起身在地上走来走去。孝庄关心地问:"出了什么事?"皇后说:"有人开始行动了。肃亲王的八大臣集到肃亲王府,一定是商量拥立肃亲王的事情。"皇后又对庄妃说:"你赶快去见睿亲王多尔衮,让多尔衮死心塌地支持我们。"

听闻此事,孝庄立刻找到了自己的妹妹——多尔衮的妻子,让她告诉多尔衮,自己要以皇后的身份单独约见他。见到多尔衮后,多尔衮向孝庄谈到了朝中的情况并希望孝庄支持他。孝庄说:"按功劳、论资格,你当然都有权继承兄长事业,但是有人会反对你。如果为此事闹到兵戎相见,不仅取代大明成为泡影,大清政权能否存在下去,恐怕也难以预料了。"

多尔衮说:"老皇(指努尔哈赤)在时,就有立我的想法,我已等待十几年了。但今日大清基业初定,宏图尚未成功,若为此事兄弟反目,有愧于先皇。皇嫂有何高见,不妨一说。"

见多尔衮已经站在自己的一边,孝庄认为时机到了,于是说:"我儿福临可以继承皇位,以王爷为摄政王,全权负责军国大事。

如此,众贝勒不好公开反对,而王爷又能控制实权。不知王爷意下如何?"

多尔衮见孝庄说得合乎情理，又表现出对自己的关怀，决定服从皇嫂的意见，不再争当皇帝。正是通过这几句话，孝庄将有可能出现的冲突压了下去。

第二天，6岁的顺治皇帝福临继位，成为清朝入关后第一代君主，而孝庄自然也成了孝庄太后。

成为太后，不代表孝庄可以清闲，因为顺治年龄太小，根本无法管理国家，所以她不得不一次次地帮助儿子。顺治称帝以后，多尔衮的野心并没有收敛。清军入关以后，他利用手中的军政大权，结党营私，打击异己，建造的王府宏伟壮丽，胜过皇宫。入朝时，满朝文武要对他下跪。

对多尔衮的专制独裁，孝庄自然有所担心，生怕儿子的皇位就此被夺走。同时，她也知道多尔衮对自己曾想占而有之。由于当时满族保留着兄死弟可娶其嫂的风俗，因此她认为，只有嫁给多尔衮，才能保护顺治帝。

所以，她只得在多尔衮面前着意打扮，对多尔衮礼敬有加。多尔衮怎能抵挡孝庄的多情举动，两人在顺治二年（公元1645年）结成伴侣。为了儿子的幸福，甘愿付出自己的青春，孝庄的这种牺牲是多么伟大！

1650年12月，多尔衮出猎，死于喀喇城，被追尊为"诚敬义皇帝"，用皇帝丧仪。福临亲政，来到两个月，即宣布多尔衮"谋篡大位"等种种罪状，削爵毁墓并撤去太庙牌位，籍没家产，多尔衮的党羽也受到清洗。

在"倒多"过程中，济尔哈朗取而代之，成为一个新的权力集中点。孝庄敏锐地发现了这一苗头，防微杜渐，让福临发布上谕，宣布一切章奏悉进皇帝亲览，不必启和硕郑亲王（济尔哈朗），消除了可能产生的隐患。年少的皇帝在太后的安排下理政、读书，如饥似渴地吸收汉文化，在大胆使用汉官、整顿吏治等方面开创了清初政治新局面。

顺治皇帝退位后，孝庄依旧没能清闲，继续辅佐小皇帝康熙。在康熙亲政前夕，辅佐大臣鳌拜权势熏天，即使皇帝的命令没有他的认可也难以执行。鳌拜还欺负康熙幼小，有取而代之的野心。

对于这个野心家,孝庄也是煞费苦心。终于,她和康熙想出了一个妙计,让康熙皇帝和他的小侍从通过游戏的方式在朝廷上生擒鳌拜,然后宣布鳌拜一伙的罪行。就这样,清朝的局面再一次稳定了下来。在她的教导下,康熙健康成长,一个未来杰出帝王的特质,在少年时代打下了根基。

鳌拜集团铲除后,孝庄放手让康熙理政,让他在实践中得到锻炼,又一再提醒他要谨慎用人、安勿忘危、勤修武备等。对于祖母的教诲,康熙非常尊重,重大事情无不先一一征求意见,最终形成了清朝的第一个黄金时代——康乾盛世。

康熙在位年间,还有一件大事就是削藩,这引起了吴三桂、尚可喜等藩王的不满,三藩之乱爆发。这个时候,孝庄已是 60 高龄了,但仍然号召宫内节俭,并把宫中的金银财帛犒劳作战的军队。

康熙十四年,清军与吴三桂等叛军在前线激烈对阵时,蒙古察哈尔部贵族布尔尼趁机兴兵叛乱,对京师构成严重威胁。面对这样的情形,康熙皇帝急忙找到孝庄请教良策。孝庄要康熙皇帝先派出使臣对叛军招抚,分化麻痹叛军,延缓叛军进军的速度;另一方面,她又要皇帝起用对军事颇有才干的大学士图海率军平叛。

孝庄的这一建议,果然取得了良好的效果。图海率领的军队迅速开到了察哈尔,布尔尼被突然出现的清军打得大败而逃。此后不久,康熙又平定了三藩之乱。

孝庄的一次次建议,让康熙感动得泪流满面。亲政若干年之后,他仍念念不忘祖母对自己的教诲和关键时刻的支持,对她极其尊敬。

1688 年一月二十七日,这位辅佐三朝皇帝,为开创和巩固清王朝作出杰出贡献的女政治家与世长辞,终年 75 岁。为了表现自己对祖母的怀念,康熙给孝庄上了尊崇的谥号——孝庄仁宣诚宪恭懿翊天启圣文皇后。

悲情史

孝庄一生的政治生涯无疑是完美的,她劝降洪承畴、协助孙子擒鳌拜、平三藩,甚至为了大清的稳定下嫁多尔衮,可谓鞠躬尽瘁。

然而,虽然她在政治上取得了傲人的成绩,但对于个人情感生活,她却异常失败,可谓她一生最大的悲情。

孝庄之所以嫁给皇太极,并非是因为爱情,而是因为政治原因。清朝时期,任何一个科尔沁部落的女人都是抱着沉重的使命出嫁的。

身为科尔沁部落的一份子,孝庄自然难逃这样的命运。科尔沁部落不善打仗,偏偏强邻又多:东有大金,西有察哈尔,再加上南方的大明朝,哪一个都得罪不起,唯一的生存之道就是依附于建州女真。所以,部落中的首领才心甘情愿地将部落里所有美女都嫁给建州女真,让满州人的血液里流淌着一半蒙古人的血,再由满蒙联合收复被汉族人夺去的江山。

所以,嫁给皇太极,反而让孝庄失去了原本应有的爱情。不仅是她,就连其余的王妃,和皇太极之间都没有真正的爱情。皇太极爱的只有一个人——海兰珠。

海兰珠是孝庄的亲姐姐,她比孝庄文皇后大 4 岁。海兰珠嫁给皇太极的时候已经 26 岁,海兰珠天生丽质,文静端庄,是那种很成熟、很懂得取悦君王的女子。她和皇太极很投缘,似乎一下子就把皇太极的心给抓住了。

虽然皇太极贵为满族领袖,众多后妃中天生丽质者不乏其人,然而皇太极唯独钟爱宸妃海兰珠,在她的身上倾注了夫妻间的全部感情,从此再不看其他妃子。甚至,当海兰珠身亡后,皇太极耐不住巨大的悲痛,哭天号地,泪如雨下,不久之后也因伤心过度而亡。

可想而知,自己的丈夫不爱自己,孝庄的心里并不好受。但是,皇太极贵为天子,她又有什么权力来对抗呢?所以,她只好吞下这份苦果,接受这一现实。也许正是因为爱情婚姻上的不如意，才让她发愤图强，决心在政治上一展拳脚。

可是，爱情是每个女人都不能缺少的，孝庄心里的苦，一定是痛彻心扉。其实不仅是她，在中国历史上，这样的事情不在少数，例如王昭君，也是为了政治需要，最终成了牺牲品。

🕊 评说台

虽然孝庄的婚姻生活不幸福，然而后世说起她，无一例外都竖起了大拇指。孝庄的身上，具有常人身上少见的亲和力、向心力和凝聚力。

她成功地做了皇太后，又成功地做了太皇太后，是中国历史上唯一的一位两任皇太后，也是中国历史上唯一的一位管事的太皇太后。但是，她并没有任何政治企图，绝非武则天或慈禧那样具有强烈的政治目的，她只以一位妻子、母亲、祖母的自然身份，在幕后默默地奉献心血、智慧和才能。

不论她作出什么样的贡献，都全部归功于丈夫、儿子、孙子。后人习称为孝庄皇后。她是清朝历史上一位举足轻重、颇受关注的人物，也是我国古代一位贤良卓识、才华出众、功垂青史的杰出女政治家。

从孝庄一生的行为来看，这样的评价并不过分。为了创建初期的清王朝能得到汉族上层的支持，孝庄皇太后敢于冲破满汉不得通婚的惯例，顺治十年（公元1653 年），她把孔有德的女儿孔四贞"育之宫中"当做宗室郡主看待；又把皇太极第十四女和硕公主嫁给吴三桂的儿子吴应熊，起到拉拢汉军将领的作用，减少了满汉之间的敌意，促进了社会的平稳。

而在平定三藩之乱时，她又全力支持康熙平乱，拨出宫中金帛加以犒劳，体现出了对将士的关爱。并且，孝庄还很提倡节约，多次把宫中节省下来的银钱赈济灾民。她的节省家风，对康熙、雍正两朝有着直接的影响。

孝庄的一生，总是从国家的利益出发，多次在关键时刻发挥自己的智慧，一

次又一次地挽救了大清王朝政治上的统一，在大清王朝从开疆拓土到康乾盛世

的过渡中，起着不可估量的重要作用。

由此，我们可以这么说："孝庄太后不仅是清代后妃中的第一人，更是中国历

代后宫智者第一人！"